冠军 世界演讲

夏鹏的
英语学习法

夏鹏 著

Methods Matter Most:
The English Learning Strategies
of a World Champion

中国青年出版社

《我的英语学习小传》私藏版终于面世

2017 年年初，我开始写 100 篇《我的英语学习小传》，缘起是因为公众号经常收到读者们关于英语学习的提问。加之读大学时，我修过一门课是关于英语学习策略的田野研究，主要是把优秀英语学习者的成长历程仔细地记录下来，剥丝抽茧，找出可以推广的共性和方法。

当然我也开始大言不惭梳理起自己的学习经历，力争使文章更具可读性，正如大学时代我的英语演讲教练丁老师所教导的那样，Telling personal stories（讲自己的故事）可能会更吸引人。

后来由于我的个人经历实在有限，因此便转而以读者留言中涉及较多的问题来成文。主要的话题有以下几个方面：

1. 英语学习的动机，即我们为什么学英语。针对这个问题我做出这样的答案，既可以是为了应试提分，也可以是为了睁眼看世界。我从各个角度加以分析，同时还谈到了各种动机的利弊，以及最终如何导向"学无用的英文，做自由的灵魂"这样的终极目的。

2. 在英语学习中如何坚持。我认为，在世间没有一种学习方法是可以不用坚持就能看到成果的。切实有效的坚持方法是值得我们去探寻的，如何设定目标，分解目标，做好时间规划，协调学习资源，不断校正学习方法，同样值得我们去探讨。与此同时，借用坚持这个议题，我们还可以将英语学习的功用提升至更为宏大的人生层面上来，学英语不仅是学习与认知，而且还是一种习惯，一种看待困难和挑战的态度。

3. 听、说、读、写这四项英语基本功应该如何提升。我可能和中国主流英语教师的观点不同，我认为对于中国学生来说，听和说其实不是最薄弱的环节，相反应该是读与写，而读与写也是对于中国学生来说最为经济实用的学习方式。大剂量的阅读训练，加上听和说的输出配合，多朗读，多背诵，虽然这样的方法显得非常老套刻板，却是很多中国人英语提升的不二法门。当然，对于口语和听力，我也给出了自己的一些观点，比如口语和发音之间的关系，听力中到底是否应该训练听写，等等。

4. 语言学习的迁移方法论。我一直认为方法论不应该成为一个单独的门类来进行学习，学习的每一时刻最终都应该是为方法论服务。学习不是知识的积累，而是获取知识、分析知识、运用知识的总和，而这些即可称为方法论。方法论的体系性不是第一位，而是迁移性。我们是否能通过学习口语找到词汇的学习方法，是否能通过英语学习的方法来改善自己工作中效率的问题。能通过格物来致知才是门径。

5. 介绍一些英语学习的工具、书籍和大师。寻找标杆是学习的捷径之一，如果学习有捷径的话。于我来讲，这是我排位最次要的部分，很多英文高手并未使用什么独门暗器，也不一定师出名门，但这并不意味着独门暗器与师出名门没有积极作用。

每天写一篇的时候没觉得写了多少，印出来委实很厚。这也算是功不唐捐，日拱一卒的善果吧。

书中所言无论繁简，终归是术与道的相辅相成，有术无道，止于术。再好的方法离不开练习，练习若不得其法也无以见成效。

英语学习之路说难不难，说长也长，但愿我所得拙见能对各位读者有些许的帮助。

目录

背单词

听力

阅读

写作

口语

C　观点

D　工具材料

A

1
-
8

我们的故事

A1 学习，就要不断和自己较劲

中学和迅公（何迅老师）学英语的同时，我还从书店买了很多《疯狂英语》来大声跟读。坦诚地说，李阳提出的大声读英文方法，对英语学习的推动是起了积极作用的。《疯狂英语》的教材中有很多演讲的名篇。我睡觉前会选出一盘磁带，跟着读，听着睡，久而久之，绝大多数文章就烂熟于心了。

为了听李阳的现场演讲，专门请假坐车去贵阳听，听得意犹未尽，周末又去追了另外一场。我在这里只是讲讲他的方法论。

首先要提及的，李阳当时倡导的价值观是把英语学好是一件很酷的事情。It helps you identify yourself from the crowd. 这样的价值观对于语言学习极为重要，至少树立了一种"盲目"的自信，对于困难的不畏惧，对于特立独行的渴望。在我的中学时代，循规蹈矩才是好学生的标准相，而循规蹈矩对于语言学习算是好坏参半，因为语言本身就是一种表达，如果没有表达的欲望，或者这个欲望被压制，那么学习的动机自然就无从谈起。

当今互联网造就了一群"有什么了不起"人群。学习好？有什么了不起；会表达？有什么了不起；……最可悲的是，当他被问及，那你如何？他会表现出一种完全无所谓的态度。我不知道是不是他们觉得自己的努力无法获得回报，或者是这种无所谓的态度才是很酷的。

让我更为震惊的一件事是，我发现中国的高收入群体家庭中的孩子，即便是同样成长在互联网时代，他们利用了互联网的便利，更好地去吸收知识和跨界交流，但丝毫没有那种无所谓的态度，异常精进勇猛。难道就在短短经历了40年改革开放的中国，阶级差别就如此明显？这不是收入的差别，而是心理的差别，不可逆转。

有了这种无所谓的态度，什么都学不好。

说回我自己的经历，那个时候我学英文，丝毫不是为了学校的考试，因为学校的试卷满分只有100分，100分的上限不足以测出我自己的水平，也不足以拉开我和其他同学的绝对差距，加上试卷里还有些神经病考题，所以也无法取得满分，因此我对于考试还有分数这些事情就看得很淡。加上我初中的英语老师很不待见我，经常请我家长去学校，当面叱责；这在当年我生活的厂矿子弟学校，那就是莫大的耻辱，最后我也就听之任之了。

我作为一个小孩，当时的心智成熟得可怕，因为我大致计算了一下：1. 我从小是和迅公学英语，迅公比我初中老师不知道强多少倍，即便我资质差些，比同班同学仍旧有优势；2. 我读的英文是英文报刊，学校里学的是韩梅梅，即便我学得不是那么认真，还是有优势。计算之后，加上李阳疯狂英语给的一口真气，我也就豁出去了：用最嚣张的姿势，挑战一切不服。试卷如果无法体现我的水平，那我就把学英语的时间拿出来去学别的学科，这就是一个全能学霸养成的秘密。因为试卷的分数满分只有100分，所以看不出我的绝对实力，那么就去考大学四级、六级。高一的时候没有任何的准备和复习，直接高分通过，虽然这个成绩和现在的小孩比，简直汗颜。

以上，其实是我为了较劲去提升自己英语的方式。很多时候，跟别人较劲、跟自己较劲真的挺有用。千万不能无所谓，有了无所谓作为护身符，一切努力和收获都将和你绝缘。诚然，这样特立独行的方式也有很多的弊端，比如睚眦必报。我在英语学习这个领域，算是小有所成，但是在培养终身人格方面，还有很长很长的路要走。我有时在想，如果让我用现在的英语能力去换一个更加完美的人格，我会不会同意？

答案是肯定的，我一定会换。因为英语能力只要方法正确，遇到了好老师，自己能坚持，什么时候开始都不晚。相反在性格层面，一旦缺失，即便日后摔了无数跟头，仍旧无法抽身而出。

因此不必羡慕那些英语能力好的人，他们只不过付出了努力，每个人都能做到。

羡慕那些性格好的人吧，因为他们选择了善良与慈悲，这不是每一个人都能做到的。

A2　文秋芳老师引领我到高山脚下

迅公是我英语学习的启蒙老师，他让我见到了大海，我很感谢他。

南京大学英语系是我真正英语飞跃的起点，如果说迅公是一座高山，南大英语系里有着更多的高山，等我去仰望与攀爬。

我起初考进的是南京大学法学院。新生入学之后，南大举行了一次新生英语考试，我凭借幼学的底子，很容易考了个第一名，随后又有两场选拔性的考试，我都参加了。一场是香港大学在南大新生中的招生考试，另一场是南大外国语学院为了一个教学创新试验项目举办的考试，两场考试也都考得不错。

如果现在有一个小孩子在港大和南大之间做选择，我相信诸君都会说港大更好，因为在师资、地理位置、专业等方面，港大的优势是不言而喻的。那时真是造化弄人，南大外国语学院先安排的面试，面试我的是文秋芳老师。了解中国应用语言学的朋友，应该知道文老师泰山北斗的学界地位，无须我多言。之所以讲到文老师，是因为她是这个创新项目的负责人。也正是她，硬生生地在我的生命里画出了第一个转折点。

我们这个班集体很奇怪，听着名字就奇怪，叫作：国际化应用文科强化班。英文的名字更是出奇：The Division of International Social Science。学校里开出的诱惑条件是："4+2"本硕连读，大学一、二年级跟英语系上课，同时必修其他文史哲专业的核心课，授课的都是各专业的系主任级别老师；三、四年级开始编入不同应用文科领域，可以在法学院、商学院、新闻传播学院选课，并在大四毕业时直接转入该院的研究生项目。3000 名大学新生中只选 20 名。

看到今日全国各大英语系面临的难题，我不得不说文老师当时做这个项目有绝对的前瞻性。英文系在英美国家都是人文学科，核心落脚点在语言、文化、文学、教育四个大的领域，沿用欧美系统的非英语国家还会增开翻译这个门类。中国英语系教育压力颇大的原因在于，学生大学四年无非是英语强化训练，毕业之后除了进一步做学术研究和从事与英语相关的工作以外，基本上都会出现专业不对口的情况。在 20 世纪八九十年代时，这个矛盾不是很突出，毕竟当时对外贸易方兴未艾，英语人才紧缺，因而出现了以英语为切入点、日后借势转业的成功人士，比如南大英语系现在最大的校友金主、今日资本的掌门人，徐昕学姐。随着各专业学生英语水平的不断提升，英语系的毕业生原有的优势丧失殆尽。文老师索性让我们从入学开始就广泛地接触各类人文社科，同时学好语言，再加上研究生项目的加持，应该能给英语系未来发展的方向画出一条道路。

我不知道当时文老师为啥盯上了我。我也不知道为啥在面试已经结束之后，文老师随意问了我未来的打算。我当时也是鬼使神差，跟她说了我明日要去参加港大面试。文老师听后，将我拉到身旁，说："我就是港大毕业的博士，我可以负责任地告诉你，港大没有南大好。"

我竟然鬼使神差地信了，港大老师给我打电话让我去面试的时候，我很帅呆地回绝了。我的人生就此不同了。我原本觉得文老师一定是看出了我骨骼清奇、与众不同。前些日子和文老师的另一位学生贾云龙老师闲聊，他说文老师使用这种方法硬生生拉人下马的功夫炉火纯青，为国家的事业挽留了很多人才，但凡是被文老师拉下马的人，文老师一定会给他备上一辆奔驰车，开车总比骑马快。

这一点我深有体会。

2016年我专门参加了文老师举办的大学公共英语微课的教研活动，老太太还是那么干劲十足，一口气讲了两个小时，面对300多名大学老师，课堂调动令我大开眼界，很多观点一针见血。文老师说，什么翻转课堂，都是一些 buzz words，翻转课堂就是加强学生预习的主动性，nothing new。课间我凑到文老师面前，等很多人与她合影结束，我说，文老师，是我啊，夏鹏。文老师愣了一下，然后使劲地拍着我的肩膀，问我现在如何，这个休息的课间，我把我现在做的事情和文老师汇报了一下，文老师很开心。

回想起我大一时学英语的经历，应该只有阴暗。我除了口语课还能拿一个不错的分数之外，其余都是学渣模样，我摸不到头脑，因为老师上课讲的和考试考的，完全不是一个路数，我每天上自习、晨读、写作业样样不偷懒，但是仍旧没有法门。教精读的俞希老师，nice and kind，从来没有愠色，说起话来慢条斯理；教听力的范皓老师，一个劲地给我们放电影看，而且都是好电影，我的电影欣赏能力就是从那时培养起来的，后来带我练演讲的沈艳枝老师，跟我说我的英文写的淤积、不舒展、别扭，但她也没说怎么提升。这三位老师众口一词就是：多听、多读、多写、多说、多练。

当时我特别着急，系里要选参加演讲比赛的选手，专门开小灶。我一开始没有报名，文老师在班会后找我，问我为什么不参加。我说，我课业都学成了这个鬼样子，哪儿有时间去搞什么演讲。文老师说了我一大通，大意就是你懂个屁。我随后就报名参加了。其实选拔过程我表现得一般，因为心事重重，又在想港大没去，又看着自己的成绩，我根本没有心情。文老师是选拔的评委，对我格外照顾，知道我演讲环节没有发挥好，在提问环节一个劲地给我喂招，提的问题特别 nice，而且顺着她的问题往下回答，毫无压力。我就这样被选上了。后来听说文老师带研究生也是这样，写论文的时候严格的不得了，论文答辩的时候恨不得冲上去帮忙答辩。

选拔之后的一个下午，我和年级里另外两个同学一起去鼓楼校区参加第一次训练，文老师叮嘱我早点到，我走到门口，就看见文老师在那里等我，那天还下着小雨，文老师撑了把破伞，一把抓我过去，像押犯人一样，把我带到小楼最里面那间办公室，敲门之后，让我进去，屋内坐着一个 50 岁模样的男老师，衣着朴素，正伏案写东西，抬头望见文老师和我，露出了含蓄的微笑，招呼我们坐下。我刚要坐，文老师一把又拉我起身，跟这位男老师说道：这是我们这届新招的文科强化班的学生，很优秀，你帮我好好带带他。随即又向我介绍：这位是丁老师，他会亲自教你。

我不知道南大是不是真比港大强，因为我没有去。但我知道文老师不仅在我生命里画了一个转折点，更是引我走到了一座高山脚下。

A3　苦难不会使你强大，直视它才有可能

大学二年级的时候，我的生活与学习春光明媚，掌握了学习方法，和老师也打成一片，经常去其他系听课，看杂书，让我在精神上极其富足。好景不长，大三时我们写作课换了一位老师，他的名字叫 Bob Riggle，我没有见过上帝，但是我确定我见过撒旦。

Bob 在南大英语系是一个大 boss，每一届学生都要经受他的暴虐之后，才能说完成了"成人礼"。没有被他教过的学生会用一种猎奇的心态来挖掘很多八卦，上过他课的学生绝对不希望再遇见他，甚至有学生因为他的教学变得精神抑郁。

尽管这么说，但我很感激他，不仅是在英语上，他教了我文本细读的能力，学术写作的严谨，MLA 格式，批判思维的运用；更重要的是，他教会我：苦难不会使你强大，直视它才有可能。

Bob 上写作课的头遭事情就是 run the logistics。先发一张纸头，上书 Syllabus，吾等中国学生从未见识过这样的阵仗，正反两面明确列出书单、作业要求和截止时间、考试、课堂纪律，等等，其严厉程度堪比清朝十大酷刑。例如，作业只允许手写版本，不能用计算机；上课不允许使用手机；不能用电子词典；书目是 5 本现代作家的小说，每本都有 500 多页，10 周之内全部读完；作业评分从零分开始，写得好加分，写得不好，尤其是违反了他的奇怪的要求，则扣分，所以作业成绩很有可能是负分；不能迟到，

不能请假，除非病危。

这只是开始。

系里面知道 Bob 来专门教我们这个强化班时，很多老师都对我们表示了亲切的慰问、恫吓以及鼓励。我记得丁老师说，If you can survive Bob, you will survive everything。

但不好意思，如果丁老师把这句话写在 Bob 的作业里，他注定会被扣成负分，因为他在一个句子里使用了重复词。Bob 对于语法句法的要求在正常人眼里完全是 does not make any sense at all，但他执意用这样的方法来摧残我们，比如写作中不能使用 be 动词（因为这是一个 lazy writer 才会干的事情）；不能使用 as we all know（他会质疑你凭什么能代表别人）；不能使用 I think（因为你写的东西就是你在 think，不然呢？）；不能使用 because（除非你能给出非常有说服力的论证）；不能使用定语从句（除非该词必须需要限定）；不许使用 make 加形容词表示使……怎么样（因为这样的句子很 loose）；不许使用形容词修饰抽象名词（例如，great achievements，他这是鬼骗鬼）……

以上这些，你写了，作业注定就是负分。而且，这只是他对句子的要求。对于格式的要求更加无以复加：要使用 Bullet Point Format，所有的 citation 遵循 MLA 格式。所谓的 bullet point format 就不是写一篇文章，不需要起承转合的段落，例如：

A. Plato as a realist disagrees Heraclitus' view "no man ever steps in the same river twice, for it's not the same river and he's not the same man".

1. Plato believes the real being neither changes nor dwells in the world that people can perceive.

a. If real being changes, no one can define it.

    i. Parmenides, one of the sources Plato learn from, holds anything beyond definition cannot justify its existence.

MLA 格式更是令人无比心塞，作者是一个人写的，还是几个人写的，是自己写的，还是编纂的，还是翻译的，如果是翻译的，原文又是谁写的，是在某篇文章中提及的，还是在一本书当中，这本书是哪家出版社出的、哪年出的、地点在哪儿，最后才是页码。如果文章中引述时，需要部分修改引述的内容以符合语法，需要打"［　］"符号，如果是跳跃式引用，要用"..."来表示，哪些用斜体，哪些用下划线，诸如此类。

他的写作课，我们每周要上两次。

每次同学们拿到作业时，一定是怨声载道，不是忘了这个，就是丢了那个。后来也有人不堪其辱，会直接质疑 Bob 教学的合法性：他不就是哈佛法学院和牛津文学的双料博士嘛，有什么了不起？还不是在美国领导学生运动，混不下去，才来中国教书，据说他还欠了美国政府一大笔钱。你看他在牛津写的博士论文，谈什么赛珍珠，都是 unpublished，我们要是 MLA 他的文章还要去牛津图书馆才能查到页码呢，你去看看他的论文被 cited 的次数，只有一次，哈哈哈。他教的这些有啥用啊，看不起别人，侮辱我人格，凭什么给我打负分啊？

我从来不这么评价老师，因为我知道这么说，除了泄愤以外，没有任何帮助，下次该是负分还是负分。我只知道，每一次的负分，都是我可以进步的地方。

我之前写的文章中列出说写英文 because，so，and，but 这些连词是不应该放在句首的，诚然，现在很多母语人士也会这么做。

但 Bob 在我心中立下的法度，我还是会坚持，包括自己写的英文也尽量避免使用 be verb，这是撒旦在我身上留下的印记，我要记得。

末了，发个感慨。我曾见过很多人经历了常人难以想象的苦难，仍旧活出精彩的人生；我同样也见过很多经历苦难，却活得异常卑微的人。苦难既不会将你击垮，也不会让你强大。面对苦难，常人的思维是抱怨之后的随波逐流，当然那些牛人也不是因为自找苦吃而变得强大。苦难就在那里，你需要的只是一种敢于直视它的勇气。

我大四临近毕业时，在校园看见 Bob，我和他打招呼，他拉着我说了一堆话，多半记不得了，因为我见到他的时候心里总是有种声音：他是撒旦，我要盯着他看，这样才不能被他恫吓。我不知道是不是因为每次我都是毫无惧色地盯着他，他在那次对话最后，也是我和他的最后一次对话中，他说：Adversity will not make you strong; you should stare back.

又及，关于 Bob 的故事还有很多，我留着以后慢慢讲（B10）。

A4 看到山、看到大海
——语言学习的本质

迅公教书还有一个特点，就是由着自己的性子来。前段时间，迅公给我写信，邀我入股他在美国的二次创业。对于股东竟然没有投资要求，却有三条必须遵守：1. 每天跑步5公里；2. 每天临颜体大字；3. 模仿跟读国外新闻。这三条我一条都做不到，所以向他讨饶，看看能不能宽容一些。

由着性子来的老师多半有风骨，这是做教育的人必须有的一口底气。迅公当年在贵阳教书，起初用的是《新概念》，后来直接换成了英文报刊。说实话，对于当时半大的学生，听迅公的课，只能一知半解，邯郸学步。

现在回想起来，这样的语言教育才是正道。单词、语法固然重要，但绝对不是在考试中去体现的。语言的学习，语音单词都是表象，语法是其筋脉，而眼界才是语言学习的灵魂。前几日购得 Sapiens：A Brief History of humankind 一书，国内翻译为《人类简史》。其中有一个观点很有意思：人类的第一次革命是认知革命，即掌握了语言，形成了叙事与抽象思维能力。有了能够叙事和抽象思维的语言，人类的祖先便可形成部族、组织狩猎、传递知识、结成命运共同体。

很多人为了应试才去学英语，一辈子很难学好。因为语言学习的本质，是锻炼我们的认知能力，尤其是想象力和创造力。摄

入的英文内容的深度和高度，直接决定了想象力与创造力的训练
是否有效。

那个时候迅公用 *The Economist* 上课委实难为了我们这群学
生。从语言习得的层面，好像把刚会游泳的人直接扔到了大海之
中，迅公在船上大手一挥，陆地就在那头，大家激流勇进，但实
则寸步难行。这一套方法对于很多人来说是难以实践的，主要是
因为内心的恐惧和无助，苦学一番，却不能立刻看到成效，就像
双手划水半天，却仍旧看不到陆地那种绝望。

二语习得理论中，对于老师和教材非常强调 scaffolding（脚
手架）的搭建，即如何通过课程设置，让学生在"i+1"的模式
之下循序渐进。这个观点我是认同的。然而，这套理论有一个大
前提，即在一定的时间内，如何高效学习英语。若我们将语言学
习的周期设置在 10 年，把视野扩宽至更远时，我不禁要问，为什
么不能是"i+2""i+3"，甚至是"i+n"？

换言之，现在传统课堂的教学是在游泳池里教游泳，踮踮脚
尖可以踩在池底，不至于溺亡；向前游 50 米，即可触岸歇息一
下，貌似学习的感受是可预测的、可控制的、可观察的。可游泳
池毕竟是游泳池，大海终究是大海。游泳池里学会的泳姿，进入
大海中还要适应一段时间；而在大海中习得的每一次击水，每一
次被浪头压在水底，每一次挣扎的呼吸，都是来自最真实和最残
酷的世界。海水里泡大的孩子，天生的胆量与眼界，和水池里的
孩子不可同日而语。

如果终究要入海，为何偏安于一池死水之中？

至此便是一个哲学问题：是先有眼界才有实力，还是先有实
力才有眼界？诸君是先有了眼界再把英语学好，还是先把英语学
好才有了眼界？

我个人倾向前者。眼界不是你真实看到的，而是你能够想象到的。

想到是做到的前提。

所以当诸君问我，什么教材适合初学者？什么内容对于英语小白更加适用？我真的不知道答案，因为我刚开始学习的时候，只见过大海。迅公在前引我，我亦步亦趋。我只记得迅公在讲 *The Economist* 的时候，意气风发，指点江山。这对于一个资讯极为闭塞的贵州学子是多么重要。

贵州多山，峰峦叠嶂，可我分明透过英语这扇窗，望见了大海的模样。

A5 我的英文演讲之路

　　一年内突破英语演讲，我不知道行不行，我大概用了两年。大一的时候我也不知道自己能取得什么样的成绩，会耗费多少时间，但只记得丁老师在一个傍晚和我说过的一句话："The end is always good; if it is not good, it is not the end."

　　2003 年，我大一，完全不抱任何期待地参加了英语系里的英语演讲选拔。南大英语演讲团队的选拔和培养完全是根据全国大学生英语演讲比赛的周期安排的。当时主要有两个比赛，一个是外研社举办的，当时叫作 CCTV Cup，还有一个是《中国日报》举办的 21st Century Cup。

　　南大一般的策略是大一的学生去练手，大二的同学作为主力去拼名次。CCTV Cup 是每年 11 月开始省赛，12 月在北京比决赛。21st Century Cup 因为每个学校只有一个名额，所以基本上都是大二的学生去比。

　　我大一参加演讲选拔就是为了 11 月的 CCTV Cup。懵懂地选上之后，每天可以奉旨不用参加下午的课程，中午吃过午饭之后坐公交车从江北浦口校区前往市中心的鼓楼校区去参加丁老师的训练。

　　丁老师作为主教练，主要负责大面上的各种要求，帮他打下手的是系里面的年轻教师。我大一那年是沈艳枝老师带队，大二是张翼老师带队。说到张老师可以跑跑题，因为圈子实在太小，辈分实在混乱。我和小胡 Freddy 是原来南京新东方的好基友，小胡其实比我大，学问更不用说，叫他小胡，主要是为了帮他装嫩。小胡和我是好基友，但是他和张翼老师又是一起读的博士，张老师是他师兄。张老师比我大一辈儿，是我老师，小胡又是我的好基友，小胡和张老师又是师兄弟。

乱。

回忆总是容易跑题。我再说回来。

每天下午的训练从 2 点钟开始，我和学姐在外院小楼二层的尽头等着丁老师开门。丁老师带训练其实非常枯燥。先是 prepared speech 来一遍，他听完给 feedback，有时是语音问题，有时是节奏问题，有时还要上手去改改我们的稿子。在给 feedback 之前，为了模拟比赛流程，通常会来一两个 Q&A，他也会记下来，语法问题、用词问题、回答策略问题，等等。

然后我们就被关入隔壁的屋子里，把刚才 Q&A 的回答在计算机上打出来，然后丁老师来逐句修改。两个选手的稿子轮流改完之后，再进行 impromptu speech（即兴演讲）的训练。和 Q&A 的流程一样，feedback 之后还是要写出来，丁老师再改。如果下午 6 点以前没有改完，就要拿回寝室自己做，然后第二天丁老师再帮我们做修改。

每周五系里的老师开会，丁老师会拉着我们去给全系的老师过堂。我读书那会儿，赶上南大英语系最鼎盛的时期。下面的教授基本上都是各个专业领域的顶尖专家，往往也在全国各大英语比赛中充当评委。所以每周五的过堂，其实就是实战，而且老师们的眼光和要求往往比实战还要犀利，压力其实比实战还大。

训练实战化，是南大英语演讲的制胜法宝。

当时觉得这种训练真的很无聊、很枯燥，总是趁机和带队的小字辈儿老师一起扯扯淡，丁老师对我们偷懒的行为也是睁一只眼闭一只眼。但每次丁老师在给我们改稿子的时候，不管是 prepared speech 和 impromptu speech，都是我们能够近距离感受大师的机会。

丁老师在英语使用上的要求非常简单，就是讲故事和讲大白话。

我和很多南大英语系的校友都非常感恩丁老师当年给我们奠定了一个关于什么是好英文的标准。至今在南大 BBS 小百合站上，还有每届学生整理的"丁丁语录"。

我大一的比赛其实打得不是很理想，甚至没有章法。省赛是第一，但是全国比赛大概 20 多名。比赛回来直接参加期末考试，自然考得也不好。大一寒假也过得很消沉。谁的人生不迷茫呢？

可能也是憋了一口气吧，大一下学期虽然系里的演讲训练暂时因为比赛周期告于一个段落，我自己却没有放松，一方面去看了很多书，另一方面是当时 CCTV Cup 的主办方外研社真是大气，把前一年所有选手的视频资料发给了参赛选手。我拿着两年的比赛视频资料，一条条仔细看，去揣摩每个优秀选手的特点，他们运用的策略。

大二上学期又是一个新的比赛周期，CCTV Cup 在全国赛最后比到了第三名。成绩还算凑合，接着就是放寒假，因为我已经对学校的课程采取了逃兵态度，所以整个寒假也在看各种社科类的原版书。到了大二下学期，21 世纪杯的比赛周期开始了，南大是种子队，不用打地区赛，直接进全国决赛，我开始紧张地筹备。

每天下午丁老师、张翼老师两个人轮番练我。相当于训练量加倍了，而我自己回寝室之后也继续加练，那个时候很少每天 12 点以前睡觉，以至于我早上的课也基本都逃掉了，就是为了演讲比赛做准备。丁老师说我的基本功不扎实，我就把 prepared speech 练了 2500 遍的无错版，即一篇稿子任何一个地方背错了，语调出问题了，手势出问题了，这遍不算，从头再来。

我也给自己加练 impromptu speech，一般丁老师下午给我练 3 个到 4 个，我自己回寝室又加练了一倍，把练习的稿子都整理好，第二天偷偷塞在昨天的练习稿中，丁老师不知道是没发现，还是睁一只眼闭一只眼，带着我把我自己加练的稿子也都改完了。然后我还跟张翼老师加练，张老师直接拿来一本托福写作的题库，我们就一道题一道题地过。比赛中 impromptu 准备时间是 20 分钟，我们练到最后是拿起来就说，不做任何准备。

效果就是直接拿了全国冠军，然后准备去伦敦打世界比赛。

世界比赛的准备周期因为协调原因，迟迟没有拿到题目，让我准备的时间只有 3 周。这 3 周内我还要去办理签证、订机票，等等。但由于对整个演讲流程已经轻车熟路，我们用了 1 周定稿，在系里过了两次堂，丁老师还专门找了南师大的外教 Lindsay 帮我又提了意见，换了种练习的方式，把语音、语调再做调整。这 3 周基本每天只睡 3 个小时，然后扁桃体发炎，去医院打点滴，还在模拟 Q&A 的情景，张老师也陪着我加练。

我就这样踏上了英伦征途，拿了世界冠军。

日拱一卒，功不唐捐。

A6　付出不亚于任何人的努力

此为旧文，时至今日依然感触颇深，希望能给还在英语学习路上坚持的你，多一些坚持的意义与勇气。

为期8天的日本访学之旅今日结束，每日参观企业和晚间团队学习开会日程实在太满，连途中大巴上都在开会，直到现在收拾完行李，终于可以坐下，记录近几日的所见所闻、所思所想。

每年我都会去日本，每次都因为一些事或一些人，让我的心灵受到震撼。与日本每一次的对视，让我心生忌惮与敬畏，因为他们的执着成魔，因为他们心守一念，因为他们会付出不亚于任何人的努力。

落地大阪当夜，我们去拜访了关西地区最大的英语培训机构KEC。仄仄的偏街上一栋不起眼的建筑便是校址。步入教室，让我这个做了10年培训机构的前高管瞠目结舌，10平方米的教室里，硬生生摆入了15张座椅。我去听了一个初级英语课，老师没有使用任何投影、音响等教具，只有一块黑板而已，教学方法上也毫无创新，只是不断地带着同学造句、重复、再造句、纠正。老师教得卖力，学生也学得卖力，回答问题时声音清楚洪亮。一层楼里5个教室并行不悖，50多个学生，书声琅琅。进入他们的员工工作区，全员都在工作状态，来回穿行，都是一路小跑。此时已经是晚上9点，校长和我们介绍说，学生基本都是上班族，下班之后来补课。如此拼命，只是因为他们要付出不亚于任何人的努力。

次日前往奈良唐招提寺，这是鉴真东渡日本建立的寺庙。寺院清冷，罕有人至。鉴真创下的是日本律宗总本山，以戒为师。律宗法门，说着容易，修行其难，忍受常人难以忍受之苦楚，才能彻悟常人无法彻悟之道理。如此执着，只是因为他要付出不亚于任何人的努力。

下午前去龙泉寺坐禅抄经。蒲团之上，双脚盘起，结金刚印。禅师手握戒尺，来回巡视，凡有学员走神、分心、昏沉，则用戒尺击打双肩，用以警示。半小时静坐中，听得戒尺敲在他人肩膀上生生作响，之后同事告诉我，好些人都是自愿举手请禅师击打。禅师走到他面前深深鞠一躬，这一躬鞠下去，禅师便不是禅师，便是法身。如此自律，只是因为他要付出不亚于任何人的努力。

第三日前去京瓷拜访。初创时只有28人，先做精密陶瓷，再一步步将陶瓷运用在各行各业。从创业第一天开始京瓷从未亏损过，却也每年只留存10%的利润，其余全部投入研发，君子终日乾乾，夕惕若厉。京瓷的创始人稻盛和夫，临近80岁时接管即将破产的日本航空，凭借一己之力，三个季度之后扭亏为盈，两年之后重新上市。将日航干破产的是这帮人，让日航复兴的还是这帮人。唯一的变量就是稻盛和夫的出现。何为君子？君子所在之处，众人皆被唤起羞耻之心，奋发向上。何为君子？就是将自己的私欲灭掉，去敬天爱人的人。年届80岁的老翁，不去养老，却要压上自己一世名誉去搏一把。稻盛和夫引起的心中波澜还未平息，我们团队要赶去下一个公司拜访，带领我们参观的田川部长送我们上车。车徐徐开出，田川部长和我们挥手送别，车行至转角已经百余米，已经看不清他的脸庞，此时田川部长深深鞠了一躬，这一躬鞠在我们心里。如此敬重，只是因为他要付出不亚于任何人的努力。

　　第四日基本都在赶路，团队全体在大巴车上开会一天。中途走进白川乡合掌村赏雪景。

　　第五日拜访东京丽思卡尔顿酒店。这家酒店的口号是："We are ladies and gentlemen serving ladies and gentlemen."（以绅士淑女之道来服务绅士和淑女）这家酒店最便宜的房间一晚2500元人民币，窗外可以鸟瞰东京全貌，晴天时可以远眺富士山上皑皑白雪。这里有最挑剔的客人，但这里有全行业最高的服务标准。客人的一言一行、一笑一颦，身边的服务员都牢记在心。酒店有开夜床的服务，即将被子折起一角，便于客人上床入被。第二日服务员打扫房间时会观察客人到底是喜欢从左侧还是右侧上床，随即录入客户信息系统，至此该客人入住全球任何一家丽思酒店，都会发现床单的折角永远是在那一侧。如此留心，只是因为他们要付出不亚于任何人的努力。

　　第六日晚，前去早乙女哲哉先生的饭店享用天妇罗，他在日本被誉为天妇罗之神。饭店身处陋巷，食客却络绎不绝。哲哉先生每天总是第一个到店，最后一个离店，如此这般已经30年。第一口吃到天妇罗虾，唇齿留香，生机盎然。天妇罗是大众食品，哲哉先生因此封神，就是在最普通的事情上做到了极致。食毕，哲哉先生竟然来到我们房间和我们聊了起来。我问他，炸天妇罗时，心里想些什么？他说：想着面粉、食材；想着为这些食材费力执着的其他人；想着如何把他们的努力通过自己的双手最终传递到客人的餐盘上。我又问他，创业艰辛，如何坚持？他说：没有什么事情是真正困难的，如果一年做不成，就用两年，两年不行，就用五年。不要在乎学到了什么，只要学会忍受，学会了忍受，也就学会了一切。如此坚忍，只是因为他要付出不亚于任何

稻盛经营十二条

1. 明确事业的目的与意义
   确立正大光明、符合大义名分的崇高目的。
2. 设定具体目标
   所设目标始终与员工共有。
3. 胸中怀有强烈愿望
   要怀有能够渗透到潜意识之中的强烈而持久的愿望。
4. 付出不亚于任何人的努力
   一步一步、扎扎实实、坚持不懈地做好具体的工作。
5. 追求销售额最大化和经费最小化
   利润无需强求，量入为出，利润必定随之而来。
6. 定价即经营
   定价是领导的职责，价格应定在顾客乐于接受、公司也能盈利的交汇点上。
7. 经营取决于坚强的意志
   经营需要洞穿岩石般的坚强意志。
8. 燃烧的斗魂
   经营需要强烈的斗志，其程度不亚于任何格斗竞技。
9. 拿出勇气做事
   不能有卑怯的举止。
10. 不断从事创造性的工作
    明天胜过今天，后天胜过明天，刻苦钻研，不断改进，精益求精。
11. 以关怀坦诚之心待人
    买卖是相互的，生意各方都要得利，皆大欢喜。
12. 始终保持乐观向上的心态
    抱着梦想和希望，以坦诚之心处世。

京瓷哲学

人的努力。

　　付出不亚于任何人的努力，这句话来自稻盛和夫经营 12 条中的第 4 条。此行在日本看到的诸多震撼心灵之处，皆可以概括为这句话。其实日本人能做到的，中国人也能做到。

　　和我们团队一起随行的王玘老师是我多年好友。我邀他来原本是钦佩他的佛学造诣，想让他给团队的同事讲讲奈良、京都，如此这般。请他来讲法，可他讲法偏要用身心浇筑。我让他来给大家开眼界，他却硬生生要给大家开心门。他每日都参加我们团队的会议至凌晨，笔记记了一厚摞，照片拍了一存储卡。直面指出很多同事的不足。玘师说，此行不是来度假，是应我之邀来工作，所以要殚精竭虑，所以面对问题要当头棒喝。有些同事吃了他的闷棍受不住，却在前日晚餐中因为玘师深鞠一躬而流下热泪。如此严厉，只是因为他要付出不亚于任何人的努力。

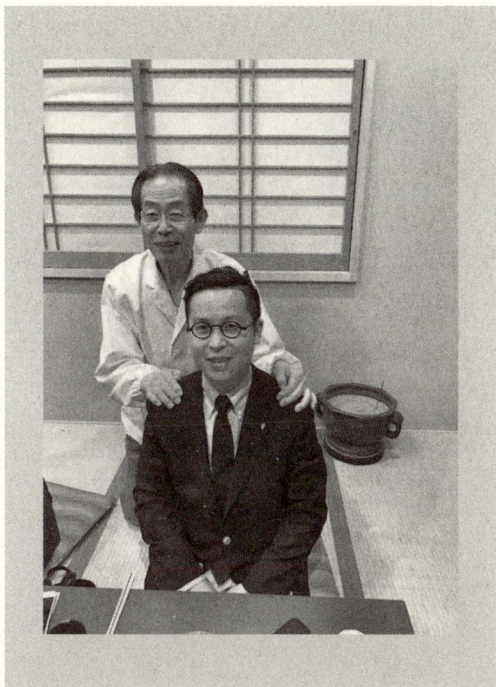

1

随行的还有旅居日本多年的丹荔老师，帮我们充当翻译，普及日本文化。如此友谊，只是因为要付出不亚于任何人的努力。

末了要提此次日本之行的总策划、大导游、我在日本最好的兄弟，赵军大哥。我和老赵相识于 4 年前，那时我带着我妈第一次来日本旅行。老赵特别会哄老太太开心，之后每次和我来日本玩，每顿早餐必吃纳豆，

1　与天妇罗之神早乙女哲哉先生

而且还劝我爹吃纳豆，劝的时候总是提到老赵。4 年间老赵和我在微信时不时会聊这聊那，2016 年我去大阪，老赵专程给我订了饭店请我吃饭。我随后向他提出了带团队来日本学习的想法。我天马行空一顿比画，说要去这里，要去那里，要干这个，要做那个，老赵一一落实到位。整个行程，严丝合缝，分秒不差，遇到了状况，及时为大家排忧解难。同事都抱有极大谢意时，我恰逢其时地吹牛逼，说老赵是我在日本最好的兄弟，大家以后来日本找他全搞定。老赵不善言辞，此时只在一旁红着脸笑。我们问他，你为啥每天都这么开心，老赵说，每天起床第一件事，对着镜子笑一笑，开心也是一天，不开心也是一天。如此心态，只是因为他要付出不亚于任何人的努力。

最最末了，老赵私下问我啥时候上市？我说踏踏实实做好该做的事情。老赵羞赧地说，我也不听懂你们这些公司复杂的业务，我只知道你们做啥都能成。我问他为什么，他回我说：干了这么多年导游，你们是我第一次看到在大巴车上都开会，到了景点不购物，沿途行进从不大声喧哗，上车集合无比准时的团队。我说那是当然的，因为我们本来就不是来旅游的，是来向对手学习的。如此专注，只是因为我们要付出不亚于任何人的努力。

明日即将返回北京，登机前我会深深地向这个国家鞠一躬，用他们的标准，背永远是挺直的，腰会弯下来。弯腰代表我尊敬你，挺背代表我尊敬我自己。没有别的原因，只是因为我要付出不亚于任何人的努力。

A7　我要去见 Bill Bryson 了

2003 年秋天，那时我读大一，南大英语系用的精读课本竟然是复旦大学编写的，但是看到教材的主编是陆谷孙先生，自然也就认认真真地学起来。多年之后，我的深度考据癖让我找到了南大自编的精读课本，不得不说，在针对大一学生英语兴趣上，陆老神仙更加深谋远虑。

复旦精读课本的第一个单元专门谈英语文化与历史，其中有一篇叫 "The World's Language"，其实便是大名鼎鼎的作家 Bill Bryson 的 *The Mother Tongue* 的第一个章节。那时我们班的学习氛围非常浓烈，大家暗地里相互较劲，互不相让，现在回想起来甚是可爱，但这却犯了英语学习的大忌：过于功利地着眼考试的成绩，以至于将所有精力投入在篇章的语法与词汇中，没有全篇意识，更不用说培养赏析的眼光了。

这篇文章上来就讲了一个笑话：

More than 300 million people in the world speak English and the rest, it sometimes seems, try to.

It would be charitable to say that the results are sometimes mixed.

Consider this hearty announcement in a Yugoslavian hotel: "The flattening of underwear with pleasure is the job of the chamber-maid. Turn to her straightaway…

可当时的我带着读书死较劲的精神，根本无暇顾及文本里的 witticism，冲上去先对整个句子的主谓宾结构进行强拆。主语是 more than 300 million people，in the world 是介词短语做后置定语来修饰前者，谓语和宾语分别是 speak 和 English，再用 and 作为连词做复杂句，下个句子的主语是 rest，谓语动词是 try to，宾语部分因为和前句的 speak English 重复所以省略，it sometimes seems 做的是插入语。

但我不是唯一一个用这个思路看问题的同学，随后全班陷入了 and 之后的这个句子，到底主语是 the rest，还是 it sometimes seems 的争论。10 分钟之后，老师一锤定音，说 the rest 应该是主语吧，其实她自己的语气也不是很坚决，和老师同一立场的学生心中暗自窃喜，其余持异见的同学捶胸顿足，还想接着找老师理论一番。

第二个拦路虎是 charitable 这个词，把慈善这个意思放进句子中完全不符合语境，有同学引出《牛津字典》关于该词的第三个意思 apt to judge others leniently or favorably（宽容），部分同学又是一阵质疑，为什么作者要说从宽容的角度看结果是混合的。这个讨论又持续了 20 分钟，最后不了了之，但是我心中的疑惑和对自己能力的怀疑又增加了一层。

这堂课的最后 20 分钟加上课间的 10 分钟，全班陷入了第三个问题的争执，为什么南斯拉夫的旅馆里女佣会给客人充满热情地熨烫内裤。

最可气的是，有些同学故作突然顿悟的表情，类似阿基米德的 eureka，然后也不做任何解释，径直走出教室，留给我们的，只有彷徨和嫉妒。

应该来说，我大一的精读课基本上都是在这样的情愫中度过的。

临了要考试，只能使出高中时代的必杀，管他三七二十一，背下文章再说。拿到考卷的时候，应该说心情差到了极点，因为除了词汇考查以外，没有一道题和我们上课的精读文章有关系，也就是说背了课文也白背，只能胡写一气。

拿到成绩，精读课只有 80 分，全班 20 个同学，我不是倒数第二就是倒数第三。但是我突然顿悟了，这么卖力气地学，成绩还是不理想，只能证明我学的方法不对。

从此之后，彻底采用"好读书不求甚解"的方式面对一切牛鬼蛇神，大量开始看闲书，去别的专业选课，参加英语演讲培训；至于精读课，我就一个方法，出早工，上楼顶找一个没人的地方放声朗读。

大量闲书中，自然少不了 Bill Bryson。当我们不在陷入字词语法之时，我顿时觉得读其文字，如沐春风，不忍释卷，有时拍着大腿心中暗自叫好，有时走在路上也不时玩味他语言的精灵与敏捷。

上个月在伦敦打尖住店，恰好 chambermaid 是一个东欧人。早晨出门着急，没来得及把换洗衣物整理好，晚上回店，看到衣服被她整齐摆放在衣箱之上，不禁想起 The flattening of underwear with pleasure is the job of the chamber-maid 一句，料想她在为我收整衣物时应该是 with pleasure 的吧。

看着衣服，我笑出了声。

最后离店时恰逢圣诞，早间她过来询问我几时离店，我取出事先装好 5 镑的信封，交于手上，寒暄道：Merry Christmas.

当我们对于一个细节不甚明了之时，千万不要在细节上纠结，因为弄明白细节的方法应该是用一个更大的知识结构来解释它。

而更大的知识结构是需要时间一点一点搭建的。换言之，对于细节的执着可能是一种"速战速决"的心态，而这种心态最可怕的结果并不是没有找到答案，而是没有找到答案之后的挫败感。

风物长宜放眼量。

估计陆老神仙当年选的这些篇目也不是为了让学生彻彻底底读个明白，而是基于他自己的阅历与喜好，觉得这些作者与文字会像种子一样埋在学生的心里，在未来的某天，风雨浇灌之下，自然破土而出，最终长成高大的良木棵棵，终而亭亭如盖，成为地平线上的风景。

2018 年 2 月，我将去英国采访 Bill Bryson。我把这个消息告诉了南大一脉的校友，几人异口同声地回复道：帮我们问问到底为什么南斯拉夫女佣熨烫内裤时充满热情。

一晃十多年过去了，问题还是萦绕在我们心中，但提问的心情完全不同。

学习的意义，不在于一时弄懂，而在于眼中的风物，随着我们自己的成长，变得更加立体而宏大。

A8 有味甜品叫董桥

有同学提问我的中文能力是怎么养成的？

大学时我的中文里住了两个现代人，一个是冯唐，一个是董桥。实在汗颜，估计说这两个人的名字会招致不屑。两个人中怎会没有鲁迅、梁实秋或是沈从文？

好吧，其实后面三个人也都在我心中住过，鲁迅看多了太犀利，容易遭人憎恨；梁实秋的《雅舍谈吃》是我去食堂前必备的心理建设，但吃完之后也就抛在脑后了；沈先生的文字极美，也哀伤至极，看完之后心中有块垒。索性将这三人谢客而出，请进来冯唐与董桥。

最早看冯唐的三部曲的情景是冬夜寝室的被窝里。南京冬天阴冷潮湿，学校又不允许使用黑电器如电褥子一类，偶然在先锋书店买来《北京北京》，香艳的描写，畅快淋漓的抒发，如同一瓶烧酒，伴我度过漫漫长冬。我到现在仍然固执地认为，冯唐的文字节奏是当代作家中最好的，读起来不累，潇洒，策马奋蹄。

但今日要写董桥。那个年月，董桥的书在中国只有一本《文字是肉做的》。当时在书店中拿起就没有放下，翻了大半本，文字甜腻，又甜又细腻，读起来满眼繁花，感觉全是知识，而且是老师在课堂中没有提及的英文知识，甚是喜欢。后来海豚出版社从香港牛津出版社基本上引进了董桥的全套，有写书的，有写自己的家史的，但我还是最喜欢《英华沉浮录》这一套。

董桥先生谈及《英华沉浮录》的创作初衷时如是写道：

《英华沉浮录》是以语文为基石的文化小专栏，既有旧时月色的影子，也有现代人事的足迹，走笔之际，往往妄想自己一下子脱胎换骨，变得才隽而识高，采博而鉴细……都说语文水平普遍降低，我也的确天天看到许许多多虚弱失调的文字，自己于是加倍努力写得认真一点，希望文字多两分血色，少三分苍白。

董先生的文字好，不仅是在中文上，英文走笔之际也有许多意趣。并且在文章中援引很多文史的小段儿，很多史料与逸事远远超过一般人能触及的文本范畴，倒是可以通过董先生的文字一睹大家风范。在《英华沉浮录》二卷中，有篇文章讲夏志清给张爱玲改英文稿子的事。夏先生是耶鲁大学的教授，也是英语世界研究华人文学的大师，张爱玲价值的再次发掘，离不开夏家两位大师（另一位是夏志清教授的哥哥夏济安教授）。

张爱玲中文的原文非常出彩，我录在下面：

两人并排在公园里走，很少说话，眼角里带着一点对方的衣服与移动的脚，女人的香粉，男子的淡巴菰气，这单纯而可爱的印象便是他们身边的阑干，阑干把他们与众人隔开了。

注：淡巴菰（读音是"孤"）就是tobacco的音译，阑干就是栏杆。

张爱玲的英文稍微有些绕，我也录一下：

The two of them walked side by side in the park in the autumn sun talking very little, each with a bit of the other's clothes and moving feet at the corner of the eyes and the fragrance of woman's face powder and men's tobacco smell, this simple and lovely impression forming the railings alongside that separated them from the crowd.

张爱玲的这句英文是典型的 run-on sentence，当断不断，有点像吃烤老的牛排，怎么嚼都是一块。夏先生的文字，到底是耶鲁的大教授，几处落手，顿时句子就变得清澈许多。我来录，诸君且看：

The two of them walked side by side in the park in the autumn sun，（此处逗号一点，句子一下子就松快了）talking very little, each content（content 这个词直接把后句中的 simple and lovely impression 直接替掉，简洁明快）with a partial view of the other's clothes and moving feet.（句号是上帝，该出现的时候必须出现）The fragrance of her face powder and his tobacco smell served as（中国人一定要学的词组，可以替代 be 动词，使句子活泼）invisible railings that separated them from the crowd.

还是说回董桥，没有他，我是无法看到夏志清和张爱玲在英文上的机锋。

我喜欢董桥的另外一个原因就是他喜欢"卖弄"，钱钟书先生也是一样的风格，看这两个人的书，如同刷他们的朋友圈，见到他引述的作者，必定要上 Amazon 或者京东上搜查一番，看看能不能顺藤摸瓜地再找到几本好书。

他的文字有人批评酸腐，我不认同，写东西总是要有点腔调才好。他的文字其实是甜腻，像法国的马卡龙，齁嗓子，但是顺带就着矿泉水或是红茶倒是别有一番味道。读他的书，可以在枕上、车上、厕上。不需要按照章节，也不用考虑是否读过，因为再读也有趣味。

甜腻无妨，下了功夫，就是好文章。录他其中一段中国文人

的情结以收尾:

当代中国知识分子的线装情怀与金粉情结,多多少少借此描画添香缘尽、墨沈未干的历史失落感。优雅的语文不可能洗尽铅华、屏绝丝竹。浓妆艳抹的时代固然过去了,淡扫蛾眉的分寸正是修养之所在。

实在手痒,观赏这段文字之后,信手译成英文,供诸位批评:

Modern Chinese literati still live in the nostalgia of thread—binding books and golden face powder, and this soothes their reminiscent pain caused by the nature's changing course untrimmed and easily—broken promises. The elegance of Chinese cannot unfold herself naked and blunt, nor can she be cut out from the amusement and joy. Although the time of the sound and the fury has passed, a light make-up, fitting and proper, is where the cultivation lies.

B

1
-
39

学习方法

B1 不懂英语的家长别乱来

1984 年，我出生在贵州，父母是三线军工厂的普通职工，他们的学历不算高，如果附会牵强一番，他们算是中国在线教育的第一批学生。那个时候被称作"电大"，也就是"电视大学"的意思。我父亲是一名工程师，我母亲是办公室文员，两个人在工作与生活中跟英语毫无干系，加之我身处贵州山沟里，他们那个时候让我学习英语，现在看来很平常，而那时却真的是高瞻远瞩。我很感谢他们，父母的眼界决定了子女的未来。

那时我大概三年级，开始最早用的教材叫作 *Big Muzzy* 的电视节目，许戈辉主持的，新华书店也有配套的教材和磁带。我的老师就是我父亲，他会翻着字典，让我听着磁带去读。其结果是惨痛的，我对我父亲读英语的声音现在基本上没有什么记忆了，也有可能他基本没有怎么带我读，我留下的两个印象是：1. 这本教材太傻了，一个毛茸茸的外星人，见到什么吃什么之类的，完全不能用作英语的沟通之用；2. 那年春节，我姑姑、姑父一家从桂林来贵州过年，我读了一段教材里的英语，姑父说，这是农民发音，虽然他自己的英语到底怎么样我也不得而知。从此之后我索性也不学了，放学之后，基本上就是练大字、踢球、玩沙子、写作业。

这至少证明：一般教育背景的父母，亲自教孩子英语，从技术层面上是不成立的。我父母当时也认识到了这点，也没有继续地逼迫我。监督与逼迫子女的学习，这是一个中性词，有消极意义，但也有积极意义。例如他们没有逼我跟着绿毛怪学英语，但是仍然逼着我练大字，我当时即使有一万个不情愿，但现在看到自己提笔写出来的字，还是很感谢他们。

我正式开始学英语是在小学五年级暑假，父母带我去贵阳参加百年英语的培训。从 ABC 开始学，我是班级里年纪偏大的学生，从此 5 年时间，每个周末加上寒暑假，我要自己坐车 2 个多小时去上课。其实学英语不在乎年纪大小，并不是越早学越好，关键是持之以恒。

1996 年，百年英语已经成为贵阳英语培训行业的翘楚，创办人是一对夫妇，何迅先生和陈辉女士。他们亲自上阵教学，何老师教高期班，陈老师教低期班，我的入门班老师叫 Mr. Wang，给我起了一个英文名字叫 Simon，这个名字一直用到大学，才换回汉语拼音。我当时非常喜欢 Mr. Wang 上的课，就一个原因：语音漂亮。

小孩子其实最会挑老师。现在很多机构对于老师的宣传无所不用其极，成年人反而容易受到广告的影响。小孩子对此全然不知，但是却对美好的事物有着第一时间的理解和感受。前几日在上海和王玘老师吃饭，玘师，有匪君子也。席间谈及他的育女经，他家千金学钢琴，一开始乱弹一气，玘师却毫不生气，决定亲自示范，苦练多日，和自己的女儿一较高下，其女深受音律美好之震撼，玘师此时敲打她：凡是美好的事物，都要为此付出代价。

学习英语难以坚持在于代价巨大，而代价是否值得坚持，关键在于追寻的事物是否是美好的。

当我们把英语学习变成"为稻粱谋"的营生工具，则会随时计算代价与收获的关系，能够坚持到底的人，寥若晨星。人对于美好的事物会有天生的向往。要学好一个技能，首要任务是这个技能的美学教育。

B2 父母在孩子英语教育中千万不能做的事

　　我并未为人父母，因而貌似也没有发言权，这些建议都是我从事教育行业多年，看到那些很辛苦也很可怜的孩子背后的家庭教育而产生的感慨。反观我父母对我的教育，我很感激他们。

亲自教孩子

　　孩子英语语音出问题只有一种可能：模仿对象的英文发音不标准。如果父母自身英语语音基础不好，千万不要教小朋友读英语，应该鼓励孩子多听多模仿，但是自己千万不能置身教学之中，教了就坏事了。

　　我爸在我小时候尝试教过我一段时间英语，但据外人评价，应该很糟糕。我爸估计自尊心也受到了伤害，遂决定让我去上培训班。他挑培训班不怎么看价格，只关心一件事，老师的发音准不准。我的启蒙恩师何迅老师，语调精准，我受益一生。当然，这一条对于父母英语水平高的除外。

朋友圈晒娃读英语

　　尽量不要在朋友圈晒娃朗读英语。晒娃读英语和娃英语能不能进步之间没有任何关系。孩子英语进步只和正确方法与学习时长有关系。晒娃唯一能满足的是父母的虚荣心和攀比心而已。子女教育中掺杂了过分的虚荣心，孩子的成长心态会缺乏自信。他会特别恐惧失败，因为失败会让父母丢脸。学习不应该是为了任何人，而是为了自己。

别人家的孩子如何

别人家的孩子如何与自己的孩子如何之间没有任何关系。每一个个体生命都应该是独一无二的。

教育心理学有一个"多元智能"理论，即每一个人都有自己学习和了解这个世界的方式，有人偏向视觉学习，有人需要肢体运动，有人擅长抽象思维。家长应该发现自己孩子总体上学习的风格倾向，从而去选择合适的英语学习路径。

最好的英语学习路径一定是在孩子的学习风格与爱好的基础上来构建英语学习。之前公众号"教书匠小夏"有朋友留言，说自己的孩子喜欢乐高积木。我出了一个歪点子，不如在乐高积木上贴上英文单词。有的孩子喜欢 NBA，那可以让他在网上看 NBA英文的转播。有的孩子喜欢玩手机，不如把手机调成英文设置。

退一万步讲，孩子就是没有学语言的爱好。这也不是多大的事儿，任何一个行业杰出的人才不一定非要英语流利。

不攀比，从小就培养孩子学会发现自己的兴趣，同时能够怀着敬佩的眼光看着在某方面比自己优秀的人。这样的自信说到底就是包容。这是我们这个时代最稀缺的品质。

一定要赢在起跑线上

教育是马拉松，不是百米冲刺，靠的是耐力，不是抢跑。在语言学习这件事上尤甚。起步早晚不能决定最终的成绩。据我妈回忆，我三岁左右可以背诵的唐诗高达 100 首，什么《长恨歌》

《春江花月夜》张口就来，但是因为没有理解与记忆，现在啥都不记得了，中学为了考试还背得要死要活。以我三岁时的水平参加诗词大会应该比我现在要强出百倍。

任何学习都是要在实践中去印证才能被最终记得。

没有理解、实践和印证，学了也白学。别看三岁小孩现在英文儿歌唱得溜，之后上学还是要再来一遍，绕不过去的。

将自己的焦虑传递到孩子身上

不必非要去听斯坦福妈妈是如何教孩子的，即便同事正在和所谓的斯坦福妈妈学育儿经。听斯坦福妈妈的育儿经不意味着自己的孩子就能去斯坦福。斯坦福妈妈当年能去斯坦福念书也不是因为她妈妈听了斯坦福奶奶的育儿经。

我很幸运，从小到大没有听过我父母讲类似"我们挣钱多么不容易，你一定不能辜负父母的期待"这样的话。他们从来告诉我的，就是学习是自己的事情，学有所成就要为社会做贡献。我的成长环境始终没有"焦虑"二字，以至于到现在面对很多困难的时候，我也有着自己的决心和坚定。

0~16岁是一个人的语言关键期，这段时间内正确的英语学习方式和大量的语言浸泡对一个人学习一门外语是至关重要的，但同时，如果方法不对、态度不明、家长使了偏力，不仅对孩子的语言学习没有帮助，更可怕的是会对孩子的人生观、价值观造成不良的影响。

其实错过了语言关键期也并不可怕，因为人在任何一个时间段调整出关键期的自发学习模式仍旧可以取得很好的效果。怕的是在这个时期，如果学习动机、学习习惯、学习兴趣出现了问题，那么未来纠正起来会十分费劲。

家长们的焦虑可以理解，我也和一些"友邻二代"的家长座谈过。身处这个时代，焦虑不可避免，他们一开始也会和我倾诉和咨询很多青少年英语学习方式的细节，甚至还有些抱怨，每个人的观点不尽相同，甚至相左。

他们说了1个小时之后，我问了他们一个问题：如果让你只能有一个选择，你是希望你的孩子英语好，还是希望你的孩子是一个健康、乐观、善良的人？

30多个家长，虽然之前的观点各自不同，对于英语教育的理念也不一致，但是在这个问题上，所有人都选择了后者。他们都希望自己的孩子是一个健康、乐观、善良的人。

我想大家都知道家庭教育的终极意义，只不过时代的噪声让大家一时无所适从。如果我们用更大的视野来看待孩子的教育，就不会执迷在学英语这件小事上。

可能当外界越来越躁动的时候，答案总在自己的心里。

这也是我做友邻优课的目的，不是在认知焦虑中淘金，而是去让人们学会构建自信和眼光，然后和这个世界相处。

我坚信，当所有的父母第一次看见襁褓中的孩子时，都会许下这个愿望，希望他们成为一个健康、乐观、善良的人。

这就足够了。

B3 零基础水平学英语的几个建议

我争取写得短一些，这样大家看起来就不会费力。

1. 每一个英语好的人都是从零基础学起的，没有人天生就是高手。所以零基础并不是什么问题，是每一个人学习的必经阶段。

2. 不要考虑自学，因为这样更容易放弃。你需要一个老师和一群同学，老师会给你制订相应的学习计划，同学们集体学习的氛围也能让你更容易坚持下来。

3. 最好有一套教材，可以形成体系感。我之前推荐了《新概念英语》，它是一套比较符合中国人学习习惯，或者说是符合中国老师教学习惯的教材，在词汇和语法上下足了功夫，非常适合零基础的同学开始学习。

4. 要树立一个正确的心态。如果想从零基础学好英语，就千万不要去找那些貌似学起来很轻松、很快乐的方式，因为轻松快乐的方式特别容易让人放弃。在整个学习过程中，轻松和快乐只是你对这个语言的新鲜劲儿还在，但随着新鲜劲儿日趋平淡，放弃的念头就会油然而生。以前尝试过轻松学英语的同学应该对这个观点特别有共鸣。有了一定的基础之后，去尝试听看英语新闻、美剧、音乐等方式学习是没有问题的。

5. 设定一个学习目标，比如说某一个英语考试，或者是自己的海外游。这里着重讲一下考试对于英语学习的好处和弊端。好处在于你可以用分数很清楚明白地知道自己学习的情况，弊端在于很容易陷入为了考试而学习的误区，没有去掌握和使用语言，过于功利。

6. 在学习的过程中配有相应的练习。这个练习尤其要强调可以自己评估结果。比如说朗读录音、背诵、听写等。

7. 最好能每天抽出时间学，不一定是要学习新的知识，但是一定要抽时间做复习。语言学习中复习比学习还重要，如果不复习，学得再好也没有用。复习和学习的比例对于基础阶段的同学建议是 6∶1，这也就意味着一周中只要有一天学新知识就可以了。一方面负担不会那么重，另一方面学过的东西都可以记得住。

8. 最后给大家鼓鼓劲。从零基础到基本日常会话过关，能够口语交流，能够为阅读英语新闻和小说做好初步准备，大概需要的时间是：半年。也就是把《新概念英语》第一册彻底弄明白即可。

如果你不信，可以试试，反正才半年时间。

B4　单词到底要背多少才算够？

　　我并不反对背单词，因为我自己英语某一次飞跃就是因为用了一个暑假的时间背了托福单词书。诚然，完全依靠阅读、听力和平常的学习来积累单词，这个方法完全走得通，但现在的学生普遍很难再像中学时代拿出整块的时间来学英文，这种累积式的英语学习方法很难在短时间内产生效果，然而大家对于学习效果现在又是如此趋之若鹜，所以只能采用这样的方便法门，鼓励诸君拿出相对整块的时间，突击单词。

　　我谈谈我自己背单词的经历。

　　大二的时候我去上海新东方读暑假的托福住宿班，因为阅读老师上课实在无聊，就是翻译原文对答案，我自己就买了一本词汇书，在宿舍里背单词。我做的第一件事是列计划，一开始也不知道一天背多少合适，也不知道能记住多少，我选择了往死里背，看看我的极限在哪里。一天大概背了4个小时，连抄带写，词义、例句、近义词都没有放过，推进了4个list，大概就是400多个单词，已经双眼冒金星，故而作罢。第二日返来复习，发现能记住的只有一半多一些，十分懊恼，从而决定放慢速度，就背2个list，争取全部记住，也大概背了4个小时，次日再复习，发现也只能记住70%而已，而且第一日背的单词，又有一大部分忘掉了，尤其是例句和同义词部分，基本上忘干净了。我突然觉悟，背单词关键就是不断地在忘和背之间来回反复，别无他法，直至记住。

所以我开始重新调整我的背单词计划，首先降低每一个单词的背词难度，能看到单词想起中文意思即可，不需要那么深刻，偏离一些也无妨。第二就是总量增大。第三就是留下时间复习之前的单词。每天 4 个小时，向前掘进 5 个 list，精度复习 3 个 list，剩下时间粗略复习之前背过的。这样算来，大致 10 天把这本书背完一遍，复习中发现记忆效率明显提高，最后一个月背了 3 遍，基本上所有单词手到擒来。

1. 列计划，然后不断调整，找出最合适的进度，坚持到底。

2. 背单词唯一的方法就是背了之后忘，忘之后再背。

3. 每日总量要大，留有时间复习。

我在背单词的同时也不断刷题，所以这些单词记忆的也比较深刻。这本托福词汇书给我的英语词汇量升级奠定了基础，基本上在这之后遇到的英文读物的阅读都没有太大问题了。

之后我按照这个方法背了 GRE 单词，背完之后的效果还是很好的，但是之后没有勤加练习和巩固，至今单词量没有站在 GRE 的肩膀上看待世界，算是一个遗憾。

一般说来，托福的单词大致是在 6000~8000 词这个范畴，以我刚才陈述的个人经验看，这个词汇量对于一般同学来说，基本上就够用了。但如果想让自己的阅读和写作更加出彩的话，可以向 GRE 的词汇水平挺进。

但还是说回来，背词不用，等于没背。所以诸君如果要是想把背词和使用结合在一起，且并不想挑战 GRE 水平的难度，我倒是有一本字典推荐。朗文的《英语写作活用词典》，商务印书馆出版。虽然这本字典的中文书名有"写作"二字，但其实质还是要看英文的名字，*Longman Language Activator*，activator 是激活的意思，即这本词汇的目的是激活语言，而非去释义那些艰深的词汇。诸君若想短期内将英语词汇学活用活，这本词典可以尝试一背，而且日后如果想要炫耀英语学习历程之艰辛，拿出这本字典往桌上一甩，气势还是扎实的。

B5 什么样的单词该记，记多少够用？

我上学读书时曾经有一个疯狂的想法：如果有一个机器能够改造语言，把那些同义词和无关紧要的名词、动词全部去掉，仅仅够我们生活表达之用，英语会不会变得容易得多？

后来看到很多英文字典的背后都有一个 definition word list（定义词表），大概是 3000 词左右，所谓的定义词表就是整本字典 20 万单词，都是用这 3000 多个单词来进行解释。换言之，如果你背下了这 3000 多个单词，能加以灵活运用，日常生活的输出交流应该没有太大问题。

我很久以来都是精简单词表的支持者，也一直认为这个世界不需要那么多单词，很多词可能一辈子都碰不到。

改变我想法的是一本书：*Reading the OED: One Man, One Year, 21,730 Pages*，这本书的作者和我倒是有些相似的认死理。他用了一年的时间把 OED 读了一遍。

在这里有必要普及一下 OED 是什么。

OED 是 *Oxford English Dictionary* 的全称。它和市面上叫"牛津"二字的字典最大的区别在于，他是牛津系其他字典的爸爸，总共 20 卷，共计 21730 页，收录 61 万个词条，详细记录了英语历史流变，是当今最大的英语字典之一。

一年看完 2 万多页的作者肯定比我用一年多讲完 700 页 *The Story of Philosophy*，或者写完 100 篇英语小传来得刺激。我一直有个梦想，就是在不久的将来，收一套完整的 OED。看完这个一年读了 2 万页字典的作者，我心中无限敬佩，更产生了一种想法：单词量和世界观有着直接关系。

的确，3000 个单词是能满足日常输出交流，但是在输入层面，以及在输出的精准层面上，3000 个单词是远远不够的。

举个例子，如果说一个人特别笨拙，可以说 He is clumsy。而 OED 里还有个词叫作 ambisinistrous，这个单词的字面含义是 having two left hands，有两只左手。通过这个词，还可以学会一个词根 ambi-，表示两边的（both sides），所以两只右手的人一定很灵巧，英语叫作 ambidextrous，当然如果去找这个词古旧一些的含义，它还有两头吃回扣的意思。

以前新东方词汇老师经常说一个段子。一个男生向一个女生表白，惨遭拒绝，女生的理由是两个人的单词量不一样。单词量不一样，则生活的世界不一样。我原来觉得这是一个笑话而已，现在想想的确如是。

所以回答这个问题，单词到底要记住多少才够用？这关键取决于你对够用的态度。中午吃外卖，10 块钱可以吃一顿，100 块钱也可以吃一顿，到底是 10 块够用还是 100 块够用。说来可能吓你一跳，我前段时间去外地出差，到了中午饭点，误打误撞进了一家出租车司机的据点，菜肴物美价廉，两菜一汤，一荤一素，结账的时候才 7 块钱。

记多少单词够用和挣多少钱够花是一个道理。

钱少，过得拮据一些，但肯定不会过于凄惨；钱多，过得松快一些，也不至于铺张。拮据有拮据的乐趣，松快有松快的自得，本就是两个世界，主要是精神上的世界，物质上也没有那么大区别。

最近我逢人就推荐去伦敦旅行，推荐的理由是物美价廉。这句话放到十几年前我断不敢如此讲。2005 年我在伦敦，那时人民币对英镑是 1∶14，买一瓶矿泉水都心惊肉跳，喝完水瓶子也不扔，回去灌了自来水方便带出门，下馆子那简直就是癞蛤蟆想吃天鹅肉，能走路的时候，坚决不坐地铁，两个月走烂一双鞋太正常不过。但是回想起来，也是很开心的日子。

2017 年圣诞节在英国上课，人民币和英镑是 1∶8，很多东西在英国现在的价格比中国便宜得多。我下载了 Uber，出门就和中东的司机师傅侃大山，到地儿一结账，才 5 镑，比北京便宜，还不堵车。

转念一想，也还是一日三餐，也还是往返教室和住处，女王还是那个女王，伦敦还是那个伦敦。心境不一样了而已。

单词也是这样，多个几千词汇量，生活不会好到哪里去，可心里的世界应该更大了。

B6 听力材料怎么选？

我读大学的那个年代，听力材料都是录在磁带上，手持设备是复读机，练习的方法通常就是听写。

老师们分为两派，年纪小一些的鼓励我们去买各种音像制品去听，年龄大一些的让我们用收音机去听 VOA 或者 BBC。同学们也都买了收音机这种老古董，但是鲜有人去听 BBC 或 VOA，多半都是在寝室里听一些午夜情感节目，更为无聊的时候还打打情感热线和主持人互动。

所以我想，如果我现在鼓励各位同学多去做听写也好，或者去专门做听力材料练习也好，在你们眼里我肯定是一个过时的家伙。如果你觉得我不是一个过时的家伙的话，那么证明你也过时了，或者你所认知的听力学习方式已经过时了。

结合当下的潮流，我来说说所谓的新听力时代应该用什么样的材料来训练。

一言以蔽之，先用视频材料练手。

首先，视频材料更容易找。现今早已过了磁带的年代，MP3估计也不是很好找了，取而代之大行其道的是视频，要刻意去找磁带或者 MP3 反而是一件难事。

既来之，则安之。

当今听力的首选材料一定是视频而不是音频。别忘了，视频也是有声音的，而且可能对于语言学习者来说，视频比单纯音频更有益处。

　　从大处讲，我们练习听力的目的不仅仅是考试，而是在实际生活中运用。除了打电话是纯音频场景以外，其余都是面对面的视觉加听觉的场景，因而视频类的材料其实更贴近实际运用。与其去练托福的听力题，不如直接去找 TED 的演讲，或者去看 Khan Academy 以及 Coursera 的视频课程。与其去练四六级的听力短对话，不如找些美剧来看看。

　　从难度上讲，视频也比纯音频容易。因为在真实的交流中，只有 20% 的信息是通过声音传递的，其余 80% 都是依靠肢体动作、表情、音量大小、说话的节奏变化等来表达说话人的意图的。这也是为什么很多外企的员工宁可面对面和外国同事开会，也坚决不愿意去 con-call（电话会议）的原因。

　　从易到难也是一般人学习的路径，可以先从视频入手，再一步步进入纯听觉的场景中。

　　当然，视频材料也有短板，我们要逐一克服。

　　第一，看视频容易分神，尤其是看美剧的时候，都被字幕带跑偏了。所以如果是要刻意练习听力，建议用一张纸盖住字幕先看一遍，然后再带着字幕看一遍，然后再用纸盖住看一遍。如果有双语字幕是最好的，这样就可以在第二遍的时候边看边暂停，时时做笔记。

　　第二，为了刻意避免走神，我建议多看些纪录片、TED 演讲。这些以知识和信息（而非故事情节和幽默）为主的视频可以让你相对集中注意力。而且往往这些材料中的单词难度、句法复杂的程度比美剧都要难一些，甚至更加书面语，可以用来提高自己的整体语言能力。

　　第三，美剧同样也是可以看的，只不过重心更要落在他们的口语表达、语音语调等方面。时不时暂停一下，尝试跟读模仿前一句。

第四，看视频整体说是泛听。泛听和泛读是一个道理，如果想在效果上超过精听（比如听写）和精读，那就必须在一点上用力，那就是：量。泛听上不上数量，等于没有听。很多人每周看视频只看了 30 分钟，那不可能产生任何效果。要经常看，甚至是天天看。我认识好几个内地去香港的朋友，短短一年粤语讲得有模有样，问其故，答曰：TVB 是最好的老师。

这也不是说这个时代就不需要单纯练听力，或者就没有好的单纯的听力材料了。我非常推荐听有声书。喜马拉雅上可以搜到不少英语有声书资源。你在 Amazon 上找到 Audible 这款 APP，其中也有大量的有声书可以听。当然举贤不避亲，友邻优课的 APP 也有大量的视听材料供大家选择。

最后还是回到我大学练听力的事儿上。其实我也不喜欢听写，而且我听写的水平挺差，一度我怀疑过是不是我的记忆力有问题。考专四前，英语系里装模作样地给学生们做了两次模拟考试。听写部分我考得很不好，基本上抱着放任自流的心态，然后回寝室看美剧去了。

真正考试时，听写竟然全部都听出来了，原来模考的时候老师用的是 1.2 倍速放的录音。

但你要是问我，我的听力是怎么练的，我的确不是那么明确，但一定不是在课堂里学的，应该多半是因为在寝室看《老友记》吧。

B7 如何听懂外媒新闻

大学时代的听力课上，外媒新闻听力肯定是少不了的。尤其是我系那些前辈老师，号召我们去买收音机，反复让我们去操练BBC、VOA 的音频。

在中国外语类院校中有大概这么一个隐秘的排行，源头是怎么传出来的，无从考证。大概是，中古英语和理论语言学看北大，英国文学看北外，美国文学和应用语言学看南大，口译看上外、北外和广外，听力看洛外。

这里的洛外就是神秘的解放军洛阳外国语学院。据说他们最厉害的就是听力。洛外的校歌光看名字就有一种世外高手的杀气：《前哨尖兵的摇篮》。据说他们学校的学生听写能力一级棒，如果有人把专业四八级从头到尾读一遍，他们可以一字不落地听写下来，然后开始答题。

当然，以上是戏说。

回到如何听懂外媒报道话题，应该是大剂量训练打底吧。当然也有相应的方法：

首先，对于初级练习者来说，需要端正态度认真听，而且在选材上也有讲究。

专注力和可复查是这个阶段的标准。也就是我们常说的精听。

端坐着听，而且手里要握着笔，时刻记录一些内容。去练听写也毫不为过。之所以要如此端正，主要是为了让大脑形成一个注意力过渡。

我们都知道，声音如果没有刻意注意，那就是背景的白噪音。比如你在咖啡馆写东西，周围人的谈话你根本不会在意，对于你来说，那只是背景音。所以很多家长特别担心小孩子戴着耳机听歌写作业，大可不必如此焦虑，他听不进去什么的。甚至你还可以放上一段莫扎特、柴可夫斯基或者肖邦，据研究表明这几个人的古典音乐非常有助于人的专注力和创造力。

所以说，如果一开始练习听力的时候就吊儿郎当，有一搭没一搭，听力是不可能练好的。

而且初级阶段选择材料也很重要，一定要选有文本的，一开始上来直接听 BBC、VOA 等外媒，一点用处都没有。有文本最大的意义在于，可以通过听力看出哪些东西听懂了，哪些东西没有听懂。是单词量不够，还是英语语音不过关。单词量不够，那就要去积累，语音不过关，那就要通过模仿和朗读来提升。

初级阶段到底什么时候是个头？我给一个粗暴的标准，至少练习 100 小时以上吧，也就是说，如果你每天练习 20 分钟的话，需要差不多一年的时间。这一年中主要是积累单词和英语语音。

如果给一个定性的标准，需要你至少在语音层面过关，也就说一对照文本，你听不懂的地方只是因为你的单词量不够。

对于绝大多数朋友来说，听力是不需要单独训练的，每天 20 分钟的英语学习不管是阅读、口语还是写作，只要有音频输入，就算是听力训练了。

跨越精听阶段之后，并不是说精听可以不练了，仍然时不时要专门练习一下保持状态。跨越精听的目的很简单，一是为了更加贴近语言实际使用，二是为了提高效率。

这其实也是很多同学精听练了很久，但是到了一定阶段发现自己提升很慢的原因，毕竟不是你每次听新闻或者看视频都是在一个精听的环境之中。

泛听和泛读倒是有点类似，便是要利用量来对于之前打下的基础进行夯实与运用。精听中，听不懂的词汇当然要查字典，但是在泛听中，由于要无限贴近实战，那么听不懂就要猜，猜不透也要硬着头皮往下进行。不要停下来，要 push forward。

再说一个好玩的现象，我自己也经历过这个阶段。以前我在看美剧和电影的时候，仍旧偏向选择有英文字幕或者双语字幕的来看。虽然那个时候对于中文字幕的早已嗤之以鼻，觉得如果练习英文，这个材料有点滥竽充数。那时候我的水平足以驾驭完全没有字幕的材料，只不过有些信息点没有理解，尤其是在看脱口秀节目时，完全不能理解其中某一个笑点，就会特别抓狂，我需要一个字幕，需要一个心理上的拐杖，这样才能走路。

读文章不能查字典，看美剧不能看字幕。

做到这两点真的很难，难是难在心理。

在泛听中仍旧可以写写画画，有点类似在中国课堂里记笔记一样，记个框架、逻辑和关键词即可。

但千万别以为托福听力满分就一定能听懂外媒报道了。我大学的听力老师有一个经典论断，说一个合格的英语系学生应该具备什么能力。她说：口语发音说得地道不算水平，说得流利、有逻辑、有教养才是本事；写作写长句用难词儿不算水平，写得简单深刻才是本事；阅读读懂不是水平，读得又快又懂才是本事；听力听明白英语母语国家的人不是水平，听懂非英语国家的人才是本事。

所以如果说精听还有阶段性目标的话，泛听是一直要坚持下去的，因为它不仅在磨炼你的耳朵，还在增加你的背景知识。

背景知识也是要听懂外媒的训练中必不可少的，但是我并不建议刻意去积累，相反只需要平常坚持就可以。听新闻的训练千万不能一曝十寒，要日拱一卒。新闻不可能总是突发，而是一个系列事件不断演化得来的。

一般新闻可以分为突发新闻（breaking news）、后续报道（follow-up report），以及深度报道（feature story），如果从一个事件的新闻链条中单独拿出来一个让你听肯定是困难的，但是如果坚持听一段时间，有了新闻链条的形成，背景知识自然不在话下。

经常听我讲新闻的同学会发现，很多报道的词汇、背景的信息，甚至某一个特定媒体的文字风格都是有迹可循的，有了这些辅助，听懂外媒也就轻松了很多吧。

总结一下：

1. 起步精听，需要集中注意力，选择有文本的材料，方便核查自己的听力问题。

2. 分头解决单词量和英语语音问题。

3. 进入泛听环节，学会甩掉拐棍，进入实战状态。

4. 坚持听，可以形成新闻链条。

依照此法，希望不久的将来，你可以很容易地达到英语学新闻、睁眼看世界的程度。

B8 一开始就可以高强度朗读

　　我的早期英语启蒙，要特别感谢何迅老师。我现在仍然和他时不时在微信上聊一下。何迅老师每次给我发的文字都是半文半白，开头总是见信如晤，我也就此改称他为迅公。迅公当年在贵阳开班授课，完全是粗放经营，一个班级里，各个年龄段的小孩，五六十人一个班是常有的事情，课堂纪律算是良好，迅公一人在讲台上领读课文，台下学生随而和之，书声琅琅，其乐融融。朗读，我认为是学英语的最经济的方式。

　　20世纪90年代开始，全国各英语系多出来一个研究方向，谓之二语习得。此专业的确对语言教育做出了重大贡献，提出了很多深刻的理论，也将英语教学的效果做了定量的分析。如果把英语学习当成一门科学，二语习得的诸多研究是有指导意义的，但如果我们仅仅把英语学习当成就是英语学习，只定性，不定量，不是科学，只是描述的话，倒也不必如此刻板。所以，我在这里说的"朗读是学英语最经济的方式"这个命题本就是我自己的个人体会，不可能放之四海而皆准。

　　迅公带朗读，很有特色。随意挑一人，选一段，读。迅公听完，拿出几个单词圈点一番，分析文章要义一二，随后亲自示范。和我同班的同学当年都是贵阳最优秀的尖子生，学习认真刻苦，每次上课前都会把文章的单词仔细查阅一番。我也被这样的学习气氛耳濡目染，自然也把预习工作借助字典仔细完成，词意、音标、例句，在本子上抄写得满满当当。但课上被叫起来朗读的时候，仍然做不到迅公一样的举重若轻。遇到提前查阅的生词时，反而读得磕磕绊绊，因为整个人的注意力全都集中在标注音标上，没有闲暇去顾及断句、节奏。几次之后甚至还有了心理阴影，只要看到预习时在生词下标出的音标，下意识地觉得会读错，束缚了自己的手脚。

后来我索性也不提前预习了，上课认真听讲，关键听迅公示范朗读的时候是怎么断句的。朗读断句如果控制得好，基本上文章的大意就不会有问题。查字典、标音标、抄例句这些事情，我从此以后再也没有做过，因为我并没有将知识内化，无非是做了字典的誊抄工而已。本子记住了我学过什么，但是我自己记不住。

从此之后，课前预习我只做一件事，自己将文章朗读几遍，不认识的单词也不去查它，凭借前后文字去猜个大概，不会读的单词也就"望文生义"地按照字母的组合随意给它一个读音。上课时打起120%的精神，认真标注迅公朗读断句的位置；有些单词自己之前的读音读错了，猛就是一个激灵，记忆得特别深刻，每次上课都有一种"闻过则喜"的心情。

后来将自己的零用钱拿出来买了一个复读机，迅公朗读时，我就按下录音键。从我家去贵阳的路上，单程坐车要2个小时，我时常戴上耳机，听着刚录下来的迅公的朗读，一来二去，今天讲的课文早就了然于胸了。我们班的课程是早上10点正式开始，我一般八点半就到了教室。其中有一年，百年英语的教学点迁至贵阳南明河畔的阳明路花鸟市场，我就在市场里戴着耳机溜达。没人的地方还随着磁带，放声朗读一番。那个时候还真不知为何此路叫阳明路，现在看来倒是"心能转境"的盎然。

迅公也不留什么笔头的作业，想来他自己改起来我们抄写单词的作业也无趣。我们的课后作业就是将课上的朗读录在磁带里。练习发音，最为关键的要能听到自己的声音和标准音之间的差别。在微信没有大行其道之前，很多人是没有听过自己声音的。虽然也是拿着磁带录音照葫芦画瓢，但最后也只是南郭先生的下场。

朗读课文对于语音的训练效果比单独练习音标与单词要有效得多。很多人总觉得自己的发音不好，所以花了很多精力在音标的训练上。殊不知中文和英文发音的最大区别不在音节上，而是音节与音节之间的关系上。中文一字一音，英文却是绵延不断。所以英语读的是否地道，不在音节，而在连读、弱读、异化等语音现象上，而这些现象很大程度上是和语义相关，并非语音相关。音节固然要专门练习，但是最好的方式还是放在段落的朗读中。

朗读也可以提升口语表达的流利度。影响英语流利度的因素很多，但是大概来说无非表达形式与表达内容两类。对于表达形式，英语口语中有大量的 chunks（句块）和 collocations（搭配）的存在，例如 as far as I am concerned（chunk），或者 top the chart（collocation），对于以上语言结构的熟记，能够帮助我们以意群为单位而非单词为单位来构造句子，从而提升流利程度。诚然，背诵和反复运用对句块与搭配非常有帮助，但中国古语有云，最好的背诵记忆却是"熟读成诵"，而非机械背诵。迅公不逼我们背课文，但是朗读作业要是能交上去合格，每篇文章读个 30 多遍是很正常的事情。

表达的内容也是朗读可以帮助提升的。读的文章多，自然眼界就宽，说出来的话，也自然有了分量。

迅公很少给我们讲语法，也从来没有让我们抄过单词，更不用提为了考试做选择题了。这样的教育形式，至少我的感觉是很轻松快乐的。虽然到现在为止，我的英语应试能力还无法企及出神入化之境，但当年在南大英语系中，我作为一个贵州来的学生，在口语、朗读等方面却比东部发达地区的学子有很多优势，这都应该是迅公的教诲所致。

至今我仍旧每日朗读英文，一方面是为了录课，另一方面还是兴趣。推荐大家我每日必练的 Jeremy Irons 朗读的 *Brideshead Revisited* 这套有声书。网上应该有下载。回到文章开头所提及的"最经济"，真是一书、一音频、一手机，无须他物，反复玩味，书中岁月长。

在友邻教书，出入的都是国际新闻、莎士比亚、哲学的故事，鲜有触及口语的话题。如果要说有，就是在喜马拉雅 FM 上的"夏说英文暴虐晨读版"。当时设计这个课程背后，基本上就是我个人成长的体会，加之一些二语习得的理论。虽然我的口语应该还算不错，但硬要我讲讲学习的方法，我还真讲不出几堂课。这段小文章传了一个我深以为然的方法：朗读。

但每个人的学习模式并非一样，每个老师的教法也各有千秋，所以请各位读者参之、谅之，也希望诸君可以在琅琅书声中，体会其中的妙处。

B9　中国人最应该看的一部英文书

　　大一下学期在哲学系听中国哲学课程，科任老师是当时南大哲学系主任徐小跃教授，偌大的教室里，一粉笔，一黑板，一缸茶，洋洋洒洒一下午的时光。徐老师开出的书单中，冯友兰先生所著的《中国哲学简史》位列其中。当时我并不知道这本书最早是冯先生在宾夕法尼亚大学执教时用英文写成，最早取名为"小史"。我从图书馆找来中文版走马观花地看过，没有仔细研读，对中国哲学的大框架有一个粗略的了解之后便作罢了。

　　毕业后来北京工作，那时京东、当当、亚马逊尚未大行其道，我周末时常会溜达到王府井外文书店看书，在书架上斜眼瞥见了这本 *A Short History of Chinese Philosophy*，顺手拿了下来翻至前言一读才发现这本书最早本就是直接用英文写成，文字平实流畅，大学时读过的很多东西瞬间被唤醒，我沉浸其中，放下书一抬头，发现窗外天色已暗，赶紧握着这本书走去收银台结账。至此这本书成为我有空就会阅读的"必读书目"了。

　　我隆重推荐各位阅读这本书的原因如下：

　　1. 阅读体验流畅。这个标准非常重要，很多同学也买过原版书，但是始终没能坚持下来的原因多半是因为读着读着就要查字典，例如《哈利·波特》这些读物单词量非常大，不适合作为第一本入门的英文原版书来读。

　　如果你是一个大学四级水平的同学，读《中国哲学简史》这本书基本上不用翻阅字典。一是文章的用词非常朴实,没有故意雕琢之感;二是很多文中概念其实是中国人日常都会提及的,比如"内圣外王"(Sageliness within, kingliness without)。

2. 储备口语对话的语料。中国同学的口语问题不是"怎么讲"的问题,首先需要解决的是"讲什么"的问题。

如果我们想和外国人进行 meaningful conversations,而不是简单的 hello、how are you 之类,我们必须储备足够的词汇、句型、语料来涵盖足够的话题,这样双方才能进行深度的交流。这些语料基本分为两大类,一类是新闻,一类是经典。再加上一个中西方的维度,基本可以分为四类。

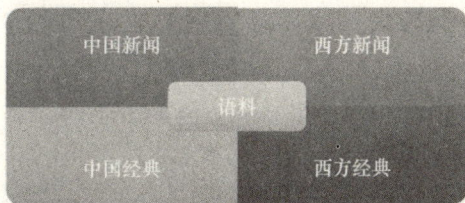

《中国哲学简史》就是中国经典的代表之一。我们总幻想着和外国友人谈笑风生,平常就要有足够的语料储备。假设你和西方记者一起远足登山,你可以信手拈来《中国哲学简史》中的一段:

The wise man delights in water; the good man delights in mountains. The wise move; the good stand still. The wise are happy; the good endure.

知者乐水,仁者乐山;知者动,仁者静;知者乐,仁者寿。

3. 有中文版可以对照。很多同学都说自己英语表达不够地道，没有所谓的"英语思维"。在我看来，或者说在学界看来，根本就不存在一个所谓的"英语思维"。主要就是英语的阅读量输入不够，并且没有找出中文在英文中的自然合适的表达而已。

针对这个问题的解决方式有两部分，第一是增加英语阅读量，第二是找到英文材料中谈论中国问题的内容。双向夹击，提升的效率会更高。

4. 增加整体语言与思维的深度。我一直认为现在英语教育最大的弊病就是用非常低效的学习方式，占用了学生大量宝贵时间，学了一些完全没有用处的内容，更麻烦的是中文的底子和涵养也没有时间去提升了。到头来，英文一塌糊涂，中文也一地鸡毛。冯先生在《中国哲学简史》的"第一章 中国哲学的精神"中开篇立意，明确指出，哲学是中国每一个受过教育的人最先接触的学科。何等霸气，何等自豪！反观自身，却又是何等羞愧，何等无地自容。

5. 此书可以作为对哲学感兴趣的同学登堂入室的首本书。这里不单单是中国哲学，因为冯先生这本书中编排的体例，采用的哲学语言基本上是西哲的方法，所以用这本书作为一个入口，可以窥见中西思想一斑，作为起点，可以很好地培养起兴趣。

B10　看完此文，英语精读都不算事儿

之前文章（A3）讲过我的一个老师叫作 Bob Riggle，他给我们上课除了严厉以外，还是教了一些真本事的，比如文本细读的能力。所谓文本细读，就是找到经典的文章，一字一句搞懂，并且能够旁证其他文字材料来找到文字背后传递的信息，从而通过这样字斟句酌的方式，将经典的文字内化于心。这种治学的方式在中国也有类似，如朱熹的章句集注。

文本细读的能力是非常重要的，一方面是练心性，能够沉住气读下去，拉长自己的注意力时间段，不被现代的碎片化时间所侵扰；另一方面是训练自己对于文字的敏感度，久而久之，他人看得稀松平常之处，我皆观之满眼繁花似锦。能沉浸，有乐趣，学问自然就能做好。举 *The Oxford Book of Essays* 开篇 Francis Bacon 的 "*Of Truth*" 为例：

（1）What is truth said jesting Pilate, and would not stay for an answer. （2）Certainly there be that delight in giddiness, and count it a bondage to fix a belief; affecting free-will in thinking, as well as in acting. （3）And though the sects of philosophers, of that kind be gone, yet there remain certain discoursing wits which are of the same veins, though there be not so much blood in them as was in those of the ancients.

我在每句话之前标记了数字，用于定位。

（1）提出问题，扣合题目。该问题并不是培根所提，而是他所引，提问之人乃是 Pilate。Pilate 何许人也？如果是泛读，大可不必费尽周章，不影响大意的抓取。但如果是文本细读，尤其是经典文章，引述之人一定要掘地三尺挖出一个名堂。因为经典文章中的任何一个典故例子都有可能开阔出别样洞天。当然，也会出现挖地三尺挖不出来的时候，尽心就好，其中的尺度各位自行把握。

掘地三尺最有用的肯定是 Google，其次是 Wikipedia，不断调整搜索的核心词，应该能有所收获。此处的 Pilate 是《圣经》中的人物，全名是 Pontius Pilate，耶稣就是被他判处极刑的，顺着链接找《圣经》中的出处，《约翰福音》18 章，耶稣被犹太人送到罗马总督 Pilate 那里接受审判，想置耶稣于死地。Pilate 主观上不想参与其中，他与耶稣对话如下：

耶稣强调真理（Truth），Pilate 反讥之，何为真理？随之出门与犹太暴民们说：逾越节（Passover）按常理我会释放一名囚犯，不如这次就把"犹太王"发还给你们，由你们处置吧！

Pilate 在此被 Bacon 引用作为开头就是树立了人类在真理面前的怯懦。为后文的展开埋下了伏笔。紧随其后 Bacon 写道 would not stay for an answer，背后文字的力量凸显出来：人类会发问何为真理，但是却不追问，不面对，选择逃避。

第一句扣住了题目，引出了人类对于真理的态度，一气呵成，没有拖泥带水。

（2）Certainly there be that delight in giddiness，and count it a bondage to fix a belief；affecting free-will in thinking，as well as in acting。此句映入眼帘比较突兀的便是 there 后面的 be，不合现代英语语法，我臆测是 there（should）be，省略了情态动词。请语

法好的老师帮我解释一下。这里我还要再提一点，英语是不断演进的，所以在看 Bacon 或者 Samuel Johnson 等人的文章时，不必太纠结语法，更不适合生搬硬套，要有变通。

此句中 giddiness 有 excitement 的意思，对应前文就是不讲真话（not telling the truth），不仅说瞎话有种愉悦，人们同时也称此为固守教条，从而影响了自由思考和自由行为。count it 中的 it 指代前文的truth。此句中的分号也是 Bacon 时代的语法，今不从。

细查 giddy 的词源，倒是又有所得：

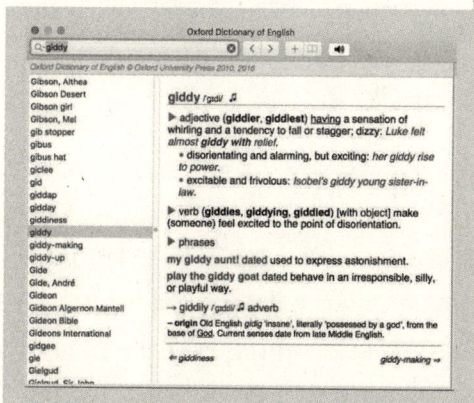

（字典使用的是 Oxford Dictionary of English）

Giddy＝insane，且词源讲 literally possessed by a god，即人类并没有的状态，有点类似大神上身的意味。和前文耶稣在《圣经》所言，my kingdom is not of this world，能读出人类自大之意，妄自封神，可断真理。如将此意联系下文的 free-will，又可引出中世纪神学的经典命题：人是否有自由意志？圣奥古斯丁的观点是人之所以堕落，不在上帝，而在上帝给了人以选择，可谓是天堂有路你不去，地狱无门你踏进来。

再看 bondage 一词的词源，有农奴之意。中世纪之后，农奴谋求独立于教会的束缚，虽是获得了自由身，但信仰（belief）也随之被解构。

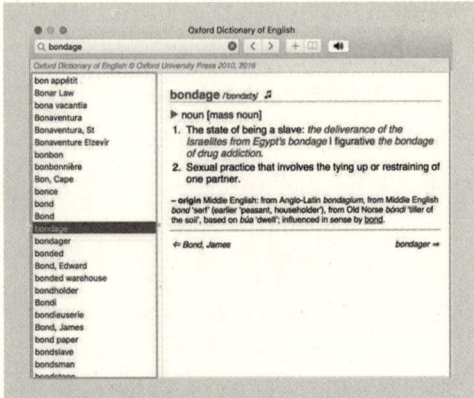

（字典使用的是 *Oxford Dictionary of English*）

Bacon 首句讲了人对于真理的态度，后句紧接着说出不信守真理的两个原因，其一在于见异思迁之徒（王作良先生译本，对应 giddiness）乐（delight）于此；其二在于固守真理（bondage to fix a belief）会影响自由意志。

此处可见 Bacon 对于真理的认识和古希腊哲学家，如 Plato，有相似之处，即真理乃永恒不变，且人之常行之变与真理差之千里。

如果你看累了，就先跳过这篇文章，以后有空再看。

（3）And though the sects of philosophers, of that kind be gone, yet there remain certain discoursing wits which are of the same veins, though there be not so much blood in them as was in those of the ancients.

此句讲出真理之辨的思想流脉，that kind be gone 和前句语法类似，不赘述。先哲已逝，文脉散传，今人仍有所言，可热血不再。discoursing wits 可以理解成只言片语，vein 和 blood 相呼应，ancients 对应 sects of philosophers。

Bacon 写此句为的是关照当下，一句之内贯穿古今，发出的问题隐于纸面之下，却声震隆隆：血尚热乎?!

至此前三句的文本细读做了一个大概。

从这个例子诸君应该看出文本细读的力量，打穿纸背，直指人心。对阅读的专注力和敏感度都有极高的训练价值。

他人看来稀松平常，我放眼望去满是繁花似锦。

做细读会越做越得心应手，但入门还是相对艰苦，有好老师指引会好一些。最后小结一下需要的装备：

1. 经典素材；

2. Google 和 Wikipedia（我每年都给 Wikipedia 捐钱，特别怕它撑不下去）；

3. 一本可以查词源的字典；

4. 一个好老师（有当然是最好的，如果没有就要自己努力）。

最后推荐两本好书，是我看到中国学者做文本细读最震撼的，黄国彬教授所著的《解读哈姆雷特》——莎士比亚原著汉译及详注（上、下册）。黄教授学养深厚，为吾等后辈所敬仰。

末了再多交代几句：

1. 此文估计是《小传》有史以来写得最枯燥的一次。能看到此处并且被打动的读者，我向你致敬。

2. 此文讲的就是屠龙之术，以此方法如果能啃完 *The Oxford Book of Essays* 这本书的朋友，那时水平一定在我之上，至少是中国人中英语前 1% 的水平。至于各种英文考试，应该不在话下。

3. 任何绝招练到化境之地，就是专注力和敏感度。彼时如履无人之境。

4. 我的人生理想就是每天能有 4 个小时，不管公司事务，不用上课，不用写文章，就是用文本细读的方式来看书，妙不可言，不可思议。

5. 这是窄门，我在门口等你。

B11　丘吉尔的武器

　　语言的本质是去传递信息，因而信息的获取与传播的能力，才是检验一个人学习语言达到何种程度的最终标准。

　　最近热映的 *Dunkirk* 引起了大家很多讨论，我也前去观影了，结尾时一个战士拿着报纸读了这样的句子：

We shall go on to the end. We shall fight in France, we shall fight on the seas and oceans, we shall fight with growing confidence and growing strength in the air... We shall defend our Island, whatever the cost may be; we shall fight on the beaches, we shall fight on the landing grounds, we shall fight in the fields and in the streets, we shall fight in the hills; we shall never surrender...

　　这段话来自丘吉尔的演讲。

　　如果让我选一个笔锋刚健而雄浑的英国作家，我一定首推丘吉尔。

　　上学的时候第一次接触丘吉尔的作品便是他那篇非常有名的演讲 "*Blood, Toil, Tears and Sweat*"，到现在其中的段落还能脱口而出，我也在书店买过他写的一套《二战史》，孰料部头太大，也是我自己懒惰，到现在都没有翻看过，只在书架上积灰。

　　另外一本我看完了，我觉得如果想好好了解英美文化的同学都可以看的：*A History of the English-Speaking Peoples*，这并不是一本英国史，而是以英语这门语言作为线索，将历史上讲英文和现代社会讲英文的国家串接起来的历史，所以可以看到这本书的标题中 peoples 是复数的原因，丘吉尔也是寄希望于这本书来追忆当年英国维多利亚女王时期的荣光，抑或是为了构建跨大西洋 Anglo-Saxon 关系之稳定用于应对"冷战"时期的苏联。

如果仅仅是看英国历史，我推荐 Simon Schama 的 *A History of Britain*，书是三本大部头，但是 BBC 将这本书的主要内容都拍成了纪录片，并且就是由作者 Simon Schama 来解说，看起来一点都不费力。Simon Schama 在 BBC 还有一部纪录片 *The Power of Art*，在这里也一并推荐，也有书出版。

说回丘吉尔，有两部关于他的传记电影，一部是 *Gathering Storm*，一部叫 *Into the Storm*，两部片子都非常生动地刻画出了他硬汉政治家的一面。当然，BBC 对于他的专题纪录片是如此点评的："He is a first-class war leader, but a second-class politician." 在战争中咬定青山不放松他在行，但是论起团结大伙一起搞建设，他却没有那么得人心，毕竟作为一个精神世界活在 19 世纪英国的政治家，面对 20 世纪带来的变化和日不落帝国的衰败，他是应对无策的。

再谈回 *A History of the English-Speaking Peoples* 这本书，英语系有一门课叫作《英美国家概况》，往往专四的知识类题目中还会有一两题作为考点，国内用的教材也偏通俗，从历史、现状、政治、宗教、日常行用，非常笼统地去概括这些英美国家。可大家要知道，文化这件事，任何的概括就意味着偏离。

所以这门课老师上得马虎，学生也学得马虎，完全是鸡肋课程。幸好当年我在学这门课的时候，老师使用的教材便是 *A History of the English-Speaking Peoples*。不是丘吉尔的四本大版，而是剑桥大学 Christopher Lee 改编的单本，如此这般，我才在这门原本马虎的课上，或多或少地了解了一些关于英美国家的历史。

本文中所谈的只是我自己读历史书的一些方法，尤其是从语言学习层面给大家提一些建议。

1. 社科类的书籍开篇首先要看目录和引言（Introduction），目录不用多言，主要是为了了解整本书架构，引言很重要，往往是作者写这本书的目的，这个目的大过于全书任何一个章节，而且从图书写作的角度上讲，引言是成书付梓前最后润色和修改的部分，肩负着统领全书的责任，如果一本书的引言没有起到提纲挈领的作用，这本书不读也罢。

2. 要能够区分观点和事实，这里所说的事实，也只是我们默认作者是提供相对客观，论据来源可查的事实，如果要做学术批判性阅读，这个默认都是需要再三检讨与核实的，此处权当"休闲通识"读物来进行探讨。所谓观点，一定含有价值判断；所谓事实，便是支持这个价值判断的论据；论据与论据之间形成逻辑推理（其中逻辑推理包含了逻辑假设），最终证明观点。这个训练对于大家备考任何英语考试的阅读与写作有着极其重要的意义，甚至我可以断言，如果这个本领你练好了，便可以在英语阅读考试中所向无敌。

3. 要始终不忘在引言中作者给出的大方向，将书内的信息朝这个方向予以整合，这一点非常重要，做不到这一点，书就读得散，有了这一点牢记心头，整个人的逻辑整合能力就可以得以提升和锻炼。

在 *A History of the English-Speaking Peoples* 的第一章，讲的是罗马对于英国诸岛的征服，一开始丘吉尔客观地陈述了为什么罗马会盯上英国，英国是如何抵抗的，抵抗之后，双方又是如何建立默契，承认了罗马的占领，以及罗马占领完成之后对于英国文明起到了如何积极的作用。而丘吉尔写全书的目的是在于通过对于历史的梳理，构建英美之间的文化共同感，这个共同感不是去强调美国的独立战争，而是要把英美两国的价值观联合在一起，尤其是对于殖民这个问题上，罗马对于英国的征服就是殖民，然而丘吉尔并没有把这段历史描绘成英国土著居民是如何英勇抗击罗马人侵者的，而是描绘出殖民所带来的文化交融。

4. 读史一定要结合现世。在第二次世界大战之后，昔日的世界霸主英国将权力禅让于日益强大的美国，只要保有一个前提，即美国所主张的价值利益与英国一致，从而避免了"修昔底德困境"。所谓的"修昔底德困境"是指当一个新兴霸权出现时，势必会和旧的霸权产生利益上的冲突，甚至引发战争。丘吉尔通过英美之间的语言纽带与历史，对美国晓之以理，动之以情，并且串联其他英联邦国家，完成了和平禅让。如今中国也在崛起，也在面临着和美国全领域的对抗，所谓的合作谈判只不过是在一定范围内最大化的推迟"修昔底德困境"的到来。如果说我们能从英美"二战"之后的关系中学到什么，那便是如何同美国构建类似的价值主张，同时串联与中国有着类似文明与历史的国家。

说到这儿，我不得不提一个关于英语系学生发展的观点，只学英语，没有丝毫用处。过往的 10 年，英语系毕业生大规模地转向商学院，不是不好，而是没有发挥英语系文科思维与语言工具的长项。相反，如果英语系的学生能够在大学四年不仅将语言技能修得，同时加强人文素养，实际上会比其他文科院系更具备国际视野。

所以说，不要把语言当成一个对象去学习，语言的本质是去传递信息，因而信息的获取与传播的能力，才是检验一个人学习语言达到何种程度的最终标准。就像肯尼迪总统向丘吉尔授予美国荣誉公民时所说："He mobilized the English language and sent it into battle."语言不是象牙塔之物，而是经世致用之器。

丘吉尔在敦刻尔克撤退之后的演讲视频可以在各大网站搜索收看。

B12 英文小说阅读（上）

上学的时候我不怎么读小说，总觉得小说里的世界和自己的关系不大，宁愿看看散文、报刊，也不想读小说，更关键的是小说的作者大多有着极强的个人文风，也不太适合模仿写作，我当时也就没有提上兴趣。直到大三的时候，上批判写作课程，Bob Riggle 让我们一个学期读五本小说，而且都不是英语世界的作者写的，那时虽然很痛苦，但是却理解了英文小说对于英语学习，乃至整个人世界观的作用。

小说在英文中称作 novel，是法语 novelle 演变而来。欧洲早期的小说并不叫 novel，而是叫 romance，以叙事（narrative）为主要的表现手段来呈现人物（character），后来英语中保留了 novel 这个单词中"新"的含义，才这么叫过来的。

读小说到底有什么好处呢？简要分享一下我个人的思考。

1. 每个人自己能够经历的事情是非常有限的，这种有限性很大程度上来源于客观的限制，比如时间、金钱、社会习俗等。但我们可以通过《红楼梦》去一探清朝大户人家的生活，如果加点语言的料，通过 Jane Austen 去了解一下 18 世纪英国的乡村生活，或者是透过 Isaac Asimov 去探寻一下未来人与机器之间的关系。总之，你未曾亲历的，都可能通过阅读而获得。人和动物最大的区别，在 J. K. Rowling 看来就是我们的想象力，而小说无疑是想象力得以最大施展的空间之一。

2. 通过英语小说提升语言技能主要体现在内功的方面，不是遣词造句，也不是文法词汇，而是对语言的整体感受上会有提升，这种提升是潜移默化而不可量化的。

中国同学学英文的最大挑战在于没有语言环境。比较烧钱但未必高效的方式是去找在线一对一的外教，有些人非常执迷于此，认为有外国人和自己聊天，语言学习环境就可以构建出来。

但即便和外教学习，每次的时间也就是 2 个小时，当中有大量操练的时间，更不用说其中的学习质量很大程度上取决于外教的水平。我是不相信一个菲律宾外教能教给你什么知识，更不用说语言环境了。

反观英文原版小说的阅读，时间非常灵活，随时随地有本书，或携着一个 Kindle 便可开始阅读。加之 Kindle 的查词功能非常完备，安卓版的 Kindle 甚至还有 speed reading 的功能。

说到这里，我不得不反思我最早不怎么看小说时的一个错误观点，即"小说精读"像读《新概念》一样去读，效率非常低，因为作者的文风实在不适合逐字逐句地进行阅读。小说的文体直接决定它是以"叙事"作为主要风格的，所以读小说还是要读情节和读人物。

即便如此，如果能啃下一本原版小说，不必在乎词汇量和句型，你的语感会有一个巨大的提升。所谓语感就是你感觉这么说英文是对的，或者这么说英文非常的奇怪，这个就叫语感。长年累月的浸润后，语感甚至比单纯地积累词汇或语法更加有效率。

有点类似武学中的一个老话：练武不练功，到头一场空。所谓的功，就是内功，是感觉，而非具体的招式。但正是有了内功，才能将招式变化无穷。在《天龙八部》一书中，西域逆僧鸠摩智挑战直接使用了少林七十二绝技前去踢馆，要知道少林寺里的高手穷其毕生，也就能练成三项到四项绝技，而鸠摩智样样精通，其中背后原因在于他使用了小无相神功作为内功来助推。

英语学习也是一样，中华人民共和国成立后的英语教育起点受到了苏联的影响，按照语言的单一功能划分模块，才出现人们对于语法、词汇、听力、写作、阅读、口语等单科的训练，效率奇低无比。而真正的英语大家，基本上都是采用阅读作为内功来进行训练培养语感的。

3. 英语学习还需要有兴趣的助推。很难想象一个学生能从英语课本里找到什么兴趣。相反读小说，情节跌宕起伏，人物命运悲欢离合，这都牵动着读者的心，不知不觉就可以看很多页，前提是不要查字典，不要管语法，摒弃精读模式，来留去送，甩手直冲。

谈完读原版小说的好处，再给大家一些读原版小说的建议。

1. 首先要选择一本适合自己英语水平的小说，一个判断标准就是一页中不认识的单词不要超过 20 个，超过了这个数量，阅读起来的确没有丝毫的快感。如果是翻遍小说书架没有找到适合自己难度的书，可以先回去按照教材打基础背单词，或者选择《书虫：牛津英语双语读物》系列的简排版进行阅读。或者使用 Kindle 中的单词注释功能，也能将比较难的单词用相对简单的单词解释一下。

2. 降低单词难度的另一个方法就是将注意力转移到情节与人物上，利用强行推进的模式来学习。其中选择的小说可以是已经改编成电影或电视剧的，通过先看电影，把情节和人物都串联起来，然后再回到原书中拼凑情节，用这样的方式也可以大幅度降低阅读的难度。

3. 对于小说的题材，我建议不要一开始上来就读 Jane Austen，除非你是一个 Jane Austen 迷。可以从柯南·道尔的《福尔摩斯探案集》，阿加莎·克里斯蒂的侦探小说入手。一来情节引人入胜，二来本身这些小说保留着大量的叙事风格，不似现代小说家尝试的文学试验，让你读了一半之后还是云山雾罩。这好比是看好莱坞大片还是看艺术电影，入门看看大片就可以了。

4. 对文学有追求的同学，想不仅读懂小说的情节和人物，还想关心小说背后的叙事逻辑、风格、时代精神等，尤其是想了解现代文学的一些表达手法，一定的文学史和文艺批判框架是需要提前构建的。我非常推荐吴晓东先生写的《从卡夫卡到昆德拉》（三联出版社）这本书。在这本书中，吴先生非常生动地讲解了20世纪小说家的生平、创作动机，并且全书还有另一条主线就是文艺批判方法。同时，还有一本 Thomas Foster 写的 *How to Read Novels Like a Professor*，这本书也是通过小说的要素来探讨深层阅读小说的方法。有了一些文艺理论基础垫底，相信在你读海明威等20世纪作家的时候，才能猜透他们到底想讲些什么。

5. 从阅读体验上说，一开始读一本小说的时候，我建议大家空出一个相对整块的时间，比如两个小时，不受外物干扰地去读，一旦熟悉了作者的叙事风格，随后用相对碎片的方式看这个小说也不会有很大的影响。一定要熬过开头，这是我自己的最大经验。

6. 与其探讨这么多，不如开始读起来吧。

B13　英文小说阅读（下）

　　在谈小说之前，我先和大家聊聊我心目中的小说家。文学中体例不同，对创作者的要求也不同。例如诗人，他们要用极度敏感的神经去体验世界，用一个别样的视角来审视众生，然后将这一切头脑中的构思用最简洁且有韵律的语言表现出来。散文家最要紧的是思维的逻辑性，不能像诗人一样跳跃，通过对于日常小事的细微观察、放大、分解，从而把事理说个明白。

　　小说家和他们都不同。

　　小说家是一个建筑师，他的作品就是一个迷宫，而这个迷宫并非静态不变的，而是每一个入口都通向不一样的出口，曲折往复，错综复杂，但其中的结构却又相互支撑，让人流连忘返。更为关键的是，这座建筑必定是一个空中楼阁，一切情节人物皆是虚构的，他们有生活中的投影，却又能腾空而起，自话自说。故而一本顶好的小说，可以反复阅读，每一次阅读的角度不同，心境不同，感受都不尽相同。这是区别小说和故事会最大的要点所在，故事会读一次就可以了，小说不尽然。

　　然而很多人却把小说读成了故事会，说到底便是没有看到小说深层次的结构。

　　在南大读文学课的时候，外教 Bob Riggle 第一课便对全班同学实施了地毯式轰炸加外科手术式的精准打击。两个小时的课程什么小说情节都没有讲，只是反复追问，为什么这个主人公叫这个名字。当时读的一本小说是加西亚·马尔克斯的"*Love in the Time of Cholera*"，男主人公叫 Florentino Ariza，Bob Riggle 知道我们没有读过这个小说，却还是穷追不舍，全班同学都点了一个遍，没有一个人答得上来。逼到我这里，我也是毫无头绪，只能瞎说一气：Florentino 这个词好像和 Florence（佛罗伦萨）这个城市的名字很像，是不是这个主人公会和文艺复兴沾上边？没想到这个大哥竟然点点头，应了一句"could be"。那我就接着瞎猜，说 Florentino 的词根是 flora，是不是和花有关系？Ariza 会不会和咏叹调 Aria，或者白羊座 Aries 有关系？Bob 看都没有看我，大致说了一句，作者给小说中的主人公起名字，绝对不是随随便便起的，姓名是传递人物情节非常重要的一个方式。

的确是这样的，《红楼梦》中的人物名都暗示了他们的命运。名字是小说家在构思这个迷宫时给读者也是给自己留下的路标。

场景勾勒也是小说家的拿手好戏。我曾讲过"*The Remains of the Day*"中 Stevens 作为 Darlington Hall 的管家正在大宅的图书室的梯子上打扫画像上的灰尘。貌似小说家不经意提笔而作，读者也草草看过，直奔情节而去，但这个就又读成了故事会。这好比看电影，Art House 的文艺片和好莱坞大片的区别在于空镜的使用。好莱坞大片空镜用得少，节奏紧凑，而文艺片往往是不徐不疾地在勾勒一个氛围。前几年我推荐朋友们看侯孝贤的《刺客聂隐娘》，大家都说看着看着睡着了。这大抵就是一般受众对于场景勾勒提不起兴趣的佐证吧。

说回 Stevens 站在梯子上打扫画像上的灰尘。此时，Stevens 的新雇主 Farraday 先生拿着书走进房间，说了几句话，便坐在了长条沙发上。其间两人的谈话推进了故事情节，但是这个场景却反映出了很多作者构建迷宫时留下的路标。例如两人的关系是主仆，主人坐着，仆人站在梯子上，从视线上看仆人完全是居高临下的状态，这貌似和他们真实的主仆身份有着冲突。Stevens 是英国管家，Farraday 是美国富商。"二战"结束，英国正在长日将尽，美国蒸蒸日上，但 Stevens 所代表的英国却仍旧心怀历史的骄傲，不愿意走下梯子来，掸着画像上的浮尘。画像也是旧事荣光的代表，灰尘乃是历史留痕，Stevens 作为管家，管的不仅是这个宅子，还有身后所代表的英国贵族文化。

这么看来，这个场景完全交代了小说整体的大结构。不得不说，石黑一雄作为一个日裔英国作家，骨血里流淌着的是真正的不列颠血脉。

最后献上一段《长日将尽》序章中的片段。

In fact, as I recall, I was up on the step-ladder dusting the portrait of Viscount Wetherby when my employer had entered carrying a few volumes which he presumably wished returned to the shelves.

On seeing my person, he took the opportunity to inform me that he had just that moment finalized plans to return to the United States for a period of five weeks between August and September. Having made this announcement, my employer put his volumes down on a table, seated himself on the chaise-longue, and stretched out his legs.

It was then, gazing up at me, that he said: "You realize, Stevens, I don't expect you to be locked up here in this house all the time I'm away. Why don't you take the car and drive off somewhere for a few days? You look like you could make good use of a break." Coming out of the blue as it did, I did not quite know how to reply to such a suggestion. I recall thanking him for his consideration, but quite probably I said nothing very definite, for my employer went on:

"I'm serious, Stevens. I really think you should take a break. I'll foot the bill for the gas. You fellows, you're always locked up in these big houses helping out, how do you ever get to see around this beautiful country of yours?" This was not the first time my employer had raised such a question; indeed, it seems to be something which genuinely troubles him. On this occasion, in fact, a reply of sorts did occur to me as I stood up there on the ladder; a reply to the effect that those of our profession, although we did not see a great deal of the country in the sense of touring the countryside and visiting picturesque sites, did actually "see" more of England than most, placed as we were in houses where the greatest ladies and gentlemen of the land gathered.

Of course, I could not have expressed this view to Mr Farraday without embarking upon what might have seemed a presumptuous speech. I thus contented myself by saying simply: "It has been my privilege to see the best of England over the years, sir, within these very walls."

B14　一目十行与过目不忘

做英文阅读，要么是看得慢，要么是看完了没记住，阅读挫败感强烈，到底如何是好？

我曾提过一个观点，中国人英语的问题不是在口语，而是在阅读。阅读量整体不够，没有正确的阅读方法和习惯，无法利用最便捷与经济的方式提升英语输入，相反总是落脚点在外化与输出的口语上，这是中国人英语学习的一大错误认知。

究其原因在于，阅读看似容易，其实很难。容易是假象，因为每次考试，貌似阅读部分的分数总是得的多一些，而口语需要在他人面前开口。面子的事情中国人看得比天大，磕磕巴巴留下的心理阴影面积更大。

先说英语考试阅读分数高的原因。试卷本身就是阅读部分整体分数高，且每一个题的分值也高，考试时间占比也相对充裕，可以反复看、来回看，选择题中总是有一个答案是正确的，半蒙半猜至少也是有迹可循。阅读考试的文体基本上是新闻、议论文、说明文，文体相对简单直白，加上老师教的一些技巧，多得几分不足为怪。

而中国人英语阅读基本上都是在做题中度过的，且还都是选择题。如果将选择题换成问答题，把说明文改成小说诗歌试试。如果用中国语文高考的方式考英语阅读，我相信那些自信于自己阅读好的朋友应该会有所清醒。

再举一例，美国研究生入学考试 GRE 中，中国学生基本上都是在句子填空中提分速度很快，而阅读部分经常出现分数"瓶颈"，难以突破。因为 GRE 考的不是事实类题目，而是阅读分析类题目。

又举一例，完形填空大家都做过，其惨状无须我赘言，老师上课讲解这个部分也是无计可施，最常见的解释是：固定搭配。哪有那么多固定搭配之说，完形填空考的也是阅读，只不过考查的是阅读能力中的逻辑推理与上下文联系。

综上三例，解释了为什么很多人阅读考试没有问题，但是平时阅读问题就很大的原因。当然还有朋友说，平时阅读没有什么挑战。这可能有两个原因，一是材料很可能就是不难；二是你手边有字典。提升难度，甩开字典，没有选择题在背后帮你，再来看看效果。

以上是为了说明白阅读分数高和阅读好之间没关系。

阅读能力好，简而言之就是：一目十行，过目不忘。

先说，我自己没有做到，但是在努力的路上，而且这条路的方向应该是正确的。

如下我来分享怎么做到一目十行，过目不忘。

第一，不能用字典。至少不能边读边查字典。不认识的词就去猜。现在有些在线字典的功能很强大，手指一点，释义就出来了。貌似是一个贴心的设计，但是开发这个设计的人一看就是英语学渣，且是不想变成学霸的学渣。

第二，阅读不是读，是思考。一目十行的心法是：迅速找出这个段落中作者想传递的观点；他是如何论证的。有些时候不用看得真切，因为背后没有选择题等着你，看不真切的，通过下文去找答案，找暗合。看得不是很明白的，或者以为看明白其实没有的，读着读着就会发现文意和自己的理解出现了矛盾，停下来，找出问题在哪儿。

阅读可以停，停是为了更好地思考。

过目不忘的心法是：结合自己的实际问题去读书。不带着问题读书，好比不想知道柯南这集的杀手是谁一样无聊。阅读的过程本身就是带着问题寻找答案的过程，这个过程中会发现新的问题，会引发进一步的思考，会联系自己的生活，会给自己启示。如果阅读的文章背后没有选择题，那么就要自己给自己出题。

没有问题的人生，本身就没有意义。没有意义的人生中阅读已经不重要了。

第三，以上两个方法需要长时间练习，需要耐力。习惯的养成很难，改掉旧的习惯更难。凡是高手自然而然的能力，背后都是辛勤的付出。凡是常人不愿意做的事情，背后都有稀世的价值。

第四，一目十行与过目不忘的本质是抽象思维的训练，即从众多特殊孤立的事物中能建立普遍而简化的联系与规律。人生读一万本书的目的是为了心中的那一本书。万法如果不能归一，法也就不再是法。当心中那本书越来越清晰时，一目十行与过目不忘就会变得更加容易。

B15　英语长难句之殇

有一次爬黄山，爬到半山真是不想再爬了，但是前不着村，后不着店，只能硬着头皮往上走。幸好我是一个善于观察和学习的人，我看身旁的挑山工，他们一个人担着几十斤的负重，爬得很是迅速。我发现自己爬山的错误，就是爬几步，喘口气，爬几步，歇一歇。他们不是，他们是一口气走上很远，然后在一个平台上好好歇上一会儿。

这倒是挺像读长难句。我看到是台阶，他们看到是山顶。

很多年前，我和高大师聊教学中的顶层设计，高大师提了新东方杨鹏老师写的 GRE 的两本书，连声称赞。一本是《17 天搞定 GRE 单词》，另一本是《GRE GMAT 阅读长难句教程》。高大师盛赞其顶层设计的巧妙，抓住了 GRE 考生中最重要的两大痛点，即通过密集训练能够迅速提分的词汇和语法。高大师的原话大致是：顶层设计就是要通过对于系统的精熟洞察找到一到两个点，一抓就准，一抓就好。

当年我备考 GRE 的时候也读过这两本书，受惠良多。随后市面上以时间维度衡量背单词的书层出不穷，长难句也成为中国英语教学的专业术语。可见这两本书对于学习者的影响。背单词说到底就是做计划和执行计划；长难句无非就是把简单句的句子成分练得滚瓜烂熟。

但长难句只是为了备考提高效率之用，尤其是对于 GRE 这样的考试。实际生活中，长难句并非是学习英语的必要元素。

第一，考试中长难句是为了考查学生能力，而实际运用中，有效沟通才是第一位的。因此在考试中遗留下来对于长难句的恐惧，在生活中基本上是杯弓蛇影。即便遇到了比较长的句子，读起来也不难。不要自己吓自己。

第二，读长难句也有方法：

1. 先看标点符号。有标点的地方就是可以断句的地方。

2. 在一个标点分割的部分中如果有主谓宾，那么万事大全。顺着再往下看，其余的部分也应该是主谓宾都有的。

3. 如果标点分割的部分主谓宾不全，顺着往下看，应该能把缺掉的东西补回来。

4. 如果标点分割部分主谓宾不全，且顺着往下看，没有找到其余的东西，那么这个标点分割的部分应该是插入语。

以上四个步骤有一个共性：你必须知道一个完整的简单句是什么样子。脑子里有完整的模型，才能知道在长难句的部分中有什么、缺什么，这样拆分句子就容易多了。

但是这种方法仍不是最佳实践的方式。

最佳实践应该是什么样的，别着急，我们来做一个实验。

我说一堆中文词，然后你来把这些中文词组成一个句子（可以开脑洞，随便来，看看你能组合成几种可能）：

我们

上午

买卖

堵车

客户

大

小

迟到

为了

谈

结果

上午，我们堵车迟到了，结果为了一个小买卖，谈了一个大客户。

为了一个谈小客户的大买卖，结果我们上午堵车迟到了。

我们上午为了谈一个大客户的小买卖，结果堵车迟到了。

……

各位可能会有更多的答案，但是一定不会出现类似这样的句子：

我们一个客户大，小堵车，结果买卖迟到了，上午。

因为上面这个句子不符合我们的语言逻辑。根据乔姆斯基的观点，语言逻辑是我们从娘胎里带出来的，我们可以根据词汇之间的关系很快组织成一个可以表达意思的句子。可能不同的人根据不同的逻辑，可以把词汇组成各种次序，表达各种意思，但是绝对不会出现一个别人看不懂的没有任何逻辑和意义的句子。

小结一下：人是可以仅仅通过词汇去形成思想的。语法是让思想合理的机制。比如，我们、客户、买卖、谈，这几个词之间只可能有两种关系，我们和客户谈买卖，或者客户和我们谈买卖。语法是不允许出现"我们和买卖谈客户"这类表述的。

那么问题又来了，如何确定我按照单词生成的意思和作者想表达的是一致的呢？答案不在长难句的语法分析，而在于上下文与这个句子之间的逻辑。例如，如果上下文中有提到客户资金很雄厚，但是我们这个买卖交易金额不大，那么很容易得出"大"是来修饰"客户"的，而"小"是来修饰"买卖"的。如果下文中讲了迟到造成的结果，提到了城市交通堵塞，我们也能构建出"堵车"是"迟到"的原因。

因此不难看出，

高手在阅读长难句的时候，

一般不切分句子成分，

而是瞄着单词去的，

这些单词在他脑中迅速生成了一些关系的可能性，

而通过上下文语境的联系，

这一些关系的可能性被逐一排除，

剩下唯一的意思。

从而高手就理解了文章。

这下，你知道高手为什么一目十行了吧？在他眼里没有句子长短之别。一目十行不是结果，而是手段。只有一目十行，才能把单词之间的关系拼接起来。

高手读书不是不停留，往往一个段落之后，他会停上几秒，甚至是十几秒，来重组和揣度文章的含义，形成一个观念之后再迅速向下推进，用后文来证实或者反驳他自己之前提出的假设。

B16 英语书读不下去怎么办

书，我也有读不下去的时候，通常情况下，就出去浪一圈，也是通常情况下，这本书就再也不读了。这是一个 defeatist 的心态，但是这个也是常态。可是我们总是要去突破一下自己，不是吗？

我回想过我以前把一本书读下去的几个情况。

第一种情况就是这本书不得不读，尤其是在大学念书的时候，这种事情是最经常不过的。

没有人生来喜欢读书，但是为了写论文，为了在老师上课提问时不被"挂在墙上"，必须没有任何借口，就算是伴有强烈的拖延症，仍然能够在 deadline 之前至少囫囵吞枣地看完。

我英语阅读历程中最大的几个部头，例如 *Hundred Years of Solitude*，*The Moor's Last Sigh*，*My Name is Red* 都是在这样的情境下完成的。很难想象，当时如果没有这些压力，我可能也会随波逐流，肆意浪费着本可能更有意义的年华。

所以，有时候读不下去其实是这本书阅读的必要性并不是那么强烈，没有读完这本书，日子照样过，生命照样活。

这段主要是写给正在读书的孩子们的，虽然有老师强迫你，有家长驱赶你，有各种考试和作业在压迫你，但你要记住这是你人生中最纯粹的学习时光，没有其他的打扰，没有外界的压力，没有规定的线路，你只需要硬着头皮读下去，越不堪忍受的阅读，越有意义。

这绝对不是鸡汤，10 年、20 年之后，你会感谢那段痛苦的时光。

第二种情况是觉得读完某本很难的书，可以显得自己非常卓尔不群。

这是一种虚荣心作祟，虽然动机一点都不高尚，但是结果却很好。记得在大一的时候，室友在读霍布斯的《利维坦》，厚厚两本，在上面涂涂抹抹，很有指点江山的气派。和他晚间聊天，言必称孟德斯鸠、伏尔泰、康德、黑格尔，那种密涅瓦的猫头鹰在黄昏中起飞的意象让我深深震撼，所以我也效仿地去图书馆借了这些书，也开始看起来，然后开始在晚间聊天中可以插得上话，甚至是在课堂中向老师提问后，获得老师的赞许，说这个学生阅读量很大，思想的成熟超越了年龄。

欣欣然之中，自己也有了很多精进的动力。

《论语》有言，古之学者为己，今之学者为人。我当年的两个读书动力皆不是为了自己所学，无非是为了交作业或炫耀。近些年来读书基本上都是为了自己，没有什么刻意讨好外界之由。相反，阅读的感受也多了些自在，书也看进去得多。

从技术层面上说，如何克服读不下去的感受，我想无非是以下几点。

1. 选择适合自己阅读水平的材料。虽然我一直有啃硬书的癖好，不过多半也是炫耀的心理所致，但这种超高难度的阅读只是特例。

对于普通读者来说，选择一本适合自己难度的书籍、自己感兴趣的书籍往往可以在入门阶段培养阅读的习惯，循序渐进不失为一个好事。

对于阅读难度首要评估的是单词量。假如一本书随意翻开一页，不认识的单词数量超过了 20 个，对于没有阅读习惯的朋友来说，这本书是丝毫没有阅读体验可言的。好比玩一个游戏，一上来就玩最难的级别，挫败感袭来是再平常不过的了。

2. 阅读本身是一个解码的过程。我们需要找到作者给我们留下的"密码本"，找到线索，适应作者的叙事节奏和用词，往往随后的阅读也就轻松了。而这"密码本"其实就是这本书的前20 页。

如果你能硬着头皮一口气将一本书的前 20 页读完，那么后续的百页千页也就不在话下了。这个方法是我每次阅读一本新书的时候都会采用的，找一个安静的地方，将自己和外界隔离开来，不看手机和计算机，一口气看 20 页，勾勾画画，偶尔掩卷冥思。心中只有一个念想，读完这 20 页，后续的文章一定一马平川。

3. 选的阅读书目也无须一上来就搞特别厚的，读了半天读不完，也没有丝毫的成就感，找一本薄一些的，大概 100 页上下，读的时候也不会有那么大的压力，循序渐进，自得其乐。

4. 做阅读时千万不要查字典，要考验自己猜词的能力。

语言学习中有这样一个理论叫作 Hypothesis Testing，即我们在语言习得的过程中，应该不断去假设一个语言是如何被使用的，然后再带着这个假设去实践中检验自己的想法，而不是被动地去接受。

查字典这个事情说到底，就是彻底封锁了自己建立假设然后去验证的可能。这也是很多同学在英语学习中甩不开"拐杖"的原因，带着拐杖总会有依赖感，留着自己的好腿不用，自然不管怎么行走总是一瘸一拐，也无法达到奔跑的状态了。

5. 但并不是说做阅读一定不要查字典，这有些矫枉过正。字典要查，但是应该在看完之后来查，同时对于单词的不同词性也要有"厚此薄彼"。核心要关注两类搭配，即动宾搭配和偏正搭配。

6. 最好不要买双语版，即便买了，也千万要抵制住来回翻页对照的冲动，否则还是之前我所说的"拐杖"毛病，必须要找一个依赖说到底就是不自信，而不自信的英语学习者是没有办法去训练 Hypothesis Testing 的。或者双语版可以这么利用，直接先看中文，建立了对于文本的基本概念，然后再去看英文，但是杜绝来回翻页的事情出现，虽然这样可能会好一些，但其弊端也非常明显，少了一份探究和好奇心在里面，阅读总是"吃剩饭"，虽然利于消化，却也少了滋味。如何平衡，大家可以自行决定。

B17 读英文原著之前，要不要看一遍中文版？

我以前也买过很多中英文双语的读物，原因很简单，因为那个时候自己没有钱，虽然现在也不是很有钱。

读书那会儿，在线购书不像现在这么方便，只能去外文书店。当时只要有机会去北京和上海，两个城市的外文书店一定是如同打卡的景点一般必须要去，而南京一直到 2006 年的时候才有外文书店进驻，但是书店里的存货普遍陈旧，比如 Jane Austen 的 *Pride and Prejudice*，或者是有一堆所谓的 *plane-reading*，那种画着非常香艳封皮的书。好不容易看到几本当下的畅销书，还卖得死贵，我只能站在书架边上看，实在不忍释卷时，再咬牙买下来。

当然南大英语系图书馆里的藏书还是比较多样丰富的，如果某个月实在囊中羞涩，只能靠"书非借不能读"的感召去图书馆借了又借。

幸好那个时候外研社出了一些不错的双语读本，而且价格公道，类似于林语堂写的 *My Country and My People*，冯友兰的 *A Brief History of Chinese Philosophy* 这个博雅系列。

读原著之前到底要不要看一遍中文版呢？

我的观点是：随便。

看有看的好处，不看有不看的好处。

看的好处很明显，可以为之后看英文原文做好铺垫和打下基础，在读英文的时候会顺畅一些。

但是这样做可能就有两个问题：

1. 你看完中文之后会不会再去看英文？很多人看完中文之后就作罢了，英文翻了几页又意兴阑珊了。双语版给读者的一个幻觉就是好像有了双语版，英文版就可以简单些。英文版还在那里，还是那个老样子，不会简单的。

2. 看一段中文，再看一段英文，其实更打乱阅读节奏。翻书只能闹心，看书才有收获。

所以要明确双语版的正确使用方法：

1. 至少以几十页为一个大的段落，整块看，不要来回翻。

2. 看英文的时候，要以面对英文原著的方式看。我之前文章提过的习惯，诸如边看边查字典，这样的坏习惯要戒除。

3. 学会用双语版来促进中文与英文之间的翻译思路与语言转化能力提升。

我现在基本上不看双语版的书了，因为原版现在买起来很方便。网上还有电子书可以下载。但有一类书，我仍旧喜欢看双语的，那就是诗集，或者是将中文翻译成英文的著作。

之所以这两类书我喜欢看双语版，我能通过译者的巧妙表达去体会两种语言的别致之处。甚至在 10 年前，人人网的时代，我上班无聊的间歇，还把 Jack Kerouac 的 *On the Road* 的部分章节翻成了中文版，然后把冯唐的《十八岁给我一个姑娘》的前几章翻译成了英文。至今看来都觉得自己年轻的时候无聊中透露出的闲情逸致还是弥足珍贵的，至少可以是敝帚自珍吧。

摘两段给大家看：

It was an ordinary bus trip with crying babies and hot sun, and country folk getting on at one Penn town after another, till we got on the plain of Ohio and really rolled, up by Ashtabula and straight across Indiana in the night. I arrived in Chi quite early in the morning, got a room in the Y, and went to bed with a very few dollars in my pocket. I dug Chicago after a good day's sleep.

长途客车上，稀松平常，婴儿啼哭，骄阳似火。到站宾夕法尼亚的时候上来一土鳖，一路颠簸过了俄亥俄大平原，夜幕降临之时到了印第安纳。到芝加哥的时候已是清晨，花了点儿碎银，住了店，睡了觉。

The wind from Lake Michigan, bop at the Loop, long walks around South Halsted and North Clark, and one long walk after midnight into the jungles, where a cruising car followed me as a suspicious character. At this time, 1947, bop was going like mad all over America. The fellows at the Loop blew, but with a tired air, because bop was somewhere between its Charlie Parker Ornithology period and another period that began with Miles Davis. And as I sat there listening to that sound of the light which bop has come to represent for all of us, I thought of all my friends from one end of the country to the other and how they were really all in the same vast backyard doing something so frantic and rushing-about. And for the first time in my life, the following afternoon, I went into the West. It was a warm and beautiful day for hitchhiking. To get out of the impossible complexities of Chicago traffic I took a bus to Joliet, Illinois, went by the Joliet pen, stationed myself just outside town after a walk through its leafy rickety streets behind, and pointed my way. All the way from New York to Joliet by bus, and I had spent more than half my money.

密西根湖的风真是邪恶，我也疯疯癫癫地舞着狐步，长驱直入。一路上警车扫我而过，可能觉得我是有案底的家伙。1947年的时候狐步舞全美流行，迷离颓废。伴着节奏，我想起了那群狐朋狗友，他们在天的尽头的那端，估摸着做的事情也一样，疯疯癫癫，无所适从。那个午后，阳光细暖，温存含蓄，我第一次开始用自己的脚丈量自己的西部之行。又开始蹭车，逃开身后芝加哥嘈杂的交通，我前去伊利诺伊。落车的时候已经在朱丽叶城的边上，街道上铺满金黄，落英缤纷。从纽约到朱丽叶，我花了50块的一大半儿。

My first ride was a dynamite truck with a red flag, about thirty miles into great green Illinois, the truckdriver pointing out the place where Route 6, which we were on, intersects Route 66 before they both shoot west for incredible distances. Along about three in the afternoon, after an apple pie and ice cream in a roadside stand, a woman stopped for me in a little coupe. I had a twinge of hard joy as I ran after the car. But she was a middle-aged woman, actually the mother of sons my age, and wanted somebody to help her drive to Iowa. I was all for it. Iowa! Not so far from Denver, and once I got to Denver I could relax. She drove the first few hours, at one point insisted on visiting an old church somewhere, as if we were tourists, and then I took over the wheel and, though I'm not much of a driver, drove clear through the rest of Illinois to Davenport, Iowa, via Rock Island. And here for the first time in my life I saw my beloved Mississippi River, dry in the summer haze, low water, with its big rank smell that smells like the raw body of America itself because it washes it up. Rock Is-

land—railroad tracks, shacks, small downtown section; and over the
bridge to Davenport, same kind of town, all smelling of sawdust in
the warm midwest sun. Here the lady had to go on to her Iowa home-
town by another route, and I got out.

西部狂飙的开始，我蹭的是一辆真阳充沛、马力十足的卡车。
深入伊利诺伊 30 里左右，碧野如玉。司机说我们现在走的路就是
6 号公路，一会儿会和 66 号公路交叉，双路搅裹着，一路向西，
陌路狂花。下午三点，路边的小摊上，我吃了一个苹果馅儿饼，
一份冰激凌。开着一辆跑车的妞儿停在我旁边，我心潮澎湃，追
赶上去。近身看来，其实是一个中年大婶儿，和我妈的年纪差不
多，她觉得开车太累，希望年轻人能帮她把车开到爱荷华。管她
小姐儿还是大婶儿，反正到了爱荷华，我离丹佛就不远了，到了
丹佛我就可以松口气了。前几个钟头还是她开的，途中还坚持去
了一个教堂，和旅游观光客差不多。之后就是我开。我车技实在
欠佳，但有惊无险。路途中，我第一次看到了我深爱着的密西西
比河，可惜河床干涸，水波不兴，腐气上升，像一具美国式的尸
体。小石岛上铁路横行，小镇星罗棋布。路过达文港，也是一样
的小城，只是空气中沙尘连天。也就在这里，妇女要继续去爱荷
华，我也就因此下了车。

The sun was going down. I walked, after a few cold beers, to the
edge of town, and it was a long walk. All the men were driving home
from work, wearing railroad hats, baseball hats, all kinds of hats, just
like after work in any town anywhere. One of them gave me a ride up
the hill and left me at a lonely crossroads on the edge of the prairie. It
was beautiful there. The only cars that came by were farmer-cars;

they gave me suspicious looks, they clanked along, the cows were coming home. Not a truck. A few cars zipped by. A hotrod kid came by with his scarf flying. The sun went all the way down and I was standing in the purple darkness. Now I was scared. There weren't even any lights in the Iowa countryside; in a minute nobody would be able to see me. Luckily a man going back to Davenport gave me a lift downtown. But I was right where I started from.

暮日西沉，我步入斜阳之中，喝了几口冷啤酒，长长的路，我悠闲地走着。沿路上下班的人们驾车返家，每个人都戴着帽子，铁路工人的帽子啊，棒球帽子啊，乱七八糟的帽子啊，这些帽子都预示着他们的工作是什么。其中一个帽子给我搭了车，捎我到了小山的那头，路的交叉口是美丽的草原，水草丰美。过路的车都是农场主的，貌似不太待见我，破车哼哼唧唧的，车上全是归家的奶牛。卡车不多，小车不少，穿梭如织。一个戴着围巾的小伙子，开着改装的车，围巾飘扬。太阳最终沉入地平线底，天幕变成了紫色，我继续在万籁俱寂中踏步前行。说真的，心里还是有些发毛。爱荷华的夜色没有灯火只有鬼火，没有人能看见我，我也看不见别人。上天保佑，有车路过，又把我捎回达文港，画了个圈儿又回到了原地。

I went to sit in the bus station and think this over. I ate another apple pie and ice cream; that's practically all I ate all the way across the country, I knew it was nutritious and it was delicious, of course. I decided to gamble. I took a bus in downtown Davenport, after spending a half-hour watching a waitress in the bus-station cafe, and rode to the city limits, but this time near the gas stations. Here the big trucks roared, wham, and inside two minutes one of them cranked to a stop for me. I ran for it with my soul whoopeeing. And what a driver—a great big tough truckdriver with popping eyes and a hoarse raspy voice who just slammed and kicked at everything and got his rig under way and paid hardly any attention to me.

　　我坐在公车站里，托着腮帮子，琢磨着我总是绕圈儿可不是一个事儿。我又吃了一个苹果馅儿饼和冰激凌。这两个食物是我一路向西唯一吃的两个食物，有营养、味道好。我打算搏下运气，坐着公车到了市中心，在车站的咖啡馆儿里盯着服务生仔细端详了半个钟头，然后继续往城郊走，这次我聪明地选择了在加油站蹭车。这里都是大货车，两分钟之后我瞅见一辆大车停在我身边。我的"小白兔"咚咚地跳，魂儿都飞到了天外。司机是一个壮汉，双目圆睁，嗓音低，暴躁而粗糙，走路的时候见到东西就踢，眼睛根本不看我。

So I could rest my tired soul a little, for one of the biggest troubles hitchhiking is having to talk to innumerable people, make them feel that they didn't make a mistake picking you up, even entertain them almost, all of which is a great strain when you're going all the way and don't plan to sleep in hotels. The guy just yelled above the roar, and all I had to do was yell back, and we relaxed. And he balled that thing clear to Iowa City and yelled me the funniest stories about how he got around the law in every town that had an unfair speed limit, saying over and over again, "Them goddam cops can't put no flies on my ass!"

　　我上车之后，终于疲倦的灵魂可以小憩。蹭车最郁闷的事情是你必须要竭尽全力以讨他人之欢心，让他们觉得让你蹭车绝对是一个明智的选择，而且这个过程要一直持续，到了旅店都不能停止。

车声隆隆，司机只能通过叫喊与我交谈，我也叫喊着答应着他。但是整个过程还算放松。哥们儿的车开得够英雄，一路上笑话都是喊出来的，吼他怎么城里城外视法律为草芥，一路狂飙，"傻逼警察根本拿我没辙……"

Just as we rolled into Iowa City he saw another truck coming behind us, and because he had to turn off at Iowa City he blinked his tail lights at the other guy and slowed down for me to jump out, which I did with my bag, and the other truck, acknowledging this exchange, stopped for me, and once again, in the twink of nothing, I was in another big high cab, all set to go hundreds of miles across the night, and was I happy! And the new truckdriver was as crazy as the other and yelled just as much, and all I had to do was lean back and roll on. Now I could see Denver looming ahead of me like the Promised Land, way out there beneath the stars, across the prairie of Iowa and the plains of Nebraska, and I could see the greater vision of San Francisco beyond, like jewels in the night. He balled the jack and told stories for a couple of hours, then, at a town in Iowa where years later Dean and I were stopped on suspicion in what looked like a stolen Cadillac, he slept a few hours in the seat. I slept too, and took one little walk along the lonely brick walls illuminated by one lamp, with the prairie brooding at the end of each little street and the smell of the corn like dew in the night.

行至爱荷华城，他看见另一辆卡车尾随而至，便闪了尾灯。因为在爱荷华城他会转到另一个方向。车速下来之后，我拎着包跳下车。后面的车也买了账，将我带着。坐上另一辆"大型出租"，又是几百里的路程夜路而行，我真的很高兴。

这辆车的司机和前面的那个一个德行。呐喊是我们唯一沟通的方式。地平线的远端，我能看见丹佛就像《圣经》中描写的"应许之地"一样，渐渐地浮现出来。星空之下，草原之上，我的双眼甚至能洞穿时空的隔阂，眼光像利剑一样，直接刺向三藩市，那所谓的夜空中的宝石闪闪发亮。他把油门儿踹到底，呐喊着一些有着没着的故事。几个小时之后，我们到了一个城镇。多年以后我和老丁也曾路过，那年我们开了一辆貌似是偷来的卡迪拉克。城镇边上，我和司机睡了一会儿。睡醒之后，我下车动动腿脚，沿着昏暗的街灯照明的墙，我能看见那端条条小路引向无边的草原。夜色中有着玉米的味道，甜美而潮湿。

这一段翻译如果是当作翻译作业，估计会被老师骂得狗血淋头，因为添加了很多私货，甚至篡改了部分内容。这恰好也是我喜欢创造性翻译的原因。后来我还在语言学习的理论中找到了支持，就是减少"中间语言"对于双语转化的负面影响。

其实每天写文章的时候，内心还是有很多对于读者的抱歉。由于没有足够的时间选词炼句，很多句式中出现的表达其实就是"中间语言"，即介于中文句式和英文句式之间的一种语言形态。

在上文中举个例子：

And he balled that thing clear to Iowa City and yelled me the funniest stories about how he got around the law in every town that had an unfair speed limit, saying over and over again, "Them goddam cops can't put no flies on my ass!"

出现"翻译腔"或者是"中间语言"的版本可能是这样的：

他全速开着车，一路开到爱荷华城，和我大声嚷嚷着最搞笑的故事，这些故事都是关于他如何钻各个城镇法律的空子从而超速驾驶的。他说了一次又一次，警察无法将罚单贴在我车上。

但我在自己做翻译的时候，或者说是我比较喜欢看的译本，往往给读者的感觉是在读地道的中文：

哥们儿的车开得够英雄，一路上笑话都是喊出来的，吼他怎么城里城外视法律如草芥，一路狂飙，"傻逼警察根本拿我没辙……"

看中译英的作品，或者自己尝试做中译英之后再去比较，可以大幅度提升自己的写作水平。再引一段我 10 年前翻译冯唐的《十八岁给我一个姑娘》的片段：

I'm 18, and A Gal Is Keen

If my fingers stride through the hair of Juliet and my penis does not respond, I know the aging is coming. But if I concentrate, even without holding her in my breast, nor the tangible touch, and even she is on the far side of the world, I can still sense her in the memory of my hands. Stretching my finger tips to the vanity, with air tangled around, I do have her. And her hair tangles my fingers too. The moment the penis shows up I know that my hormones are still blasting in my blood vessels, and that my years left are still innumerable. Inhaling with the strength I have, I can take my head like pulling a balloon. Lying am I, and naked.

1. Juliet (朱裳)

Before moving in this apartment building, I've heard about Juliet's mother from James (孔建国), the old-school punk. He says Juliet's mother is the woman of women, one of million. I see Juliet the first time, and at the drop of hat, I am so convinced that the rest of my life should be wasted on nobody but her. A lad of eighteen has no sense of time, and the rest of life might indicate the eternity.

2. Private Education

"You are too young to know, but it is of course important. Think about this, when you are as old as I am, you sure will ask yourself this question: throughout my life, have I met a gal with perfect face, perfect body, perfect personality that makes my penis swollen like a horny horse? And from then on, no matter what, you want to have her. Even your penis is cut and smashed into pieces, even you are fucked by the cops and kicked into jails, you still want to have her. If the answer is yes, she is your pearl. In this wide-eyed world, there is only one out of a thousand might ask such a question, and only one of a thousand might answer it affirmatively, and only one of a thousand with affirmative answer finally succeeds. And the only successful one, after all these trials and tribulations, finds meaningless about sleeping with her. You should, however, try your best to seek that woman and to sleep with her. This is what we call ideal. This is guts. This is balls."

That is a summer afternoon. James lectures me all these with his back leaning to a pagoda tree. Cicadas buzz occasionally, indicating the time is crawling ahead. The cool air also breezes occasionally, but the sun, like the serpent, licks the land. The dust swirls. Caterpillars are hanging their goofy bodies on the tree branches, dangling back and forth with the wind. James just wakes from his siesta, half-naked. His muscles are still there, though the belly grows out and bellybutton digs deeply with a pale scar peacefully rests there. He wears an army pants with a belt fasten to his waist. The belt is getting looser as the belly swells day by day — the tightest hole in the belt was the summer a few years ago, and next the winter a few years ago, and the next the last winter, and last the present. He must sleep with his left face on the bamboo pillow, for some prints are left. The messy hair blooms over his head. After the lecture, he lights a cigarette, smoking it with his eyebrows tied into a knot.

My old man tells me that his early education is all about memorizing the Three-Words Book and A-Thousand-and-One Poems in a private school. Four Canons and Five Classics are imprinted in his mind without a word missing. As years go by, he comes to realize the true meaning of all these sayings, like a cow ruminating the hays. My old man takes great proud in this, for women under 25 and over 50 in his working unit all regard him as a learned person with ancient erudition. When he is giving a report, he, more often than not, quotes a few sayings like "in the river of history, things are covered and faded by the flows.

James' lecture is all Greek to me, because I also get up from the siesta, and my mind has nothing but how to idle the hours before dinner. But I consider his lecture this time much deeper and more solemn than usual. Rhetoric is overly applied like my Chinese teacher: rhetorical question, parallelism and anaphora. Those so desired things also itch me when I was little, like dashing alone the streets to the toilet to answer the call of nature, like fumbling the desserts hidden on the clothes closet at the age of 5, and like dreaming to have a pair of white Nike shoes with a blue hook on the fifteenth birthday.

That is why I fear most, for without the James' lecture, my ideal of life is so confined in toilets, desserts and Nike shoes.

早些时候在牛津见到冯唐老师, 还和他谈起这件事, 算是 10 年前的粉丝对于偶像的致敬吧。

从读双语版开始, 然后揣摩中英两种语言的美丽。

谁知道多年以后, 你会遇见谁?

B18 如何在短期内提高学术文献的阅读能力

　　我从来不是一个读书的料，一是没有读书的脑子，也没有读书的屁股。脑子是智商，屁股是定力。我大一的室友谢晓川那个时候是一个胖子，有着圆滚滚的脑袋，也有一个肥嘟嘟的屁股，脑子里全是利维坦，一屁股从上午坐下去，一直坐到半夜，除了吃泡面上厕所，可以做到一动不动，后来他去德国读了哲学博士。

　　我就比较轻浮了，除非是实在要为了写论文或者是考试，否则我是很难在书桌前久坐的。但短期内提高学术文献的阅读能力，我还是有一点发言权，因为被逼着这么做过。

　　我读大三的时候，迎来了人生最恐怖的老师，Bob Riggle，此公是耶鲁本科、哈佛法学博士、牛津文学博士，学富五车，国际共产主义的忠诚斗士。大三他教我们写作，那时我才知道之前的写作基本白学了。Bob 不仅规矩多、要求严，最恐怖的是他给我们的 reading list，看都看不懂，即便看懂也看不完，即便看完也记不住。

　　以前看英文书还要查字典，但在面对 Bob 超级巨无霸套餐的阅读书目时，根本没有时间去用字典，只能一顿瞎猜。有些佶屈聱牙的长难句，只能硬读，一知半解也无伤大雅，毕竟在他的课上，做完比做好更重要。

　　后来也慢慢摸到了对付他的门路：

　　他开的书单是按照重要性排列的，一定要先看排在前面的书，这些书有一个共同的特点，就是能帮助你建立一个基本的思考框架。往往这些书都是教材，提纲挈领地把主要问题都用最平实的语言传递。无非是把事实与观点区分一下，把论证与结论推理一下，凡是能自行推理的，便可以跳过论证部分。实在时间不够，可以强硬记住结论。有了这个框架，就好比是有了书架，其余零散的书都可以堆积上去，很多细节记不清楚也无所谓，大致知道一些位置，能够掌握一个学术地图，然后按图索骥即可。

其余书目，在一头扎进去之前，一定要先问问已经看过的人，他们对此有什么评价。读学术文献，一定不是为了休闲娱乐，也不是为了增长知识，而是在人类知识的大厦中去做研究，去找边界，去给大厦添砖加瓦。

因此一定要有学术带路人。他有点类似一个向导，对于学术地图比你了解，能根据你现在的位置给你指路。那个时候看 Bob 的书单看不完，我就直接去找上一届的学长学姐，去问他们哪些书一定要读，哪些可以随便读；或者我就去问我们班的学霸，这样可以省下很多时间。

虽然 Bob 对我们非常严厉，甚至是声色俱厉，但学生向他提问，他倒是不拒绝。我有的时候使点小聪明，比如先读一本书的第一章，做好功课，然后找他。这位先生也是足够乖僻，没有手机，没有电话，没有 email，你只能按照他规定的 office hour 去他办公室。

学生通常忌惮他，所以经常他枯坐在办公室里两个钟头，也没有一个人去问他事情。我去了之后，倒让他不是那么寂寞。我一般开头会说：教授，这本书我读了一些，有如下思考，但是我发现读不下去了，你能不能给我一些建议？

他随后就向我介绍起这本书的读法，以及这本书和整个学术体系的关系，根据我的问题，他又会专门给我开几本书的单子，告诉我先读这些，诸如此类。赶上他心情好的时候，直接会告诉我，这本书先不用读了，以后再看也不打紧。

学术带路人毕竟是人，不是 AI，所以要学会使用足够情商，要有基本的礼貌，学术带路人才会倾囊相授。小时候，爷爷教我礼貌的重要性，就讲过一个例子，说出门在外一定要客气，比如问路，如果不礼貌，人家要么不给你指路，要么给你指一条错的路，到头吃亏的还是自己。做事留一线，日后好见面。

除了框架和带路人以外，peer review 也是学界经常使用的方式。不能死读书，要在输入和输出中间寻求高效路径。阅读是一种方式，参加 seminar 也是一种方式；论文写给导师看是一种方式，和同侪一起讨论也是一种方式。我们有时过多地强调了学术的严谨性，却忽略了非正式场合中学术交流的机会。

前段时间我遇到了一个语音学的困惑，为什么 disprove 中/p/送气，而 discover 中的/k/不送气。根据爆破音是否送气的原则看，onset 前如果有其他音出现，那么就是不送气的。但为什么 disprove 和 discover 有区别。后来胡老师问了他剑桥的同学，给了我一个解释，即 disprove 和 prove 正好是一对儿反义词，所以根据 morpheme boundaries 的原则，prove 这个音是一个单独的音素，/p/前面没有其他音，所以需要送气；反之，discover 和 cover 不是反义词，cover 在这里不是一个单独的音素，所以/k/音不送气。我们用微信加 skype 完成一个简短而高效的探讨，这比我自己去查文献要快得多。

当然，读文献最重要的一点是要培养问题意识。自己没有发现问题，没有先思考，提出假设，自然没有去主动找文献的冲动与迫切。文献很像字典，如果没有遇到生词，只是为了乐趣去翻阅字典，我觉得这群人的数量应该不多。

　　培养问题意识也是读书做学问的起点和基本素质。现在很多人去读大部头的哲学书、历史书，参加各种各样的课程，多半还是有很多虚荣心。不是说这样不好或者不对，因为毕竟只要是学，就会有收获，但是说到底，做学问，问一定是在学之前。对生活、对知识产生的疑问，带着疑问去找答案，在浩如烟海的学术文献中，突然会有一条小径浮现出来。

　　至于学术文献中语法和词汇大可不必担心，因为学术写作最重要的一点就是语言的简洁有效。语言绝对不是难题，看几篇就应该能适应了。

　　有一次我问丁言仁老师怎么去读英语文献，丁老师回了一句：Just read, and read more. You will get it.

　　总结一下，提升英语文献阅读能力的方法：

　　1. 建立学术地图；

　　2. 找到学术带路人；

　　3. 巧用各种学术资源；

　　4. 带着问题去读；

　　5. 去读。

B19　地铁诗集

　　诗歌和戏剧应该是人类文明最早的语言艺术形式。中国有诗三百，希腊有荷马史诗，在文字没有完全普及的时代，利用音韵和节奏，让劳动人民能够口口相传。也正是这个特点，我们在学习英语时，一定要利用好诗歌的优势帮助我们在语音语调、遣词造句上提升能力。

　　我在伦敦的 Waterstone Bookshop 买过一本《伦敦地铁诗集》（*Poems on the Underground*）。这本书倒是读出钢筋水泥文明中田园牧歌的一种温存。1986 年，三名诗歌爱好者找到伦敦地铁管理方，想做一个尝试，即在地铁上张贴一些少量的诗歌，地铁方面的管理者估计也是文艺青年或中年，不仅欣然同意，更是将诗歌爱好者提出的数量直接翻倍，并且对此提供资金支持。

　　地铁里的乘客全世界都差不多，疲劳、繁忙、彷徨。如何在城市里去勾勒田园，如何在臭水沟里仰望星空，这可能是诗歌给我们带来的一种寄托吧。

　　随手翻到 Robert Graves 的一首诗，叫作 "*Love Without Hope*"

- Love Without Hope -

Robert Graves

Love without hope, as when the young bird-catcher

Swept off his tall hat to the Squire's own daughter,

So let the imprisoned larks escape and fly

Sing about her head, as she rode by.

此诗短短四句，可能一站地铁的时间能读两遍。但是好的诗歌有一个特别，每读一遍，可能都会有略微不太一样的体会，和当时的心境、面对的问题、不同的经历，都会反映出不一样的感受。

这首诗的主人公是一个捕鸟少年，爱慕乡绅的女儿，无奈自己身无分文，也不知如何讨好她，只能将自己俘获的百灵鸟放掉，愿鸟儿在姑娘经过的路上捎去安康。这就是 love without hope。

中国也有一个诗人叫何其芳，他写过一首《赠人》：

你青春的声音使我悲哀，

我嫉妒它如流水声睡在绿草里，

如群星坠落到秋天的湖滨，

更忌妒它产生从你圆滑的嘴唇。

你这颗有着成熟的香味的红色果实，

不知将被啮于谁的幸福的嘴。

对于梦里的一枝花，

或者一角衣裳的爱恋是无希望的。

无希望的爱恋是温柔的。

我害着更温柔的怀念病，

自从你遗下明珠似的声音，

触惊到我忧郁的思想。

其中有句：无希望的爱恋是温柔的。

地铁里都是陌生人，各自有着不同的终点，只是在这刹那，同乘了这班列车，好似生命中的过客，天地悠悠。英文有个词叫

unrequited love，译成中文就是无希望的爱恋。这份爱恋可以是爱慕之情，也可以是对事业和梦想的追求，不为一个结果，只为将自己所有的一切 all in，对自己有个交待而已。

诗人是语言的魔法师，他们能够将人类的感情予以萃取和高度提纯，用最短的语言表述出来，他们有着异于常人的敏感，有着对于现世的慈悲与对理想世界的憧憬和乐观，而这份乐观，在不见天日却人潮涌动的地铁里，总能让一些人驻足，沉吟片刻之后，带着一份美好离开。

读英语诗歌倒是有些门道：

1. 一定要朗读出来，不能只是阅读，默读是没有办法感受到诗歌语言的音韵，尤其是在英语诗歌中，韵脚经常出现隔行押韵，而且和中文诗歌最大的区别在于，英语有"音步"。所谓音步，是轻重节奏的有序出现。在英语中，只要是超过两个音节以上的单词，都会出现重读音节和非重读音节。同时，在一个句子中，所有的虚词都是非重读音节。只有通过朗读的方式，才能找到英语诗歌的独特之处——音步。

2. 读英语诗歌不要看到换行就停下来，一定要按照标点符号读，不能按照换行来读。英语诗歌换行是为了保证在一行之内的音步符合格律，但换行并不是一个句子的结束。

我们用 Emily Dickinson 的诗歌举一个例子，我用黑体表示重读音节，用双竖线表示断句位置：

Hope is the **thing** with **fea**thers –

That **per**ches in the **soul** – ‖

And **sings** the **tune** without the words –

And never **stops** – at all – ‖

And **sweet**est – in the **G**ale – is **heard** –

And **sore** must be the **storm** –

That could **abash** the **little Bird**

That **kept** so many **warm** – ‖

I've **heard** it in the **chillest land** –

And on the **strangest Sea** – ‖

Yet – never – in **Extremity**,

It **ask**ed a **crumb** – of me.

（有兴趣的同学可以搜索下音频）

这可能也是多学一门语言的好处，多了一门语言，可能是多了一个独处的世界，尤其是在混沌不堪的现世中有了这样一个遁逃的法门。

B20 好的英文，一定是简单的

　　丁言仁老师是我英语学习道路上最重要的人。他学问做得好，英文也好，为人也极谦和低调。我自从入选英文演讲训练小组之后，奉他的手谕，可以下午不上课，去系里跟他训练，这样的小灶，我一吃就是两年。

　　我的英文口语在进入大学前已经打下了相对不错的基础，然而在写作方面始终不得法门。其实，英语系的毕业生现如今在口语方面和其他专业的同学相比并无优势，但要说起写作，英语系的学生写出来的东西的确不一样，那是一遍遍的作业改出来的结果。并无其他法门，全是时间工夫，也无怪教我的几位老师基本上都是闷头教课，很少谈及方法论的层面。

　　南京大学给我最大的馈赠，是我在年纪轻轻、尚有可塑性的时候，让我近距离的望见了真正大师的模样。这对我的影响是深远的，让我知道了标准，足以让我敬畏。我的阅读、口语、听力三项都不成问题，但是唯独写作，不敢下笔，恐于下笔，到现在只能看出什么文字是好的，但是自己万万不敢写。

　　和丁老师学演讲，我就窝在他的办公室中，把前一日写的稿子用 3.5 寸软盘拷在他的计算机里，丁老师几乎以匍匐的姿势趴在键盘上给我改稿子。丁老师打字的方式很有趣，只用两个食指敲击键盘，不徐不慢，自有节奏。丁老师一般会先问我这句话要表达什么意思，然后就开始着手修改，往往是整句删掉，重写一遍。我在一旁看得目瞪口呆，看着丁老师用非常简单的语言化腐朽为神奇。

我原先以为好的英文应该是用词华丽的，构句应该是复杂的，可是丁老师完全打破了我错误的观念。

好的英文，一定是简单的。

有时丁老师来了兴致，也会和我探讨一番，虽然言语不多，但对我可谓是醍醐灌顶。比如有次我写了这样一句：The Forbidden City is so magnificent that visitors home and abroad are always overwhelmed by its grandeur. 丁老师说：不要用 magnificent 这个词。

我自作聪明地说，嗯，用 big 咋样？

丁老师看着计算机，没有理我，连续敲几个回车键，另起一行写道：In ancient times, only Chinese emperors enjoyed the privilege to live in the Forbidden City, but now it opens to the public. 我看得一头雾水，然后他转头对我说，我的意思就是少用形容词。好文章不是用形容词来传递情感的，因为每一个人对于形容词的理解不一样，即便一样，写出来的便是 cliche。而且少用类似 grandeur 这样的抽象名词，这个也是 cliche，而且少用被动语态，因为不够简洁有力。

我仔细揣摩了一下丁老师的句子，看似平淡，privilege 一词足显皇家尊贵，无须 magnificent 和 grandeur 来赘述；but 一词用得妙极，前后两个简单句的对比跃然纸上；open to the public 逸笔草草，却道出 overwhelmed 之感。反观我自己的句子，句子的焦点落在 magnificent 上，后面不得不狗尾续貂来做出阐释，而阐释无从下笔，只能从学过的课本中选取 visitors home and abroad are always overwhelmed by its grandeur 来涂抹一番。写英文的句子，怕的就是多用一词生出的祸端，后续要不断斧凿修补，画蛇添足。

如果说启蒙时迅公给了我眼界，那么，丁老师给我的是风骨，用英文说，叫 Style。

顶天立地的风骨让我不至于歪斜，有了准绳。

前些时日，有朋友和我交流英语写作的书籍，他给我列了一个单子：

The Elements of Style

On Writing Well

The Economist：Style Guide

以上都是好书，我也仔细读过，但我更为幸运的是，有两年的时光，这些书里的知识，丁老师手把手地教给了我。

B21 如何像《经济学人》的编辑一样 写英文（上）

有人认为，成为高手就是要坚持，这句话不全对，因为我每天坚持睡觉也不能成为一代宗师。坚持固然重要，但关键在于我们要坚持什么。

The Economist（《经济学人》）在众多英语老师和学习者的推动下俨然已经成为市面上最火、档次最高的英语学习材料，我本人在其中也做了一些微不足道的事情。在每本杂志的目录页赫然书写着它的愿景：

The Economist was "first published in September 1843 to take part in 'a severe contest between intelligence, which presses forward, and an unworthy, timid ignorance obstructing our progress.'"

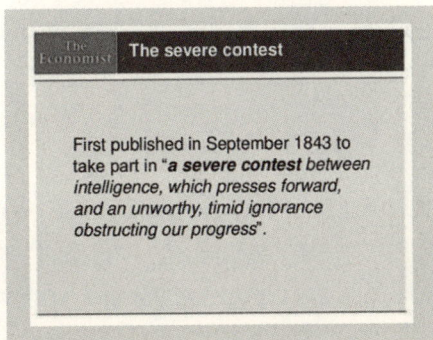

The severe contest

First published in September 1843 to take part in "*a severe contest* between intelligence, which presses forward, and an unworthy, timid ignorance obstructing our progress".

尝试翻译一下：《经济学人》首刊发于 1843 年 9 月，致力于参与一场严酷的斗争，一方是勇于向前的理智，另一方是阻挡我们前进的无知，此等无知毫无价值且怯懦。

很多同学都是通过阅读《经济学人》来开拓视野，提升阅读能力的。然而大家对于能写出《经济学人》编辑水平的英文，肯定不抱有任何不切实际的幻想，我就给大家揭秘一下《经济学人》的编辑是按照什么标准来写作的。

郑重向大家推荐一本英语写作的秘籍，由《经济学人》编辑团队钦定的 *The Economist：Style Guide*.

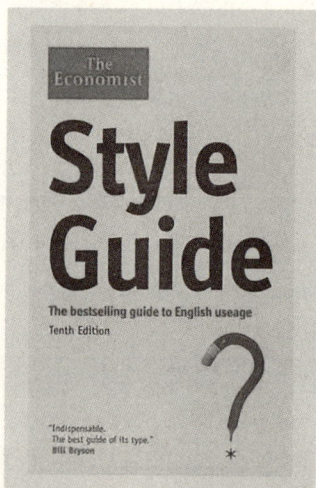

诸君可能都听过 *The Elements of Style*，或者是 *On Writing Well* 的响当当的写作指导书籍，我在前文也专门推荐过，但是 *The Economist：Style Guide* 估计听说和真正看的人肯定不如前两本书多。

因为这本书本身就是一本绷着脸把写作要求讲成段子的笑话

大全。

我估计《经济学人》的这些编辑整日也苦大仇深，为了 writing without pain is reading without pleasure 的最高写作宗旨的抖 M 们（masochism，受虐狂）。

当这些老编辑终于媳妇熬成婆可以对新来的编辑打杀威棒时，他们立刻变成施虐狂魔，不仅是在语言要求上，而且在施虐的过程中非常强调幽默感的运用，堪称是逗比抖 S 的代表。

即便开了这么多玩笑，这本书一上来还是霸气十足。在引言部分就写道：

On only two scores can *The Economist* hope to outdo its rivals consistently. One is the quality of its analysis；the other is the quality of its writing.

鄙刊以两点一以贯之从而傲视群雄：一是分析的质量，二是写作的质量。无他。

看到这段扑面而来的王者之气，我想起了《一代宗师》里叶问师父在香港开武馆，被问及会教哪些功夫，问公回道：跌打正骨，内功点穴，一概不会；无瓦遮头，舞龙舞狮，一概不教。三板斧，摊、膀、伏，足以。

此句之后又接：

The aim of this book is to give some general advice on writing, to point out some common errors and to set some arbitrary rules.

此书目的在提供写作的整体建议，指出一些常见错误，设定一些武断规则。

Arbitrary 用得妙极，也是霸气，别家怎么说我不管，我家刊物要遵守的规矩就是这样，没有那么多因为所以，入门奉一个敬字，不然不入此门。

随后，编者列出写作总纲：

Clarity of writing usually follows clarity of thought. Think what you want to say, then say it as simply as possible.

想得清是写得清的前提，想清楚写什么，然后用最简单的语言写出来。

再请出 Orwell 大神为其加持，著名的写作六原则，我摘抄如下：

1. Never use a metaphor, simile or other figure of speech which you are used to seeing in print. 拾人牙慧用比喻者，死。

2. Never use a long word where a short one will do. 舍短用长词者，死。

3. If it is possible to cut out a word, always cut it out. 能删不删者，死。

4. Never use the passive where you can use active. 舍主动语态而用被动语态者，死。

5. Never use a foreign phrase, a scientific word or a jargon word if you can think of an everyday English equivalent. 舍日常用语而用外语、科技语、黑话者，死。

6. Break any of these rules sooner than say anything outright barbarous. 以上原则例外只有一：从雅不从俗。

这六条看完，不必说诸君，我都背后发凉。按这六条写作怕是寸步难行。讲个故事鼓励各位，并且争取把如此严格要求背后的道理给大家说明白。

佛陀涅槃之前，众弟子请佛陀开示。佛陀说：

　　汝等比丘！于我灭后，当尊重珍敬波罗提木叉，如暗遇明，贫人得宝，当知此则是汝等大师，若我住世无异此也。

　　尝试翻译一下：各位，当我死后，你们要敬重佛家戒律，好像在暗中看见光明一样，像穷人得到宝藏一样。戒律就是各位的老师，戒律在，我则在。

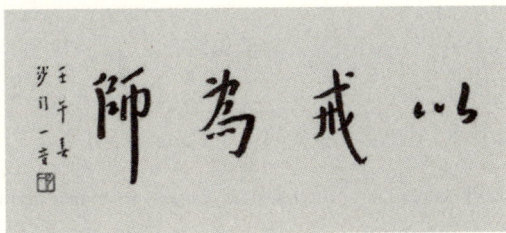

　　这就是佛教中"以戒为师"的来源。修行之人和常人最大的区别之一就在于严守戒律。不是说不守戒律就活不下去，就好比不按照《经济学人》列出的要求也照样能写英文一样。其中的差别在于，一个是写英文，一个是通过写英文的方式来完成自己在人间的修行。

　　看到这本 *The Economist：Style Guide*，真是如暗遇明，贫人得宝。

B22 如何像《经济学人》的编辑一样
写英文（下）

上篇文章尽显《经济学人》编辑们的霸气，这里我继续援引 *The Economist：Style Guide* 的引言部分，引言中除了 Orwell 的六大杀威棒之外，还有循循善诱的另外几条嘱托，我来录下：

Catch the attention of the reader and then get straight into the article. Do not spend several sentences clearing your throat, setting the scene or sketching in the background. Introduce the facts as you tell the story and hold the reader by the way you unfold the tale and by a fresh but unpretentious use of language.

第一条原则就是开门见山、单刀直入。引起兴趣非常重要，因此如果作者本人对于这篇要写的文章本身就提不起什么兴趣来，那就姑且不写罢了。但如果对于诸多文章都提不起兴趣，估摸这个人就是一个无聊的人，或者实在对生活没有什么思考和阅读，不提也罢。兴趣来自眼界，药方已经开了，请顺手抓药，按时服送。

单刀直入，这四个中文字读着就有侠气。鲁迅先生也讲文字如投枪匕首，投枪匕首不是瑞士军刀用来削铅笔、拧螺丝、剪指甲的，不用则以，用了就要见血。后续两句真是揶揄，那些写文章半天不进入主题顾左右而言他之人，仿佛有痰在喉，不知是吐，还是咽下去，反正几声咳嗽（clearing throat）发出的声响委实让人难受。一个是侠士，一个是草包，水平高低，立判高下。如同李太白《侠客行》所示：十步杀一人，千里不留行。事了拂衣去，深藏身与名。

如何做到十步杀一人？文中顺答之："Introduce the facts as you tell the story." 事实如剑，一挥而就，不用下腰拉筋扎马步，冲上去亮剑即可。"and hold the reader by the way you unfold the tale." 此句中 hold 一词用得妙极，双手奉托，如同以气驭剑，看似电光火石，实则徐徐而行；unfold 也用得漂亮，可比作剥洋葱，亦可是拆包裹，层层除去，图穷匕见。最末讲的是姿势，"fresh but unpretentious"，一股清流，却不造作。

Read through your writing several times. Edit it ruthlessly, whether by cutting or polishing or sharpening, on each occasion. Avoid repetition. Cut out anything superfluous. And resist any temptation to achieve a literary effect by making elliptical remarks or allusions to unexplained people or events... Unadorned, unfancy prose is usually all you need.

写完之后多读几遍。对自己写过的文章要敢于下手，学会删减、锃亮和打磨文字的能力。Ruthlessly 足见下手之狠，有时我们写的文章总是不忍下手，或者总是用一种作者的眼神不断赞美式地欣赏自己的文笔，此为大谬。作者对自己的作品应该是严父而不是慈母。父亲的存在就是无情的批判，因为只有通过此方式，少年才能学会在真实世界如何幸存下来，任何严父之爱，都是面对真实世界的一种准备。

尽量不要重复。网络俗语常讲重要的话说三遍，无非是用声音大小来对内容自身空洞的欲盖弥彰。

删繁就简。要抵制文字的诱惑。在我看来写作分为三个境界，第一层是被迫而写，没有足够的阅读与观察，对于生活没有自省，比如写报告、写作文，言不由衷，词不达意，往往能写出来就不错了。第二层境界的突破在于对文字的敏感性逐步培养起来，对文字有审美的追求，开始愿意表达，并且从表达之中获得愉悦，但是辞章华丽，甚至有些矫揉造作，为赋新词强说愁之牵强。这样的文字有可读性，但是匠气太盛，有桎梏，格局有限。第三层境界才是《经济学人》所谈及的大音希声，大象无形（unadorned，unfancy），古朴而自由，如文起八代之衰的韩愈所言：气盛则言之短长与声之高下者皆宜。此境界，达观也。

Do not be stuffy. To write a genuine, familiar or truly English style... is to write as anyone would speak in common conversation who had a thorough command or choice of words or who could discourse with ease, force and perspicuity setting aside all pedantic and oratorical flourishes.

忌堆砌。尽量使用自然、熟悉、真实的英语风格，如同对话一般春风拂面，遣词造句之间轻松活泼却又充满力量并且精准到位，毫无学究气，没有文藻斧凿。这一点我自己做得也不够好，不管是在英文还是中文写作中，总是有点 pedantic，给人掉书袋的感觉。Virginia Woolf 写过一篇文章，后来也集成一册，开篇的标题就是 "*The Common Reader*"，这一点上我要时刻提醒自己。

Do not be too chatty. Surprise, surprise is more irratating than informative.

忌话痨。行文不求险绝，出其不意不如循循善诱。

当然还有其他，我就不一一记录了。总之在引言部分，《经济学人》这本写作手册和 *The Elements of Style*，*On Writing Well* 如出一辙，都在强调行文简洁，思路的清晰。甚至还有一个大神叫作 Wolcott Gibbs 给出了一个馊主意，如何保持句子的绝对简单？写完句子之后倒着读，如果发现看不懂的时候，就证明句子写复杂了。Backward ran sentences until reeled the mind。

引言末了又提出两位写作神级人物，一位是 Mark Twain，一位是前文提及的 George Orwell.

Mark Twain 关于好的作者是如何处理句子的观点如下：

At times he may indulge himself with a long one，but he will make sure there are no folds in it，no vagueness，no parenthetical interruptions of its view as a whole；when he has done with it，it won't be a sea-serpent with half of its arches under the water；it will be a torch-light procession.

作者偶尔也可以放纵一二，写个长句玩耍，句子可以长，但是不能来回折就，没有语焉不详之处，整体观之不会受到插入语的影响。一个句子写完，不能像海蛇露出半个脊背在海面之上，应该是疾行于暗夜中火把通明的道路。

最后是用 Orwell 收篇，a scrupulous writer in every sentence that he writes will ask himself at least four questions，thus：What am I trying to say? What words will express it? What image or idiom will make it clearer? Is this image fresh enough to have an effect? And he will probably ask himself two more：Could I put it more shortly? Have I said anything that is avoidably ugly?

一个审慎的作者在每一句话的写作中都会问及至少四个问题：我要说什么？用什么词来表达我的观点？用什么意象或者习语可

以让意思更加明确？所使用的意象是不是足够新鲜来达到想企及的效果？可能还会问另外两个问题：能够写得更短一些？有没有说什么话，明明可以不说，却说出来献丑。

此段中我最喜欢最后两个问题，顶喜欢的是 aivodably ugly，类似长得丑不是错，但是千万不能出街。

到此为止，这本书的引言结束。接下来就是老司机开始飙车了。

多说两句我对这本书引言部分的感受，四个字可以表达：万钧之力。

我大四毕业论文的导师刘海平教授经常说，写文章一定要carry weight，这个 carry weight 就是万钧之力，当然他在这句话之前还有两句：read more, think hard, write and rewrite, in order to carry weight.

B23 写作换词其实就是翻牌子

大家在进行英语写作时会发现，英语行文特别忌讳一个单词来回用，除非是有特殊的修辞需要。一般换词的方式有两种，其一是采用句式整合，利用合并同类项的手段将句子中重复的词共用，或者是利用从句的方式省略；其二就是调动足够的词汇量来换用。

先讲句式变化的方法，例如培根的文章：

Studies serve for delight, for ornament, and for ability. Their chief use for delight, is in privateness and retiring; for ornament, is in discourse; and for ability, is in the judgment and disposition of business.

第一句如果我把它拆解成三个句子便是：

Studies serve for delight.

Studies serve for ornament.

Studies serve for ability.

三个句子相同的部分是 studies serve for，在此可以按照数学中的合并同类项的方式 a×b+a×c+a×d=a (b+c+d) 予以简写：Studies serve for 作为公因式被提取出来，后面的 delight, ornament, ability 则可以用 and 的并列结构联系。最后也就形成了培根的原句：Studies serve for delight, for ornament, and for ability.

第二句是一个并列结构的省略式，若还原该句则是：

Their chief use for delight is in privateness and retiring.

Their chief use for ornament is in discourse.

Their chief use for ability is in the judgment and disposition of business.

可以将重复部分 their chief use 提取出来，第一句写完整，后句用并列结构，同时省去前面重复的词，则可以得到原文：Their chief use for delight, is in privateness and retiring; for ornament, is in discourse; and for ability, is in the judgment and disposition of business.

再说从句合并相同词的例子。

我以前问学生，为什么要用定语从句啊？有一些同学的回答让我啼笑皆非，他们说：因为老师说，用定语从句可以把句子写得长而复杂，这样容易在考试中取得高分。好吧，你们赢了。

其实定语从句一个很重要的作用就是避免词的重复。举例：

She is a successful woman.

She runs a big firm.

这两个句子中 she 和 woman 指代的对象是一致的，所以后句中的 she 完全可以用定语从句的关系代词予以替换，可以写成 She is a successful woman who runs a big firm.

以上是用句法的改变避免重复词。下面我们就来讲第二种换词的方式。

英文中有一种特殊的字典，很多教课的老师会将其视为安身立命的独门秘籍，基本不能给学生看，这样他才可以在课堂上成为板书狂人，给你抄一黑板的写作替换词。这种字典就叫作 The-

134

saurus，我在苹果公司的 APP store 上推荐大家几款试试，从最好用也是最贵的，到性价比最高的。

第一本叫 Collins，一本是正常的英语字典，另一本就是它家的 Thesaurus。

第二本是 Merriam-Webster，有两个版本，免费总是弹广告，所以我索性买了 30 块钱的收费版。

打开之后是这样的，左边是字典，右边是 Thesaurus，30 块两本，比 Collins 亲民得多。

第三本完全不要钱，而且蛮好用，广告也经常弹，但是看淡点，是性价比第二高的 Thesaurus APP。

有同学问：

性价比第一高的是什么?

答：你最熟悉的一款文字处理软件——Microsoft Word。

选中你要换的词，点右键，下来菜单，看中哪个，选上去。我用的是 Mac 版的，PC 版也一样，不要钱，顺手用。唯一需要注意的是，你翻牌子看上的词，最好是在字典里查一查看看能不能这么用，确保万无一失。如果你的 word 没有这个功能，那估计是假 word。

从此再也不用听什么老师上课抄板书告诉你这些词需要背下来考试考。

B24 在写作中怎么按照英语思维谋篇布局？

中文和英文的确是两门不一样的语言，背后的文化内涵也的确千差万别，至于说两种语言是否有思维上的重大区别，我不认为有那么明确的分野。

首先来说说什么是语言思维。

思维是人进行思考的方式。

应该这么说，提出语言思维问题的同学应该受到表扬，因为很多中国同学的英语写作次序是先背了模板，再去想到底写什么。毕竟思维是语言的基础，有了想法，才可能落笔写作。在这一点上，不管是英文还是中文，都是如此。

散文或者是小说，形式多半有作者个人风格，思考框架也因人而异，不在本文讨论范围之内，我想同学们多半想问的是议论文的写法，中英思维的差异吧。

如果是议论文，论证思路无非是归纳法和演绎法两种。

归纳法从现象出发，从个别到一般，最终形成一个抽象的观点。

演绎法是从抽象的概念出发，从一般到特殊，最终在个别事例中印证观点。

这两种行文的思维方式，中文和英文都有。但是根据不同需求，两种思维方式会有各自的优势。

归纳法虽然过程相对曲折，但思考过程即为写作过程。相比之下，演绎法更加直接和有效率。先宏观，再微观，读者阅读起来更加明晰。

正是这样的效率性，英语议论文中还是以演绎法为主。

这里谈到了效率性，倒是讲中英文思维的一个好角度。

我上大学以前认为好的英文就应该是辞藻华丽，长句绵延。后来才知道，好的英文应该是简练的大白话，生动形象，效率高。

推崇这一英文写作理念的，一个是 George Orwell，他在这个问题上的代表作是 *Politics and the English Language* 这篇文章，另一个是 William Strunk，他的代表作是 *The Elements of Style*。

这里摘录一下 George Orwell 对于"真诚的"英文的六个标准：

Never use a metaphor, simile, or other figure of speech which you are used to seeing in print. 少用比喻。

Never use a long word where a short one will do. 有短词不用长词。

If it is possible to cut a word out, always cut it out. 能删则删，不说废话。

Never use the passive where you can use the active. 能用主动，则不用被动。

Never use a foreign phrase, a scientific word, or a jargon word if you can think of an everyday English equivalent. 能用大白话，则不用外来词、科学词、专业词。

Break any of these rules sooner than say anything outright barbarous. 不能因为以上原则，让语言鄙俗。

可以在此看出，只要语言不庸俗，那么就要尽量贴近简单有效。

当然，这个标准在中文中也有，而且提出来的时间比 George Orwell 还要早（他是 1946 年写的这篇文章）。

20 世纪初，中国大地掀起了一场白话文运动。旗手之一的胡适先生于 1917 年在《文学改良刍议》中有如下八大主张：

一曰：须言之有物；

二曰：不摹仿古人；

三曰：需讲求文法；

四曰：不作无病之呻吟；

五曰：务去滥调套语；

六曰：不用典；

七曰：不讲对仗；

八曰：不避俗字俗语。

其中，不仿古人、不用套语、不用典和 George Orwell 的第一和第五条主张类似；不避俗字俗语和前者第二条主张相似。

我们能从这东、西两套语言思维的改造运动中看出中文与英文历史上的差别。

首先，英语上有主动与被动的区别。文言文中，被动用法鲜有，多半是使动用法与意动用法。白话文运动之后，被动用法在中文中也呈普遍态势，但一般来说，被动在中文中，多半有贬义。例如，我被偷了。然而我们很少说，书被读了。虽然从语法上没有问题，实际中却用得很少。

中国同学在英文写作中也要尽量避免被动用法，这样句子才会更简洁和有力量。

其次，胡适强调白话文需要讲究语法。这一点不得不说，英文语法相较中文更加严格，有时态、语态、主谓一致等要求。王力先生说过："就句子结构而论，西洋语言是法治的，中国语言是人治的。"单从语法的角度说，中文重语义，而英文重结构。

从句子复杂性上说，英语有从句，中文多短句。所以我们需要有一定的长句和从句构建能力，但千万不要矫枉过正，全篇长句，当断不断，反受其乱。

当然，写作是促进思维进一步凝练提纯的好工具，好似 Francis Bacon 的那句名言一样：Reading maketh a full man, conference a ready man, and writing an exact man.（阅读使人充实，讨论使人机敏，写作使人严谨。）

我经常和公司的同事们说，有什么好想法，不要第一时间就着急说出来，往往说出来的都是碎片，甚至当中包含了许多无用的信息，会有自相矛盾的地方。

应该尝试把自己的想法写一写。

组织语言的时候，经常会遇到词穷或难辨究竟的情况，这有可能是你文字功底问题，但更多时候，是你自己没有想清楚、想明白。

写完之后不要急着提交，可以再调整一下论证的次序，反复做些修正。这也是写作比用嘴说的另一大好处。很多好想法，说完就完了，没有进一步的思考，进而没有落实成行动。写在纸上，可以订正，可以设定目标，可以付诸实践，可以用于日后的复盘分析。

钱钟书先生有言，可作中英双语思维比较的灯塔：

东海西海，心理攸同；南学北学，道术未裂。

B25　如何迅速提高英文邮件写作

邮件写作通常会被归为应用文。

应用文重在应用，因为固化了形式，所以更强调内容。

形式固定是为了提高可预测性，有了可预测性，阅读的效率才能提高，写邮件的人才能省下时间和精力去推敲自己想表达的意思，读者才能一眼看出文章的重点。

应用文有点类似男生逛商店，脑子里知道要买什么，然后直奔主题，买完就走，因为买东西是目的。小说、散文有点类似女孩子逛商店，没有那么明确的目的，随遇而安，即便最后什么都没有买，但是心中洋溢着喜悦。

应用文形式上不需要有什么创新，完全是八股文的路数，人家怎么写，你就怎么写，不会写，就看别人怎么写。这种八股文有模板，直接背下来，有时可以成段背下来，一字不删，一字不改，照搬照套，效果最好。

形式确定之后，关键是内容要仔细琢磨。打个比方，应用文如同戴着脚镣跳舞，脚镣是不能摘下的，因为这会坏了规矩，但怎么把舞蹈跳得好看，才是最考验人的。

需要如何做到呢？

第一，要明确你的写作目的。邮件的类型很多，比如询问信息、约定会谈时间、邀请参加活动、会议备忘录、日程计划、资源协调、投诉，等等。脑子里一定要有目的，然后去找类似的模板。如果不凑巧，没有类似模板，那就要把目的先写在邮件内，然后在其前后增加语言，让整体风格恰如其分。

讲个有意思的事情。华为公司内部非常推崇效率，公司内有这样的要求，凡是能在标题里写清楚的内容，坚决不写正文。其实这也就是我上文所说的目的明确，一语中的。

第二，要明确阅读你邮件的读者对象是谁。有了目的，了解了对象，就能确定沟通的方式。比如初次交流，应当迅速说明来意，约定双方面谈或者电话会议的时间；如果是已经见面，应当简要一两句话客道叙旧，然后切入正题；如果是会议之后的备忘录，可以直陈内容，并且将会议纪要加在附件中。

第三，邮件往往很短，所以要学会简明扼要的英语写作方式，能用小词、不用大词，能用短句、不用长句。文字可以相对口语化一些（特殊情况除外）。总之，能把邮件写短是个本事。

第四，一定要避免语法错误和拼写错误。这容易给别人造成不好的印象，找有把握的句子去写。初期时，可以大量仿写，套用模板。

学习邮件写作的最好方式就是在工作中不断积累，在战争中学习战争。

每次往来的邮件，不仅是工作内容的交流，也是很好的语言材料。我以前的方法是把邮件在 outlook 里分门别类，只不过分类的方式不是按照工作，而是按照语言。比如约定会议时间的邮件、邀请函、活动组织邮件，等等。将这些邮件归类之后，每次遇到自己词穷或者无处下笔时，直接在归类文档中搜索即可。稍加改动，便可以高效完成任务。

B26 一篇关于英语口语的长文

引子

前几天一个南大的学妹来我单位做客，秉承着一贯先拍马屁的传统，学妹夸奖说我当年就是英语系的传奇，我本想按照套路谦虚谦让一番，没料到她话锋一转，说："当年我们上口语课，科任老师就放了你当年演讲的视频，哇塞，简直了。随后老师让我们开始一句一句地听你的英文演讲，并且把当中的语法错误全部挑出来，结果挑了一大堆。"

我心里想，这学妹果然是亲学妹，这种先马屁再踹脸的套路是多么熟悉和亲切。可学妹又话锋一转，说："最后老师说，口语和语法之间的关系并不是那么大，关键是流利和自信。"

真的是拍得一手好马屁，不当编剧都可惜了。送走学妹之后，我深刻地检讨了自己英语语法的问题，决心试试注重语法，看看能不能完全 error-free 地来一段。

我拿出手机开始录音，那段英语说得是磕磕巴巴，要死要活。随后听了录音，的确没有语法错误，但是那段英文真的是拿不上台面。我想英语口语结结巴巴是很多中国同学的通病，我今天就来系统地分析一下如何流利地讲英文。

首先，让我先把普通中国同学讲英语的流程厘清一下：

1. 脑子里先想清楚要表达的中文意思是什么；

2. 迅速在脑海中搜寻对应的英文表达；

3. 认真考虑句型语法，包括主谓宾的句子成分，主谓一致、时态一致，等等；

4. 再思考这个完整组装好的句子中的每个单词的发音应该是如何的。

以上 4 个步骤中，第一个步骤是 content（内容，讲什么），后三个是 format（形式，怎么讲）。

当然，在真实环境中这 4 个步骤不是线性的，往往需要同时进行，任何一个环节卡壳都会致使语言不流利。如果给这个一般同学足够的准备与酝酿的时间，他也会使用字典等参考书，自然可以讲出相对流利的英文。可惜在真实环境中，一个人反应的时间是非常有限的，加之自身紧张，说话磕磕巴巴在所难免。

那么，一个口语好的人在讲话的时候流程是如何的呢？

1. 脑子想清楚要讲什么，基本上跳出来的是英文的词汇，省去了翻译的步骤；

2. 运用 chunks（语片）来构造句型，而并非是用词来组句；

3. 脱口而出，基本上不需要考虑发音的问题。

这么比较起来，你会发现，口语一般的人和高手之间的区别在于大脑内存的分配，而大脑内存的分配直接决定了在同等时间内表达效率的高低。高手大脑不占内存的原因很简单：很多用词、造句、发音都是在潜意识层面完成的，不需要刻意为之。

通过以上分析，我们基本可以达成以下共识：

1. 口语会话中留给我们反应的时间是很短的，且这个很短的时间是一个常数；

2. 在这个时间内要将大脑的内存尽可能地分配给 content 部分，从而提升谈话质量；

3. 语法、词汇、发音是需要通过刻意训练来降低占用大脑的内存比例的；

4. 准确度和流利度之间有一个 trade－off（此消彼长）的关系，需要根据学习阶段和场合适时调整。

有了这 4 个方向，我们就可以来制定相应的学习方法了。

如何拉长反应时间

最近 20 年口语教学其中的一个重点便是教授学生 conversation strategy（会话策略）。所谓的策略便是通过四两拨千斤的方式来拉长我们的反应时间，能够 keep the conversation flowing。

我举一个我带国家队选手训练的例子来说明。在英语演讲比赛中有一个评委提问环节，对于很多选手来说，最大的挑战在于如何做出及时的反应，针对评委的提问能够正面回答，并且有理有据。虽说参赛选手绝大多数人遣词造句的能力毋庸置疑，但是仍旧会结结巴巴，或者不知所云，因为现场比赛的压力实在是太大了。

所以我日常的训练计划中会专门练习针对选手的会话策略来练习选手的套路。当评委提问之后，选手需要一些技巧来赢得思考的时间，所以会说：Thank you for your question. 或者是 Well, I've never thought about this question before, but since you asked it, I would like to take this opportunity to explain my viewpoint. 这一段话如果平常多加操练，尤其是对节奏上进行有效的控制，可以至少赢得 3 秒钟以上的思考时间，而这 3 秒钟对于顶尖高手来说，足以思考出一个漂亮的答案。

当然如果是在英语写作中，这样的"废话"一定要避免。因为写作更为强调准确性而不是流利度。

　　不仅如此，会话策略中还有一个 reiteration 的方式我也会用来训练演讲者，即接着提问者的话头，重复并且予以扩展。这也能充分地帮助选手 buying time。比如评委问道：Do you think banning factories from production can help Beijing's air quality?

　　选手可以回答：Thank you for your question. The air pollution in Beijing is indeed a serious issue, and it draws the attention home and abroad. Some of the pollution sources are reportedly coming from heavy industries, such as energy, steel and constructions. And it, as a matter of fact, seriously affacts people's daily life. Some experts propose that banning factories from production, especially in extreme climatic conditions, will help to alliviate the pollution, and I totally agree with it.

　　到此为止都是 conversation strategy 的部分，如果选手能够熟练掌握 reiteration 的技巧，一方面可以赢得思考的时间，另一方面也不会离题千里。大家可以尝试用适中的速度朗读以上一段，大概耗时 10 秒。

　　10 秒足以分出胜负。因为 10 秒钟内选手完全可以积极思考 banning factories 的弊端，随后加以转折：However, banning factories from productions is merely a tentative arrangment. It is not a fundamental solution. When the weather conditions are good, those factories will simply resume their production, and the pollution sources are still there. A long-term plan, including upgrading the eco-friendly business models, technological improvements, government supervisions, urban planning, and so on and so forth, is more vital.

Of course, I know it is always easier said than done.

即便是在正面回应中，也可以运用排比列举的方式来赢得时间。但是这只是策略，不是内功，如果没有足够的语言积淀，即便是使用这些技巧赢得了时间，也很难利用好这短暂的时间来提升语言的流利度。所以下面就要接着说如何练习内功了。

如何练习内功

对于口语学习一定要杜绝单练某一个能力，比如口语单词、口语语法、口语发音、口语思维之类。上文已经分析过，口语需要在非常短的时间内综合运用单词、语法、发音等能力，如果单独练习一种能力，收效是极其小的。这里我给大家介绍四种分组练习，每一组练习都是核心训练口语中的一种以上的能力：

1. 朗读

朗读练习中，因为已经有了现成的文本，则不需要你去思考要讲什么，只需要你把已经成文的内容有节奏地、保持一定语速地、抑扬顿挫地、准确地朗读出来。开始可以慢一些，注重单词的发音，句内的重音、音长停顿、断句等方面，至于朗读有什么功效，可以看"通过朗读能提升口语吗？"一文。

另外需要提醒大家注意的是，朗读不是拿着文本就直接可以练的，一定要有标准音频作为参照。可以选择我录制的夏说英文晨读作为材料，搜索程序直接进入，或者推荐大家选取有声书、名人演讲、新概念课文录音，都可以。只有含有标准音频的文本才是我们练习朗读的文本。其实大学里很多同学都有晨读的习惯，但是仔细分辨便能够看出这个人做的是否专业，即朗读的时候有没有戴耳机。不戴耳机念念叨叨的，那个不叫英语朗读，叫"念经"。这是我坚决反对的。

还需要提醒的是，自己的朗读一定要录音，这个叫作"档案"学习法，通过一定时间录音的积累，你就能看到自己的进步，因为对于绝大多数人来说，没有一个可以量化的进步效果，很多人容易半途放弃。

进阶的朗读训练方法就是"高速朗读"。下文也是我曾经写过的关于高速朗读训练方法的文章，供诸位参考。

高速朗读是超耐受量的听力口语训练方法。

超耐受量：超过你能承受的训练量，运动术语。卓越的运动员每天会进行一定的超耐受量训练，例如百米运动员会做 3 个百米的冲刺折返跑，其目的就是要打破身体对于正常剂量训练导致的边际增长（就是怎么学，发现进步都不是很明显）。怎么学都不进步，往往是因为自己没有对自己下狠手，或者不知道如何才是下狠手的方式，或者下了错误的狠手，自己死了。

本文就是要解释为什么高速朗读可以作为听力口语突破的超耐受量训练。很多人说口语的时候连贯性很差，脑子里会蹦出中文来，然后思考英文的对应，然后将英文单词按照语法顺序排列，最终输出。教学上有两种流派解决这个问题：其一，尽量让你少用母语思考，直接建立目标语言和思维概念之间的关系。看图说话就是这种教学方法的初级版。很多老师推荐使用英英字典，也是这个缘由。其二，大量背诵，形成 chunk（语片），让语片之间组合，减少词之间的语法关系。两种方法皆可行。

高速朗读应该是第二种流派的变体。（此处开始是学术理论支撑，可以略去不看）朗读首先可以在声音和视觉上双重的刺激你大脑的语言区域，而且是交换式刺激，即需要把视觉转化口腔肌肉的运动。当然，这是有前提的，你需要理解朗读文本的基本含义，否则会出现断句的问题。（学术理论部分结束，下面可以开始看了）因而我建议：初期的高速朗读训练一定要有标准的音频文件做参考，标记出升降调、停顿、断句的位置。

文章的意思如果没有理解，那么断句就会出现严重的问题，断句出问题，自然语言的节奏和流畅程度就受到了影响。同理，当朗读断句没有问题之后，就能潜移默化地形成听力能力中的段落感（段落感这个概念太重要了，请做好笔记：你是不是经常听听力的时候感觉是一坨一坨的，然后脑子就是嗡嗡地响。虽然你知道每一个单词的意思，但是无法理解整篇文章的内容。考托福 lecture 部分、雅思 part 4 的同学应该有过这样的感触。这就是你听力能力最缺乏的一种能力，段落感）。记住了，如果你出现了以上的听力症状，按照标准音频来朗读是可以治的，不是绝症，早发现，早治疗。

高速朗读还可以提升你口语表达的流利度。一般来说，高速朗读可以让你很快地学习一些明显而常用的固定搭配，这些常用的固定搭配，比如 as far as I am concerned 之类，在口语表达时不会占用你大脑中的内存，从而可以腾出空间来思考你下面要讲的正经的内容。

很多练习高速朗读的同学会发现，有些时候，脑子里完全不能反应出朗读出的单词中文的意思。哈哈，恭喜你，你的病即将痊愈了。还记得我上文中描述的，中文翻英文，英文翻中文才能理解的流程吗？这种中间环节的省略，可以让你的听力和口语迅速攀升到一个相对自然和流利的状态。

在高速朗读中需要注意一个问题，很多同学读得很流利，但是如果问他这段话讲些什么，他是不清楚的，这就流于形式了。如果发现了这个问题，那么需要慢下来，先重新做好基础工作，再去提升速度。速度的调整需要反复很多次，大家要做好心理准备。

2. 背诵

很多同学也问过我，要不要背《新概念》，或者是我讲解的"夏说英文晨读"的内容是不是背诵下来会比较好。

我的观点是，背诵肯定是有好处的，但是不需要每篇都背，而且背诵最好的方式是：熟读成诵。其实是朗读多遍之后，自然而然记住的，不是刻意的，因为刻意去背诵，记得快，忘得也快，属于 short-term memory，费了力气，但是效果不见得好。背诵最好的驱动力是觉得这篇文章实在优美，用法实在地道，带着美学鉴赏，而非功利运用，这样背诵的效果是最好的。

其次，背诵不需要背全篇，应该是以段为单位，甚至是句，再好的文章也不可能是字字珠玑，所以背诵文章时选篇非常重要。现在我们团队正在酝酿一个新的背诵课程，用英美现代作家的短篇散文精选，配上外教的朗读和中国老师的讲解，供大家背诵之用。

对于如何背诵，可参考"暴虐口语练习方法汇总"一文。

3. 用听力来浸泡

对于口语提升来说，听力效用比阅读效用要大，毕竟口语更多是依靠声音刺激而非视觉刺激。中国同学喜欢下猛药，在听力上搞听写。听写是非常有用的英语学习方式，但是对于口语来说效率偏低，毕竟是听写最后还是落到了纸面上。一篇 500 字的文章听写下来，少则 1 个小时，多则 5 个小时。听到最后听不出来时，还是需要用原文来检查印证。如此这般，还不如一开始就用视听模式，听完之后多朗读几遍，感觉好就背下来，这样 500 字的文章学起来，1 小时就能彻底吃透。

对于听力浸泡的方法，我也把之前写的文章粘贴如下：

大二下学期去英国比赛是我第一次走出国门。那个时候没有 Google Map，也没有智能手机，只凭借出发前组委会发给我的一份文件，就登上了飞机，现在想想还是颇有勇气的。落地之后的最大难题是竟然从海关开始一直到最后回国，很难听懂英国当地人的英语。这让我想起以前《新概念》的一篇课文："Do the English Speak English?"

回国之后我就这个问题还问了老师，老师一笔带过地说，你知道你和 native speaker 的区别了吧，平常我们做的听力练习都是极其标准的，和你讲话的人也都是将你视作 non-native speaker 故意放慢了语速，或者避免使用一些俚语和你交流。后来我为了想出解决这个问题的办法，还专门去查找了一些二语习得的文献，大致有以下几个训练的方式和诸君分享：

如果有了一定基础，平常听力训练尽可能使用正常语速的版本。很多朋友一直用 VOA Special，这样的材料进步的幅度有限。同样，选择听力的材料也要多样化，英语新闻（比如我在喜马拉雅 FM 上的英语新闻节目），在这里推荐两款 APP，一个是 UK Radios，一个是 Radios USA；一个是英式英语，一个是美式英语，内容多样，新闻、文化、体育、娱乐、音乐、艺术，不一而足。网络上还有英国议会辩论、美国的脱口秀，B 站当中还有甚多的纪录片，都是很好的训练材料。

单词量积累到一定程度时，需要利用听觉而非视觉激活自己单词的声音形象。否则就会出现能看懂，但是听不懂，或者是反应不过来的情况。单词声音形象的激活，我采用两种方式：一是多去看一些纪录片，或者可以尝试参加托福或雅思的考试，其中听力部分的强化针对训练还是非常有帮助的；二是可以采用朗读的方式来激活（朗读训练的好处在前文已经提及，此处略过）。

在单词与语法基本过关之后，听力的训练主要是为了加强我们大脑处理声音信息的速度。

听力训练可以按照强度分为几个维度：最强度的训练是听写，这个要求一定要有文本，因为可以对照自己是否听对了。听写主要训练的是两个能力，其一是连读、弱读、失去爆破等语音现象；其二是练习 short-term memory（短时记忆）。STM 在听力中的意义非常大，打一个比方，我们的大脑就好比一台计算机，当我们接受和处理语言信息的时候需要占用大脑中的内存，内存越小，我们处理信息的能力就越弱，而 STM 的训练就是帮助你去增加内存，所以看你的大脑是 8GB 的、64GB 的、32MB 的，还是 8MB 的，直接决定了你大脑处理信息的速度。

听写训练的时候一定要注意：不能听一个词就按暂停，听一篇 300 字的文章要用 1 个小时，这显然没有训练到 STM。要逐步减少暂停的次数，不求一次全部听准并且记录下来，但是反复几次之后，正确率能接近 80% 就差不多了。前段时间川普的就职演说，我就是在看现场直播的同时录音，然后花了 40 多分钟就全部听打出来了，当然川普的讲话内容的确过于简单了。

次于听写训练强度的就是精听。精听也是需要动笔的，而且也可以反复做几遍。只不过精听动笔的时候是要记笔记，而不是逐词逐句记录。从这不难看出，精听主要训练的，除了 STM 以外，更重视的是对于听力材料逻辑的把控。托福听力考试中这一点就非常看重。逻辑对于阅读和听力来讲都是非常重要的。这里的逻辑，并不是哲学层面的逻辑，不需要有严格的论证范式，而是指材料是如何展开观点的，如何组织论据的。因为一旦培养出逻辑能力，我们就可以半听半猜地去听了。于此，我们又可以得出精听的一个训练要点：prediction（预测能力），即听完上半句可以猜下半句的能力。预测的能力可以帮助我们先于讲话者，构建出一个语义场，这个语义场有可能是对的，也有可能是错的，但这都不是重要的，重要的是我们的听力节奏不是总慢讲话者半拍，这样也给我们的大脑赢得了信息处理的时间。精听之后，还可以增加一些复述的练习，这样同时可以锻炼口语的表达。

不管是友邻优课的课程，还是我在喜马拉雅上的免费节目，我们所有老师始终都在默默地做一件事，提供原文的朗读版本。这件事情做起来很累，但特别希望各位同学能够全面地运用我们的材料，来进行听写或者精听的训练。

强度相对低的听力训练就是泛听。泛听将精听刻意训练的结果应用在日常之中，所以虽然不需要动笔做笔记，但还是要不断地强化 prediction 的能力训练。同时，泛听还要关注额外增加的技能：(1) 语料背景知识的储备。这个理解起来没有任何难度，我们熟悉的话题，听起来自然轻松许多，占用我们大脑内存的比例就低，相反我们陌生的话题就需要使用更多的内存。这也是友邻优课和夏读英文晨读的很多小伙伴普遍反映在考试中遇到了听过的相似话题，解题准确率迅速攀升的原因。(2) 帮我们理解语音中的重音位置与语义的关系。这点又要说回朗读和口语，很多同学英语发音练了许久，但是进步特别缓慢的原因就在于他们仅仅练习的是单词，是音标，而忽略了单词在句子中重音的位置。很多单词在真实语境中基本上是听不到的，并不是仅仅因为连读、弱读的语音现象，更多是因为句子的逻辑重音不在这个单词身上。逻辑重音掌握得好，就好比是计算机在处理信息时只抓取最重要的几个字节，这样占用内存的空间就小，处理信息的速度也就更快了。对于逻辑重音的考查，雅思听力就做得非常好，那些让你填空的单词，基本上都是逻辑重音的单词，所以我也建议大家如果要单独训练逻辑重音的话，雅思也是不错的材料。

对于泛听还要提醒一点，很多同学在看美剧或者纪录片时，经常需要字幕，这个拐杖用顺手了就容易产生依赖感，自然就没有训练到听力应该训练的内容。如同学习游泳，一直套着救生圈，那一辈子也学不会。与其过去 5 年每次懊悔自己听力不好，不如痛下决心，甩开拐棍，练上一段时间。

对于听写、精听、泛听比例上的分配，初期需要在听写和精听上用力，在 STM 和 prediction 上增加自己的听力内存。有了一定基础之后，要逐步过渡到泛听上，进入实战的阶段。

前几天见了一个多年前的学生，在加州理工读电气工程的博士，他的导师是一个印度人，我开玩笑地说，那你听课可要费点劲啊。他回我，岂止费劲，一开始就是鸡同鸭讲，在他手下读了 3 年，现在毫无压力。是啊，其实听写、精听、泛听的分类，最终还是要为了泛听服务。这学生命不好，没有经过太多听写、精听的训练，充其量就是考过托福听力。他属于一脚被踢进了海里，最后学会了狗刨。

方法只能增加效率，但是最终还是胆识与命运。

想起我自己 10 多年前第一次走出国门的经历，现在觉得自己当时还是胆子够肥，在没有任何智能手机的帮助下，自己找了比赛驻地，稀里糊涂地比完了比赛。2017 年伦敦商学院邀我做他们北京课程模块的客座讲师，和我电话沟通的是一个土耳其裔的教授，他的口音还是很重的，幸好这么多年的时间我还是足够精进，虽然听懂他的英语还是费了些力气，但基本上可以做到谈笑风生，我们对中国创业、人民币政策、英国脱欧等问题展开了充分友好的交流。所以对于听力问题，不仅诸君觉得困难，我也同样觉得困难，但是觉得困难没有用，关键是要迎难而上。

现在英语听力材料更多，获得也更方便。我推荐两个来源：1. 纪录片；2. YouTube。如何使用这两个资料工具，我之前也写过一篇文章，给大家看：

我不看电视有 20 多年，中学时爹妈看得紧不让看，上了大学，寝室条件差，没有电视看，只能跑到英语系的计算机室，从里面下纪录片和电影看，从此一发不可收拾。以前还很辛苦的在 BT 上找种子，自从有了 B 站，我就彻底成为它的重度用户，深陷其中而不能自拔，简直是学英语的天堂。所以这篇文章的方法论我以 B 站举例。

B 站的纪录片隐藏得比较深，在主页面上是看不到的，你要先进入分区里面找科技这个版块。

点击进入之后，就可以看到各种各样的纪录片。纪录片中各个语种都有，选英文的就好。后面的标签大家也可以自己试着点，比如机械类的我也非常喜欢看，因为原来有 Jeremy Clarkson 主持的 *The Top Gear*，当然现在仍然有他的 *The Grand Tour*。进入纪录片的天下之后，你突然会发现生活的世界非常有趣，英语也不再是一门你要参加的考试，而是可以作为你知晓世界的工具。

B 站的黑话中，"生肉"代表没有字幕翻译的片子，"熟肉"代表已经有字幕组翻译处理的。对于基础一般的同学，可以从"熟肉"看起，但是可千万不要停留在"熟肉"的阶段，要敢于啃"生肉"，不能完全看懂也没有关系，因为我也不能完全看懂。关键是为了找一个感觉。

B 站还有一个好处是可以缓存。在有 Wi-Fi 的地方下载好，出门之后你的手机就是你自己的世界，没有人能在我的 BGM 里战胜我，大致讲的就是这个意思。管他周遭如何嘈杂，只要手机有电，有耳机，就可以完全构建自己的精神世界。

当然，A 站也很好。

资源介绍到这里，我再分享通过纪录片学英语的方法。

（1）首先要找到自己喜欢类型的片子。你这次终于可以做主，再也不用被动地去学那些自己根本不感兴趣的内容了。纪录片包罗万象，我保证你如果作为一个对生活还有追求的人，就一定能找到喜欢的类型。用纪录片学英文是最不苦大仇深的方法，也比其他英语学习方法有优势。

（2）如果是"熟肉"，建议反复多次地看，不要只看一遍就算了。把其中的查一查、背一背，然后跟着片子中的解说做 shadowing，shadowing 就是不停机地跟读，慢于解说词一秒钟的样子，跟住。跟不住就按暂停，歇口气再跟。来个 20 遍以上吧，到最后非常熟练的时候，跑步机上也可以跟，地铁上也可以跟，充分利用了碎片时间。而且 shadowing 效果非常明显，如果跟下 10 部左右的片子，看其他纪录片的时候会轻松得多。这个训练的周期半年左右就可以见到特别明显的效果。到这儿，我估计很多泡 B 站的同学肯定会说：早看到这篇文章就好了，在 B 站三年有余，全去看弹幕和发弹幕了（记得学习的时候把弹幕关掉）。

（3）如果是"生肉"，基础一般的同学我不建议一上去就看这类的片子，毕竟会增加畏难情绪，因为对于很多我不熟悉的题材的纪录片的"生肉"，我也只能看懂个 80%，其余都要连蒙带猜。对于"生肉"我建议是能看多少看多少，如果特别喜欢这个题材，可以在 B 站搜一搜类似的来做一个补充，实在找不到就把这个片子收藏起来，正好也是衡量自己英语水平是否进步的标准。

还有一个方法就是去 YouTube 找这个片子的资源，然后点开字幕功能，有些片子是原生字幕，有些是一群爱好者听打翻译上去的，最不济，YouTube 的语音识别的技术非常强大，几乎可以完全地把字幕还原出来，也算是一个辅助的功能。

我给了诸君一个大肆刷 B 站的理由。希望你把自己喜欢的纪录片刷了 20 遍以后，发一个弹幕：小传读者前来报到。我会在屏幕后默默地看着，感到无比地欣慰。

4. 实战原则

以上 3 种方法都是备战时使用的，但是落到实处，就需要亲自拿活人练手。和外国人交谈时心里默念以下几个法则：

（1）语法、句型、单词、发音，统统不重要。流利是第一位的，传递信息是第一位的，可以手舞足蹈，可以不断说：You know what I mean?

（2）放松，不要紧张。对方知道英语不是你的母语，不会苛责你，就好比我们看到一个老外讲中文一样。

（3）提问能力往往更重要。如果你不会长篇大论，那么就需要对方长篇大论，提问是一个很好的策略，权当活人练听力了。

（4）把你的中文变简单些，比用英文来翻译你复杂的思想要容易得多。

B27　再见，英语发音

我从小学英语的时候，一开始是我父亲拿着课本磁带教我，甚至为了让我学英语，买了一台录像机，录制英语学习节目让我看，最后以亲戚的一句点评——农民英语——而告终。也幸好随后他送我去省城贵阳学习英语，我的启蒙老师 Mr. Wang 和迅公两位老师发音都地道漂亮，恰好我还在 critical period（关键时期）之内，加上迅公教学得法，我也自身努力，为发音打下了基础，至此也没有为英语发音烦恼过。主要的方法是：听—朗读—录音—比对，本文的目的是将朗读模仿的流程更加明晰化，供诸君实操。

语音学主要将发音分成两大部分：segmental aspect（切分音素）和 suprasegmental aspect（超切分音素）。这也对应着语音训练的两个环节，一个是 48 个音标的单音训练；另一个是词、句、重读、连读、弱读、节奏、语调等训练。

我推荐两本相对比较系统的语音教材，这两本我都用过，也教过，很多老师也推荐过，估计大家也都听说过。一本是《剑桥国际英语语音教程》，适合英式英语的学习。另一本是《美语发音秘诀》，适合美式英语的训练。

很多人会问，到底要不要系统地学习音标？答案仁者见仁智者见智，我自己是学过音标的，但是不系统。学过音标的意思是，我知道每个音标大致怎么读，但是我不清楚每个音标到底舌位、唇形等怎么摆弄。给学生教语音课时，我也没有刻意在这方面留意，只是要求学生反复跟读，不求一定发对，但要尽其所能，最终按照音标能够大致读出这个词的发音即可。

现在的字典基本上都配有发音，所以也不必太大费周章。音标学习现在的意义在于能够视觉化每个单词的发音，而并非如过去一样，必须通过音标才知道这个单词如何发音。

除了音标以外，词、句、重读、连读、弱读、节奏、语调等这些超切分音素都需要好好训练一番。在我看来，音标的训练能不能达到完美很多时候是看天赋和年龄，而超切分音素是完全可以后天通过训练来提升的，而且这些训练对于英语整体的发音提升帮助甚至比仅仅练习音标要来得迅速和简单。不仅如此，超切分音素的训练对于听力的帮助也非常大，这也是为什么很多听力老师上课时不厌其烦地强调语音异化的现象的原因。试着举一例，最近我在暴虐晨读版上录的新闻——《汇丰银行未雨绸缪》中有一句话：

HSBC became the first big bank to unveil plans to relocate London—based employees after Britain leaves the EU.

大家可以自己试着先朗读一下，然后听一下我在暴虐晨读版中的讲解，包括两个部分，即切分音素和超切分音素。听完之后会发现，这个句子我在处理的时候，有很多的超切分音素的运用。

H^SBC becAme the fIrst big bAnk to unvEIl plAns to relocAte London-bAsed（t）employEEs ‖ after Britain lEAves the EU.

^表示连读，因为/h/的尾音是/tʃ/，而 s 的第一个音是/ɛ/，所以此处要连读

A：大写字母表示重读音节，例如 becAme, fIrst

the：灰色单词或音节表示弱读

fIrst：下划线代表失去爆破

London-based（t）：s 之后的 d 要变成清辅音 t

‖：停顿或断句

通过上面的句子，诸君应该明白，英语发音中，整体效用远远比个体效用要大。整体效用就是超切分音素，个体结构是切分音素。在练习的过程中，我们应该从局部到整体，最后不断在整体上用力。

也是基于这个原因和我本人自己学习的经历，当时喜马拉雅外语频道邀请我开设收费语音课程的时候，我毫不犹豫地开设了暴虐晨读版。其实暴虐晨读版没有太多的技术含量，完全是体力活，我录音是体力活，同学们练习也是体力活，就是往死里练，无他。

对于年龄偏大和天赋都一般的同学，如果想练好发音，一定要从音标迅速过渡到超切分音素。至于练习的方法就是：没有方法。勤、劳、苦、耐四字为要。

当然，写文章要扣题目，为什么叫作"再见，英语发音"呢？因为超切分音素的训练真正的本质是你对句子内容的理解。如果不能理解句子的含义，自然无法掌握重读和弱读的位置，因为重读与弱读本就没有语音规则，完全是按照句子的语义来确定的。句子的停顿、节奏、语调是和句子的断句有关，自然也是语法和语义所决定的。所以，很多同学认为自己发音不好，其实，恕我直言，并不是发音不好，是英语整体都不怎么好。

所谓再见，就是别把发音作为核心的训练，把音标当成高山；

所谓再见，就是别总想找到发音的窍门，而忽略了勤、劳、苦、耐；

所谓再见，就是别总因为发音不好听，而放弃了口语其他技能的训练；

所谓再见，就是别本末倒置，而忽视了阅读、听力、写作、翻译。

我有时在想，如果我的英语发音不好，会不会像现在一样很自信地使用英语？我不敢打包票，即便我说我会自信的，诸君也不相信，其实连我自己也不相信。但是当我遇见很多发音普通，但是口语流利、写作漂亮的老师时，我还是由衷地敬佩他们，他们将英语看作了一个整体，并且在更雄伟的高峰上挺拔地站立着，让我仰望。

B28　口语不好，那也要说啊

我自己在英语口语上不能说学得有多好，最多算是够用，也从来没有因为这个问题犯难过，可能是我天生喜欢讲话，属于那种不让我讲话我就能憋死的那种人。最近团队里的小伙伴还说，夏老师这么忙，很多课就不要亲自上了，学费又不贵，还赚不到钱。王老板说，还是让夏老师上课吧，他就是想过瘾。

所以对于口语问题，我想用一个比较全面和系统的方式来给出解决方法。

首先，性格上要做一个转变，主要是口语表达中的自信。说对说错，都要敢于说。我读书时上口译课，曹建新教授给我们的第一个要求是敢于翻译，不要迟滞，不需吹毛求疵，因为口译不是笔译，不是摆开阵势来两军对垒，手中还可以有词典来助阵，口译讲究运动中作战，在战争中学习战争，在战后反思用兵。口语也是一个道理，如果没有自信，再多的训练都是无用的。

如何建立口语表达的自信呢？

中国文化中始终提倡要韬光养晦，这一点没错；同样，《论语》也说：巧言令色，鲜矣仁。这也是中国文化中"沉默是金"的大致成因。但与此同时，我们忽略了孔子也说过"当仁不让"的观点，平时可以"温良恭俭让"，但关键时刻要能顶上去，这才是君子之风。君子的对立面是小人，是乡愿。

《论语·子路》：子贡问曰："乡人皆好之，何如？"子曰：

"未可也。""乡人皆恶之，何如？"子曰："未可也。不如乡人之善者好之，其不善者恶之。"

大致翻译一下：

子贡问：十里八乡的人都说此人很好，这个人咋样？

孔子说：不一定好。

子贡又问：那如果十里八乡的人都讨厌这个人，这个人咋样？

孔子说：不见得坏。（最优秀的人）应该是十里八乡中的好人都喜欢的，恶人都讨厌的那种人。

我们有时太在乎别人的评价，以至于我们忘记了是谁在评价我们，他们是否有资格评价我们。学生时代英语课上，老师让同学起来用口语做 presentation，大家都闷着脑袋，其中有一人起立回答，如果语音不甚标准，也不流利，众人讪笑之：丢人现眼，抢风头，刷存在感。如果此人回答流利，应对自如，众人仍讪笑之：有什么了不起？抢风头，刷存在感。

如此看来，你讲好讲坏，这并不是他们讪笑你的原因。他们讪笑你是因为你做了一件他们想做但是做不了的事情，你让他们很没有面子。这就是乡愿：自己不行，但是坚决不能让别人比我行。

何为君子？君子就是你们行，你们来；你们不行，我来。

所以练口语的自信的起点就是不要在乎别人如何评价你讲得好还是不好。别人讲得好，我们认真听；别人讲得不好，我们也给予鼓励。轮到我们要讲的时候，别人怎么说，已经不重要了。

建立自信的第二种思考：不是你非要讲，而是别人要听。北京东景缘（Temple）的创始人是我们现在商业上的合作伙伴Juan，我们都叫他老温，老温是比利时人，家里是欧洲的名门望族，来中国就是因为喜欢中国文化，花钱修了个庙，不小心修成了北京第一。

老温的英语挺溜的，虽然有着法语口音，但是交流一点障碍都没有。但老温每次和我聊事儿，永远用中文，他那个中文能把你急死，慢慢吞吞，讲一半留一半，然后问我，你明白我的意思吗？我多少次为了谈话的效率转成英语和他聊，他跟我说英语不到5分钟，又回到中文模式。

这其实就是跨文化交际中强调的文化自信。国人觉得英语必须讲得溜才能出去讲，讲出中国味儿就不是好英语。外国人觉得讲英语是为了交流，不是为了叫板，讲得再差劲，那不是为了交流嘛。说者无意，听者有心，水平高的就将就将就水平差的，大家不都是为了聊天嘛。老温即使知道自己中文讲得不好，但他也讲，文化自信在，毕竟修过庙。

建立自信的第三种思考：讲错不是因为你讲或者不讲，反正都是错，因为语言使用的错误和语言输出的关系远远弱于和语言输入的关系。解决口语不好的方式不在于多说少说，而在于多看多听。如果阅读和听力没有显著的提升，输出的错误很难避免。所以可以这么理解，如果你不读英语书，不听英语新闻，自己英语水平止步不前，那么你的口语就是这个样子，与其憋着，不如索性去说。或者，闷头读书，修炼内功，再去一鸣惊人。换言之，如果口语不好的人，排除他沉默寡言的性格以外，其实他在阅读和听力的输入量是远远不够的。

口语不好，那也要说啊，因为口语不好和沉默是金之间没有什么必然关系。

精彩总在自己这里。

B29 一篇文章搞定英语口音到底是不是骗子

在了解了英音和美音的部分区别后，诸君可能还有一个问题：到底应该选择什么材料进行模仿，是不是模仿的材料越多，语音就越好呢？

首先，并不需要模仿很多材料，给大家推荐一个网站，International Dialects of English Archive 的官方网站，其中记录着全世界各地的人讲英语的口音，而为了更方便做语料处理，语音学家弄了一篇文章叫作"Comma Gets a Cure"，这篇文章中涵盖了很广泛的语音元素，也就是说，如果你想练习语音，这篇文章大概就足够了。

我会分享给大家美音、英音男女生总共 4 个版本的资料供大家选择（关注公众号"教书匠小夏"，回复"语音训练七步法"，即可获得练习的音频和文字资料），你只需要按照你的性别，选择对应的你喜欢的口音进行高强度不怕死的训练就可以了。

但请不要直接看资料，因为还有更关键的事情要交代：到底有哪些工具，还有哪些步骤需要我们去做，来完成这个高强度不怕死的训练。

第一步，将这篇文章打印出来，纸和字都要大一些，这样便于你在上面做记号，而且为了之后练得省事，就一次打印个 50 张吧。

第二步，把不会的生词都查出来，搞懂意思，弄清楚发音，

164

如果音标水平不错的同学可以自行拼读，薄弱一点的同学用有声词典，例如有道。

第三步，我们需要一个复读机，或者是复读 APP。这里我推荐我的好朋友许卫华老师开发的：朗易复读机。我下载了很多复读机 APP 做过比较，许老师做的还是最靠谱的，但是收费版，18块。即便是熟人，我也花钱买了。

利用其中"AB 打点功能"根据自己的水平断句练习。这一轮不需要做到惟妙惟肖，只用做到自己朗读的速度和原声一致就可以。

右下角有一个麦克风的图标，点击之后可以录音。可以比对你自己的声音和原音。

练到什么程度可以算告一个段落呢？你能把这篇文章一字不差地、很流利地、不假思索地背下来。

B30 英语怼人与反怼大全

我们聊一聊口语。

首先澄清一个概念：不是用嘴讲出来的英语都是 spoken English。

所谓口语其实包含了很多不一样的题材，比如日常会话、商务会谈、演讲、辩论等，不同题材也就自然意味着有不一样的要求，以及不尽相同的学习方法，当然也意味着不一样的难度。

我们先从日常会话的角度进行切入，日后再逐步来谈后续。

日常口语第一需要的是单词，但不是很难的单词，反而是小词大用，小词活用。

第二注重的是在表达过程中情绪的运用。人在接收信息时，有 80% 的信息不是通过内容来传递的，而是通过声量、音调、手势、表情等来传递的。

第三注重的是，除了陈述事实的语句之外，例如 "This is a table." 之类，我们的日常会话的目的是沟通，要学会用修辞。

基于以上三点不难看出，仅仅靠背单词，日常会话是练不好的；仅仅是背课文、背句型，日常会话是练不好的；仅仅是学语法、学俚语，日常会话还是学不好。那么我们应该如何学？

回答很简单：放在实际的语境中学。

我从怼人这个角度来举例说明日常会话怎么学。怼人，就是实际的语境，因为我们时常需要去怼那些欠怼的人。不仅如此，我们需要用我们最擅长的方式、最舒服的姿势去怼他们，怼到他们无话可说。看招：

场景：你很丑。如果我们仅仅是说"you are ugly"，词没有用活，情绪没有调动，而且只是一个陈述，伤害力太有限了。不如这样说：

如果一个人整天自拍（take selfies），而且觉得自己好美，朋友圈天天晒（以上都是语境），你可以这么说"Your face is made for radio."。

字面含义就是，你的脸只能上电台。只能出声，不能看。这里所有的词都是我们学过的小词，但是很少会把这几个词组合在一起，这就是我说的小词活用。讲这句话的情绪应该是平淡不经的，face 和 radio 两个单词自然浮现在句子里就是重音，传情达意，一步到位。而且这不是一个陈述事实，而是一种反讽，沟通的信息非常明确，我就是要怼你。

还可以说：Ah, I understand—you fell out of the ugly tree and hit every branch on the way down.

字面含义是：我懂了，你从一棵破树上摔下来，一路上刮到了所有的树杈。

每一个词都是小词，但是很少我们会这么组合，这就是小词活用。

fell out of the ugly tree 是情绪的铺垫，hit every branch on the way down 才是宣泄。树有多丑，你就有多丑。

这是一个想象力极其丰富的句子，用了夸张和暗喻，这是沟通。

如果我们说一个人胖，我们除了说"You are fat"之外，我们还可以说：

1. You must have to roll over more than a few times to get an

even tan. （一般人晒太阳翻一次身就晒全了，你要翻好几次。）

2. If you weighed five more pounds, you could get group insurance. 再胖几斤，你买保险就可以买团队保险了。（一个人的重量顶上别人好几个。）

3. The only thing you can fit into at the Gap is the dressing room. （Gap 美国的服装品牌，以宽松舒适为卖点，fit into 合身，dressing room 试衣间。除了能进试衣间，什么衣服都穿不进去。）

当然，如果别人这么怼我，因为我最近也胖了，我仍然会用相似的方式怼回去！例如：

Did you ever have boobs? （这一条我说没有说服力，且如果对方是男性，这句话的杀伤力也不够大，但如果是两个女生，这基本上可以用了，但是如果对方真的有 boobs，幸好还有下面的句子）：

If you were drowning, I'd totally toss you a Cheerio. （溺水不用救生圈，一个麦片圈就足以。不明白的可以搜索一下 Cheerio 的图片。）

You must use a Band-Aid as a maxi pad and chapstick for deordorant. （Band-Aid 是创可贴，maxi pad 卫生巾，用创可贴当卫生巾；chapstick 是润唇膏，deordorant 是除臭膏，不明白的可以搜索一下 deordorant 的图片。）

接着我就不解释直接开挂了，不太理解的可以用搜索引擎搜索。

Stupid：

I don't know what makes you so dumb, but it really works.

If brain were taxed, you'd get a rebate.

Don't get lost in thought—it's unfamiliar territory.

You're so dumb, blondes tell jokes about you.

If you were any smarter, I could teach you to fetch.

I wish I were as smart as you think you are.

Good thing you're not letting your education get in the way of your ignorance.

Smarty-pants：（自作聪明的人，可以用作对上文的反击）

It's lonely at the top, isn't it?

Making other people feel stupid doesn't make you seem smarter.

Do you have to work that hard to be a jerk, or does it just come naturally?

Since your personality acts as a birth control device, you must save lots of money on condoms.

When someone first meets you, they don't like you. But when they get to know you better, they hate you.

You're not even beneath my contempt.

You're the reason God created the middle finger. (这句太赞!)

Your father should have pulled out. (虚拟语气最佳例句)

When you take Viagra, do you get taller? (赞!)

……

还有太多，我就不写了，希望你记住两点：

1. 日常会话需要在语境中学习，才能把小词用活，表达情绪，沟通观点；

2. 不要惹我，我已经很克制了。

其实以上都源自一本书，*Insults & Comebacks*，如果当年的《英语 900 句》都写的是这些，估计大家背起来、用起来，早就自如得不得了了。

学会这一套，祝你怼人开心。

B31 学会 10 句俚语，达到英语自由沟通

我承认我是一个标题党，写这篇文章的目的就是要告诉大家，学会再多的俚语，也达不到英语自由沟通。但是俚语仍旧是要学的，而且我在下文中会仔细讲讲怎么学俚语。

什么是俚语？俚语叫作 slang，我查了 *Oxford Dictionary of English*，并没有查出这个词的来源，但是字典中对于这个词的定义倒是能给我们非常多的启示。

大家注意一下 slang 定义中的几个重要词：

regarded as very informal

more common in speech than writing

restricted to a particular context or group of people

首先，俚语是非常不正式的（very informal），所以俚语的使用场合非常重要，否则会给人 out of place 的感觉。

其次，俚语在口语中的使用比在书面语中更加常见（more common in speech than writing）。换言之，学习俚语是可以帮助提升口语水平的，但无法提升写作水平。

最后，俚语的使用有着特定的语境，而且是在特定的人群中使用。所以如果你是想很好地融入一个群体，掌握俚语还是有帮助的，但是如果你掌握的俚语和你想融入的群体不一致时，效果是适得其反的。我们一起来看下面这张截图，来自 *Dictionary of American Slang* 这本书的前言部分。

Recorded slang emerged from the special languages of subcultures. The group studied longest and most persistently has been the criminal underworld and the prison population. Other subcultures contributing greatly have been those of athletes and their fans, cowboys, drug (narcotics) users, entertainers (show business), gamblers, gypsies, hoboes, immigrant or ethnic populations, jazz musicians and devotees, police, railroad and other transportation workers, sailors, soldiers, and, of course, students.

这里有一个很有意思的概念叫作 subculture，中文称作亚文化，或者叫边缘文化。大家如果感兴趣亚文化，可以去关注一个公众号：公路商店。而俚语亚文化最持久的来源便是：criminal underworld and prison population（犯罪暗黑势力以及监狱人群）。Yo, homie, ya know wat I ma talkin about. 其实俚语对于他们来说是一种身份识别标志，类似天王盖地虎，宝塔镇河妖。

讲完俚语的背景之后，来谈谈学俚语的好处和坏处，先说好处，然后提醒大家一些应该注意的地方。

学俚语的三大好处：

1. 可以炫耀，从而增加学习的动力。炫耀一直是人类学习新知的某一种动力，虽然这种动力的持续效果不强，而且如果遇到比自己厉害的高手容易被完虐，但是我不能否认很多人就是因为一开始学了俚语，形成了炫耀心理，最后英语走上了康庄道。就像我前文所说，俚语本身就是一种亚文化的产物，有非常强烈的身份意识。

2. 可以了解语言背后的文化，从而从更深层次掌握语言的思维。比如，stick a fork in someone 表示这个人失败或者是完蛋了，这个俚语的来源是法国厨师在上菜之前要把叉子插进烤肉中试试肉是不是熟了。Please stick a fork in me. I'm done.（这活儿我不干了。)

3. 可以用非常简短的方式来生动形象地描述事物或情感。比如，如果我们说这个东西非常贵，我们可以说："It costs me an arm and a leg."。

当然学俚语也要注意以下几个方面：

1. 俚语有很强的时效性与地域性。比如我们小时候学的"It rains cats and dogs"，表示瓢泼大雨。大学的时候我上外教课，当天正好下瓢泼大雨，真是好雨知时节啊。我和外教说了下猫下狗的说法，外教回我：What did you say? You mean it is raining heavily... I think my great grandmother would perhaps speak such English.

这个是来自 *Urban Dictionary* 的定义，有四种来源，第一种是17 世纪英国下暴雨，发大水，街上出现了很多死猫死狗；第二种是希腊语中"不经常发生的事情"，它的发音和英语的 cats and dogs 很相近；第三种说是法语来源，法语中瀑布 catadoupe 和 cats and dogs 很接近；第四种说法也是其他字典中比较常见的，就是北欧的神话故事，狗是雷神，猫是雨神。但不管怎么说，这个 slang 并没有一直走红到今天，所以也慢慢脱离了语境。现在大家说大雨滂沱更多会说是 downpour。

2. 使用俚语要注意场合和使用频率。俚语的使用其实有点抖机灵的意思，而越是高级的英语表达，越是强调克制，机灵抖多了，别人也会觉得奇怪。我大学毕业时进入了南京新东方工作，部门里有一个外教，他极有语言天赋，南京话说得非常地道，而且可以连续不断地使用很多南京本地的俚语，比如一比吊糟、黑漆麻乌、小杆子、潘西、甩的一笔。他偶尔用用且用对场合的时候，我们中国同人都送去佩服的眼神，但是他故意要宝，连续使用多个俚语，已经超出了南京老城南的俚语密度时，我们总觉得他不要太二五郎当，把马桶盖子都掀翻的了。

3. 俚语要学，但是不能当饭吃。俚语有点像佐餐的辣椒酱，放一点开胃爽口，全吃辣椒酱，肯定是脑子有问题。因为俚语能够使用的场合非常有限，与其花时间去记这些俚语，不如去记一些最常见的单词和表达，这样学习的效率是最高的。

最后回答一个问题：如果想学俚语从哪里学，以及怎么学？

1. 从哪里学：美剧和电影是非常不错的来源，更为重要的是，你能够感受到是什么样的角色在什么样的语境之下使用了这个俚语；不建议你跟着中国老师学，比如我作为一个负责任的中国英语老师，我就很少教俚语，因为我根本把握不准这个俚语是在什么情景下使用的细微差别。特别怕教给学生类似 "It rains cats and dogs." 这样的过时表达。

2. 再推荐一个字典 APP，叫作 *Urban Dictionary*。

B32　暴虐口语练习方法汇总

选一个适合你的方法，所谓适合不是你学起来最舒服的方式，最舒服的方式一定是躺着不学。

如果阅读、听力、写作三项都齐头并进，但是口语还是止步不前，应当如何？

我这里把学界已经有了共识的口语训练方法加上几倍的量级分享给大家，其目的就是一个字——虐。

丘吉尔含石子儿练吐字，后续有人建议是用糖果，据说最早的版本是，古罗马的西塞罗是这么干的。我个人不是特别建议这样做，因为容易呛入气道，引起窒息，很危险。别问我是怎么知道的。

第一个口语练习的方式是熟读成诵。大家一提到背诵总是问要不要背课文，课文毕竟太短，背起来没有难度，要背就要背 es-says，之前我推荐过一本 *The Oxford Book of Essays*，有些类似中国的《古文观止》，如果诸君想从背诵的路径上提升口语，我觉得此书甚好。

背诵其实锻炼两个方面的能力：其一是 chunk，其二是语感与审美。chunk 的功能在于说英语的时候不是一个单词一个单词地往外蹦，而是一串一串地说。对于语感和审美，听上去比较虚，说到底就是当你再看到一篇好文章时，你会不自主地想把它背诵下来，或者你一眼看去，会看到很多别人看不到的好句子，语言的敏感性被培养起来之后，其进步的速度简直吓人。

第二个方法是无错版背诵。这是我大三的时候排演莎士比亚戏剧得来的感受。莎剧中有大量的独白（soliloquy），需要一个贯口下来，中间没有任何的错误。

无错版的练习方式如下：1. 制定一个背诵的遍数，比如 500 遍，拿出一个小本子开始画"正"字儿；2. 如果从头到尾没有错误，就算一遍，如果错了这遍不算，这遍重来。

如果你想玩得再刺激点，还可以进一步升级难度，比如一次背 10 遍，中间任何一遍错了的话，清零，从头来过。

这样训练的目的是提升你的专注力，以及直面克服困难的能力，从而建立语言自信。专注力练好了之后，听力也好，口语也罢，便可以非常轻松地提升了，其实就是唤起了你大脑中沉睡的内存，让你大脑的运算速度增加。直面困难，建立自信也非常重要，很多同学在讲口语时，遇到某一个词，会习惯性地卡顿，并不是他没有掌握这个词，而是头脑中有一个暗示，这个词很难，我不会。无错版就是要击穿困难，让头脑中充满正确的暗示，利用无错版的训练，可以帮助大家建立自信。

相声演员练活儿其中一个就是练贯口。"报菜名""地理图""八扇屏"都是必修的功课。两个人穿个大褂上台就能赚钱，不是光靠一句"我是你爸爸"就能糊弄观众的，背后都是本事。

第三个方法是自言自语（monologue）。自己和自己说英语，一人分裂成几个角色，相互对话，或者是根据一个话题自己和自己说。学界管这个训练方法叫 think aloud，把你脑子里的声音用嘴讲出来。训练的材料可以用雅思或者托福的口语话题。练习的时候最好将自己的声音录下，然后重复去听自己的问题，再按照同一话题，多次反复练习，直至流利。但是这个训练最大的弊端就是：缺少输入，并且输出的质量无法监控。没有质量监控的训练说到底略有扯淡。

如果需要输出质量的监控有两种方法，一种叫作档案法（learning profile），另一个就是请老师给你 feedback。这里我大概叙述一下档案法的操作：1. 将自己每一次 monologue 都进行录音并且存档；2. 在 monologue 训练的同时，要进行大规模、高剂量的输入，不管是阅读还是听力；3. 相隔一段时间后，可以把之前的录音拿出来再听，看看自己能不能听出自己的问题；4. 档案法至少需要 1 年以上的跟踪记录才能够有明显的进步感受。

档案法对于学霸同学非常实用，对于学渣，一点招儿都没有。因为档案法本质上是自我学习管理和监控。学霸同学有这个基因和习惯进行自我学习的管理与监控，而学渣完全没有。学渣的本质就是懒而且固执，因为他们认为自己英语学不好，不是懒的问题，他们觉得是方法问题。

第四个方法就是出国。英美澳加有很多暑期短期课程，价格尚在合理范围之内，签证也不是很困难。这个比拎瓶啤酒去酒吧找老外搭讪靠谱得多。

第五个方法就是在国内抓住一切说口语的机会。如果你现在是学生，而且正好有口语课，记得站起来说，尤其是大家都不举手的时候，你一定要抓住机会。教育资源本就难以公平，我出生在贵州，我对这个教育资源的问题有着最切肤而直观的认知，你不去抓住机会，就要最后和一大群人挤独木桥，而真正的高手是在挤独木桥之前就已经抓住一切机会长出了翅膀。

最适合的方式意味着学得最有效果，而效果这件事又需要时间。所以真正的学霸一方面能够找出管理自己学习的窍门，另一方面他们也有足够的耐心，更关键的是，他们属于"听人劝，吃饱饭"那类人。

B33 通过朗读能提升口语吗？

之前有读者问，通过朗读到底能不能提升自己的口语语音呢？

我用我自己做一个例子。2015 年 4 月 1 日，我们开始做夏说英文，我对自己和团队的老师们有一个要求：要把当日讲解的文章做一遍示范性质的朗读。一来是为了给同学们树立一个模仿的标准，二来是为了展现一下整个教师团队的水平。前者很好理解，后者我给诸位解释一下。

1. 首先能将文章正确、通顺地朗读的老师，水平一般都不差，因为朗读是一个人英语综合实力很好的炼金石，在语音、节奏、语义方面能全面反映一个人的水平。

2. 市面上的老师鱼龙混杂，有包装出来的，有单项能力很强的，但是我想聘请的老师是英语综合能力全面的专业人士，所以他们不仅能把文章讲得活灵活现，而且口语和语音也是出类拔萃的。

但是这件事其实也是蛮难为我们自己的。因为讲解文章的时候用的是中文解释英文，中文所占的比例还是很高的，所以能做到行云流水并不难，尤其是对于我们这些教龄都在 10 年以上的老师来说。反之，英语朗读这件事却不那么容易，毕竟是要给学生做范例的，生怕哪个音没有读好，反反复复录制 20 多遍是常有的事情，至少我自己是这样的。

后来我又在喜马拉雅 FM 上开设免费的晨读课，这门课更是强调语音的一门课，所以每个星期陡增了很多困难，要兼顾到重音、节奏、速度等诸多方面。一个星期的晨读录制下来，的确是脱了半层皮。

话说晨读在过去的 4 年已经录制了将近 1300 集，有超过亿次的收听量。有一天我自己也是无聊，把我第一期讲的晨读调出来，想听听那个时候的水平。非常负责地讲，那个时候的水平和现在相比的确是有差别的，虽说读音没有什么太大的问题，但从节奏、重音的感觉上远远不如现在做得好，并且当时心中想着为了做样板，很多地方用力过猛，不如现在自然。

我们公司有几个同事也请教我英语发音的问题，我指点他们之后发现，其实语音的发音位置和要诀他们都能掌握，但是读出来的音给人感觉不够放松和自然，往往一刻意去为之，发音还会走形，我叫他们放松再放松，可惜很难有效果。

对于放松这件事我的顿悟不是来自英语，而是我之前学咏春拳的经历。咏春拳的第一个套路叫作"小念头"，谓之：念头正，终身正。我照猫画虎也能把动作学个八九不离十，后来总想着学一些高级套路，这样可以用于实战。后来叶准师父讲，小念头不是动作做到位就可以的，而是要在其中找到放松的感觉，沉肩坠肘，让念头推着你的肘底发力，而不是用肩，或者是手臂，因为人只有在放松的状态下，才能够打出速度，而速度才是实战的精髓和基础。

听人劝，吃饱饭。我这段时间就按照这个标准重新每天练 20 分钟的小念头，才发现放松这件事，说着容易，做起来很难，做着做着，又觉得肩部肌肉在用劲。后来我问师兄怎么解决这个问题，师兄说："你要加大训练剂量，如果每天只练 20 分钟没有效果的，你练 1 个小时试试，如果不沉肩坠肘，1 个小时根本坚持不了。当你练到 40 分钟的时候，你突然会找到一个让肌肉不是那么酸疼的角度和力度，那个角度和力度基本上就是肘底劲了。"

的确如此。如果练一个英文发音每天只用 10 分钟，该紧张还是紧张，但是如果每天练 1 个小时，到最后接近筋疲力尽的时候，便是最自然的状态，假以时日，慢慢达到这个状态的时间就会越来越短，最后习惯成自然。所以很多同学买了我在喜马拉雅 FM 上面的暴虐晨读，但是三天打鱼两天晒网，没有很好地坚持，并且每日的训练剂量不足，效果自然打折扣。

至少对于我个人来讲，过去两年自己的口语和发音提高不少，因为每周都要录音，真是没有教会徒弟，反而自己越来越厉害了。但是反过来想，如果这个方法对我自己的发音都有巨大提升，那么对于基础一般的同学，如果真能坚持下来，提升的速度一定会更快。

感谢晨读，我会把这个课一直录下去。

B34 英文朗读的速度之神

很多年以前我写过一篇文章批判李阳《疯狂英语》中最大声、最清晰的朗读训练方式。现在反思起来，有些观点还是需要商榷的。

但是对于高速朗读的问题，我觉得我有必要反思给诸君听。对于英文的朗读训练，我在之前的文章中详细探讨过其价值和训练方法（请参见："一开始就可以高强度朗读"），不再赘述，此篇主要谈论一下朗读训练中应该用什么样的速度。

首先，朗读第一要务一定是读得准。基础一般的同学一开始切勿求快，要尽可能把音发准，do not run before learning how to walk。

在准确的基础之上，速度慢的训练方式可以帮助练习音节之间的滑动感（英文是 syllable-timed language，即每一个音节所占时间的比例是近乎相同的；英语是 stress-timed language，即每个音步，重音加非重音，至下一个重音之前的时间是一样的）。

举个例子：

英语中，Thank you for giving me such a wonderful time. 如果按照音步来划分就应该是四个音步，如下所示：

‖ Thank you for ｜ giving me such a ｜ wonderful ｜ time. ‖

因而，thank you for 所占的时长应该等同于 giving me such a 的时长，同样也等同于 wonderful 和 time 分别的时长。

而中文中，"谢谢你的时间"每一个字都是一个音节，每个字

180

所占的时间也是基本相同的。

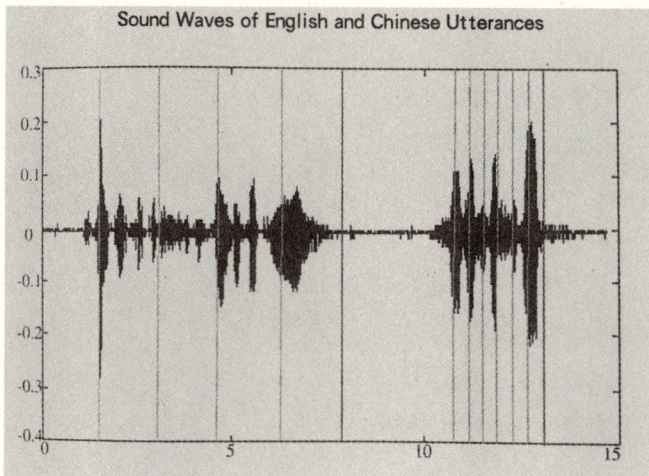

Sound Waves of English and Chinese Utterances

如图所示，如果将 thank you for giving me such a wonderful time 和"谢谢你的时间"录制下来，声音的图谱中，左侧是英文，分为四个 feet（音步），时间基本等长，而右侧的中文基本上是每个字消耗的时间等长。

这其实也就解释了为什么中国人说英语的时候是一个音一个音往外蹦的原因。我在这里给大家做一个示范。

练习的精髓在于：

1. Thank you 有一个连读；

2. for 读得非常轻；

3. such a 连读，并且轻快；

4. wonderful 和 time 要读得清晰，且注意时间长短与前两个音步一致。换言之，读慢点。

因此，英语语音的训练在基本解决 48 个音标之后，最为关键的是练习句内的重音。因为没有重音练习，则没有滑动感，同时要把音步等长的问题加以注意。在高速朗读时音步等长很难兼顾，所以要一开始将音步等长这个理念深深植入肌肉记忆中。

在慢速基础打得很牢固之后，一定要进入高速区间。原因如下：

1. 注意力会更加集中；

2. 能够高强度练习视觉与口腔肌肉发声的转化效用，从而提升口语和听力的音意转化的"内存空间"；

3. 有挑战感，一旦挑战成功，很容易获得成就感。

现在的问题是，我们如何做到高速朗读，看图：

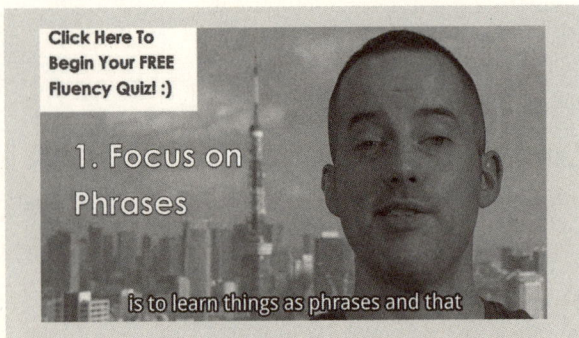

1. Focus on Phrases，即注重语片（chunks），例如 as we all know 之类。句子本身就是由词组构成的，所以高速朗读的时候要注意断句，在断句的内部采用高速通畅的方式，运用连读、弱读、失去爆破、击穿等语音异化的现象来实现。

2. Blend your speech，即找到"滑动感"，比如 with another person，读的时候可能就变成了 wizan nather person，而滑动感的培养我还是建议大家在慢速的阶段打好基础。

总之，在输入材料质量保证的前提下，高速和慢速都是有价

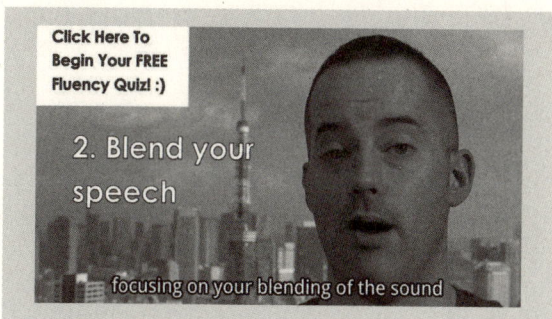

值的训练方式。美国高中和大学生专门有一种辩论比赛的形式叫作 policy debate，选手需要在很短的时间内充分阐述自己的观点，所以他们每一个人都是英语朗读的速度之神。而 policy debate 也是美国常青藤大学联盟招收优秀学生的一个很重要的参考指标。的确应了一句话，讲话快的人脑子一般都不慢。

　　但还是要提醒，快是从慢中来的。天下武功，唯快不破，咏春拳就是以快制胜，但是小念头的"一摊三扶"可谓是慢得不能再慢。慢里练的出来精准，但是如果就这么一直慢下去，怕的就成了被自由搏击胖揍的假太极了。这也是为什么我对很多只教音标乐此不疲的老师，觉得是三脚猫的功夫的原因吧。

B35 担心美式英语与英式英语混淆的
同学如何自救

1. 需要准备一个标准音的音频，而且是用来做精听的，即要反复至少百次以上的练习。很多同学对于听力材料是英音还是美音极其挑剔，其实大可不必，如果不是做精听练习，美音英音都是可以的。市面上的《新概念》，英音、美音的版本都有，选一个自己喜欢的就可以。

2. 练发音，关键是先听再录音。我经常看到有同学捧着一本书就在那里朗读，没有标准音频，也没有把自己的发音录下来，这样的练习是白费工夫。以前我们读书的时候有"复读机"，虽然使用的是磁带，而且很不方便，但现在想起来，的确用这个设备做了先听后录的事儿，自然自己读得像不像一听就知。

3. 如果手边没有录音设备也罢，教大家一个手势，左手放在自己嘴前 5 厘米处，右手沿着左手指尖，掌心对着自己的脸颊，距离也大概 5 厘米的样子，右手的指尖停留在右耳附近。这样就形成了一个拢音的手势，自己的声音便能相对多地进入自己耳朵内。发音这件事说到底和听力的关系远远大过于口语的关系。

4. 至于要练多少遍，我一贯的方针就是"三从一大"，从难、从严、从实战出发，大剂量训练。但是大家也切勿急功近利，发音的矫正是一个循序渐进的过程，甚至部分语言学家认为，人习得语言是在睡觉的时候，所以有些音不能发到位时，要沉住气，别着急，继续朝着标准音的方向去练，学界的观点在此都很一致，只要是能听出差别的，就一定能说出来，只是一个时间长短的问题罢了。因而，我们需要一个整体的学习规划才可以，比如用一年的时间来改进发音，而不要幻想着 21 天就能完美了。当然，集中的短训对于提升还是有很大帮助的，但整个过程应该还是漫长的，要做好心理准备。

5. 到底是英式英语难还是美式英语难的问题，我也想谈谈我的观点。想学得像，两个一样难，但单从两种口音和普通话的差别角度看，英式英语会更难一些，尤其是在语调的复杂性上。美式英语的语调相对少一些，而且较为平缓，英式英语语调起伏较多，而且很讲究在一个重音单位中的速度变化。从使用的频率角度看，美式英语在国内更为流行，而且模仿的材料也更多。可能英式英语唯一具备的优势在于 sounds more intelligent。注意这个也只是 sounds more intelligent，而不是真的 intelligent，所以你可以在影视剧作品中看到很多教授操着一口英式英语。

6. 大家在模仿的时候也要避免一些误区。比如，英式英语很硬，所以要绷紧整个口腔肌肉，用力地去说；而美式英语的"儿化音"多，所以要多卷舌。其实并不是如此，英式英语并不是用力，相反应该是注重口型的纵向运动，国外某些戏剧语音老师给出的建议是 speak British English as if you are speaking through a door，有点对着门缝讲话的意思。美式英语也不是逢元音就卷舌，卷舌的地方必须有 r 字母，比如很多同学讲美式英语，famous 就发了卷舌音，这个单词中没有任何的 r 字母，所以不应该卷舌。

7. 英式英语与美式英语中国同学会混淆的地方在于部分单词的重音。例如 advertisement，英式英语是 ad-VER-tisement，而美式英语是 adver-TISE-ment，因为重音位置不一样从而导致了元音变化，英式英语的 tise 发的是/tis/，而美式英语发的是 /taiz/。我们常说 the devil is in the details，相反对于学得不是特别像的同学，两个音没有发标准，并不是那么明显，但是水平很高的同学，反而一个小音出了问题，就会特别地刺耳。

书中还有两篇文章专门讲美音与英音的关系，叫"美音，英音，自由切换的秘密"，感兴趣的同学可以找来看看（C21）。

B36 练英语发音首要的是学会放松

周末我在网上和 500 名学生分享了英语语音练习的种种误区，然后挑选了三个在"夏说英文晨读"小程序上练习超过 3000 遍以上的同学做了现场演示，三个同学的表现自不用说，在我一贯坚持的"三从一大"训练理念的贯彻下，语音都很精彩，稍显遗憾的是有一位同学的发音还是过于紧张，部分音读得非常生硬。

生硬这个问题是绝大多数学生的通病，既然是通病，往往不是学生的问题，而是教学方法出了偏差。十多年的教学经验告诉我，如果某些学生学得特别好，那一定是学生自己用功，老师的功劳并不大；但如果一大批学生都有问题，很有可能是教学方法的问题。

我之前在新东方工作的十年，很多时间都是在制定和负责全国英语教师的师资培训，自己也培训了许多新教师。通览很多语音课程，其中教学比较大的一个问题就在于，老师往往过于注重某一个单音的教学，比如 apple 中/æ/的读法。为了让学生能更好地模仿，老师会过分夸张地来读这个元音，自然有些矫枉过正。同理，很多老师要求学生放大声量，大声朗读，也会导致很多发音变形。

除了教师在课堂内示范标准的问题以外，还有教师对学生的反馈纠正。很多老师纠音很细，学生不能出现丝毫偏差。出发点上这个教学是正向的，但是导致的结果是学生会刻意用力，甚至是过分用力去计较毫厘之差，从而产生了读英语时的心理负担，感觉怎么开口都是错的。

英语发音过于紧张不仅导致音发得不标准，还会有以下对于口语的影响：

1. 讲话的气息是乱的，发音放松的同学一口气可以读 15 个单词以上的句子不换气，而过于紧张的同学只能读不到 10 个。

2. 英语语音中连读、弱读、失去爆破、击穿、除阻、异化，这些语音现象无一不和放松有关，如果放松做不到，语音水平很难有质的飞跃。

3. 语音中不仅有放松的部分，也有要重点强调用力读的单词。但如果读每一个词都紧张，那么该强调的词，就没有足够的空间去进一步强调。强调的本质是：除了强调部分以外，都是放松的。所以说，不会放松，就自然不会强调。没有强弱的变换，英语语调学不好也是非常自然的。

所以说，很多同学的语音学习从第一步开始就注定了悲剧的结果。

说回那个读音紧张不够松弛的同学，我给他的示范是：从正常音量开始然后逐步降低音量，语速从稍慢语速开始，慢慢加速，将这个单词连续读 5 遍。当他读完 5 遍，我会问他："从准确度和自然度两个标准来共同判断，哪遍你觉得达到了夏老师的要求？"

这样的教法有几个好处：

1. 让学生自己找到正确发音的形态，而不是老师一味地告诉他这个音对或是不对，也不是老师一味地做示范和讲解发音的原理。如果是线下教学，我会让两个同学先自评之后再相互评判，这样主客观的双向研讨更能帮助学生自己发现发音的正确路径。

2. 5遍朗读，加上变速和声量变化，可以让同学感受自身语音控制变化的能力。很多同学第一次做这个练习的时候发现后三遍没有什么区别，那就是对于自身语音控制力没有得到唤醒和锻炼。多练之后，自己的耳朵也变得敏感，自己的发音也出现了形态上的多样，可快可慢，可大可小，然后知道了中规中矩的标准在什么位置。

3. 5遍朗读变速变调还有一个好处：让学生明白，语音是一个动态过程，不是一个静态的单音。静态的单音是否发得正确是需要参照物的。学过乐理的朋友都知道，每一个音值是绝对的，但是在旋律中却又是相对的。发音的正确性也可以同理参之，既要知道绝对值是什么样，更要知道在动态的语言中，这个音的相对关系是如何的。

以上的方法，各位同学也可以自己在家操练，同时把自己的语音录下来，用作比对和参考。

说到底，如何放松自然地发音，每一个人对于放松的感受都是不一样的，这一点没有办法通过老师客观量化地告诉你，只能通过自己在一定范围内不断地调整，找到自己觉得放松的那个位置，然后加强几次，形成肌肉记忆。

我记得好几年前一个语音班上，有同学问我：老师这个音我读得够不够放松？我反问他："你先读一个比这个音夸张一些的，再读一个比这个音放松一些的，我听听看。"

虽然老师教发音是没有办法告诉学生这个一定对，但是要帮学生找到对的感觉。

B37　辅音也许才是硬伤

　　可能和大家所认为的不同，中国同学讲英语的"中国腔"很大程度上是辅音发音的问题，而不是大家一直着力练习的元音。这是这段时间我听了200多位同学在"夏说英文晨读"小程序上录音的感受。

　　我并不是说元音不重要，单词是否读得对，核心是靠元音。但读的是否像英美人，的确应该在辅音上用心体会。这一点倒不是学生的错，而是很多老师在教学过程中没有系统的语音知识所造成的偏差。提到英语音标中的辅音，印象最深的莫过于类似thank 里 th 的发音。印象深是因为老师强调得多，强调得多是因为普通话中没有这个音。从专业的教学法角度讲，这个叫作焦点盲区，大致的意思就是你过于注重某个知识点，却恰好忽视了其他知识点的重要性。

　　相反，比如 big 里的 b 和 g 这两个音，貌似我们在普通话拼音中也有，老师往往教学中一笔带过，学生也浅尝辄止。殊不知语音学习是否惟妙惟肖，全在毫厘之间。我用这篇文章为诸位分析一二。

　　1. b、p 这两个音在普通话拼音中的术语叫作"声母"。声母分为本音和呼读音两种读法，本音的读法和国际音标一致，但是我们在小学里语文老师教的是呼读音。b 读成 bo，p 读成 po。这个呼读音就要了亲命了，bo 是辅音的 b 加上了元音 o 发出来的，这就导致很多中国同学读英语辅音的时候总是要带一个元音的尾巴，比如把 big 读成了"比格"，把 nice 读成了"奈斯"。由此可见，英语辅音练习一定要和拼音声母的呼读音区分开来，要发得足够纯净才行。

2. 教师在授课时为了让同学能更容易听到辅音，从而导致"辅音过重"。辅音从语音学角度看，是气流呼出受阻，然后克服阻碍产生的。其实纯净辅音基本上是一个若隐若现，若有若无的感觉，辅音必须依托元音才能够变得清晰。所以教师在辅音教学中，如果班级过大，或者是教学方法不当，学生在首次接触辅音时，对于其力度的把握非常容易出现偏差。

3. 由于种种原因，比如学习外语的刻意导致紧张，矫枉过正导致的过于夸张，中国同学口腔肌肉紧张之后，气流克服阻碍时需要更大的动能，导致的结果是除阻之后的辅音发得过重。例如，big 中 b 这个音如果单独读出，基本上听不见，与元音 i 拼读之后 bi 是能听到的，而 g 由于其后没有元音，所以也处于基本听不到的状态。有时为了"省气"（the principle of least effort），母语者会采用失去爆破或者略音的方式处理。而中国同学读这个音时，由于 b 发得过重，往往附带的结果是把 big 中的短音 /I/ 读成了长音的 /i:/。元音由于辅音过重产生偏离的现象也是屡见不鲜。

4. 辅音在英文中多半不会以纯净音的方式出现，相反会出现音位变体（allophone），比如 pin 和 spin 中的 p 音，如果仔细区分会发现它们是不一样的。pin 中 p 是音首，所以读的时候要送气，spin 里的 p 不是音首，所以不送气。在不送气的时候 p 和 b 非常相近，所以也有老师说 s 后边的清辅音浊化，这个提法不一定科学，但是对于学生发音还是有一定指导意义的。

All in all，辅音这件事，很多老师和学习者都忽略了，练得少，甚至是练得不对，自然想把英语讲得惟妙惟肖，也就比较困难了。

最后说一个中国不同方言对于英语学习影响的小段子，是我自己的观察，结合了一些大学学过的语音学知识，不一定严谨，姑且一看。

汉藏语系的方言中声母与韵母数量的关系是此消彼长的，即一种方言的声母多，那么它的韵母就会少一些。中国古音中有36个声母，普通话是21个。英语有24个辅音，其中有4个音普通话里没有。有意思的是，凡是声母大于24个的地区，当地人说英语相对容易，比如江浙一带，而小于这个数字的地区，当地人讲英语的确要费点劲，比如闽南地区，闽南语只有15个声母。当然这只是我的观察，不足为训。而且考虑到个人的努力和天赋的关系，这个观点完全可以在个体上被无数次推翻。

B38 音标掰开揉碎讲一次

英语语音学习，音标是非常重要的辅助工具。我一开始学英语的时候没有接触音标，全凭耳朵听，嘴巴练，上来就是单词、句子、文章，一直到了中学才开始接触音标的概念。非常不幸的是，一接触音标就学错了。

但万幸的是，我英语启蒙老师给我打的底子好，单词读音都正确，我自己弄了一个逆向工程，自学了音标的正确发音。什么叫逆向工程呢？比如短元音/I/，我是按照 big 这个单词的读法，返回去拆解出了/I/是怎么读的。

再万万幸的是，我本科就读南京大学英语系，选了语音学的课程，系统性地了解了音标和英语语音，把之前所有碎片的知识整合成了一个整体。音标于我，终于不是可有可无的拐杖，而是成为我进一步研究语音学的称手兵器。

英语音标 48 个，元音 20 个，辅音 28 个；也有 BBC 标准 44 个的提法。对此不必细究。关键是怎么学，按照什么次序来学才是真正的奥义所在，因为只有先建立整体结构，细节的知识点才能够更好地被掌握和运用。

先拿 20 个元音说事儿。这些音标中哪一个第一个学，都是非常有说法的。很多教材一开始喜欢讲长元音/i：/。按照这个次序学，音标整体感就略逊一筹。为什么这么说？我们先看看长元音/i：/的发音要诀。

长元音/iː/叫作 close front vowel，很多老师只注重音节长短，而忽视了 close front vowel 这个概念中蕴含的意义。只有通过概念的厘清，才能将局部回归于整体之中。

先说 close 的闭合之意，关键在于用什么部位去闭合气流。正确答案是舌头去闭合气流。奥义在于舌头的中后部顶在上腭处，封闭了气流通道。然而在实际操作中，舌头的中后部到底在哪儿，别说同学们，连我自己都不是很容易感受出来。我们对于舌头控制力最好的部分在舌尖。所有音标中和舌头位置相关的音，大家一定记住要找舌尖的位置。/iː/的舌尖位置是在下齿内侧，稍稍用力顶住下齿，此时舌中后部自然就会隆起，靠在上腭的位置，完成了气道封闭。而当舌尖略微用力顶下齿时，我们的下巴也会自然向下运动。舌尖略微用力顶下齿，这也是/iː/之所以叫 front vowel 的原因。

问题又来了，单元音/ɪ/也叫作 close front vowel，但是发音却和/iː/不一样，这又是为什么？从舌位的角度上说，舌头中后部的高度在发/ɪ/时，没有/iː/高，自然气道闭合没有长音/iː/封闭得满，但我们还是用整体系统思维来思考，刚才我说过，我们对于舌头控制力最好的部分在舌尖，要用舌尖位置来定位整体的舌位，既然这两个音舌尖的位置基本一致，怎么区分？

这时我们必须引入另外一个概念来解决这个问题。每一个音位都需要有一个发力点的支持，这个发力点可以在舌头，也可以在喉咙，也可以在嘴唇等。有了一个发力点，自然口腔就会围绕这个点来协调其他肌肉的运动。这个事儿根本不用你操心，人体就是按照这个机理来运作的。

刚才我们说过长音/iː/要舌尖略微用力顶下齿，这个音的用力点就在舌尖上。因为舌尖用力，自然嘴型纵向运动，舌中后部会顶在上腭。找到一个点，解决所有肌肉的协调问题即可，就像走路手随着腿异侧摆动一样自然，走成顺拐是非常困难的事儿。

短音/I/即便舌位与长音/iː/基本一样，但是它的用力点发生了变化。同学们可能听过这样的说法：/I/要发得短促。短促其实意味着气流在通过声带时就已经遇到了一次较大的阻碍，往往我们会感觉喉部一紧，所以/I/的用力点是在喉部声带附近，而非在舌尖。舌尖不用力，自然舌中后部就和上腭保持了一些空间。嘴型也不会像/iː/那样有明显的移动。

所以在进行/I/和/iː/这对 minimal pairs 练习的时候，我们一定要感受舌尖用力与喉部用力地来回转换。我最喜欢用 beneath ｜bɪˈniːθ｜这个词练这对音。

但如果我来教音标，我一定不会一开始就教/I/和/iː/这对 minimal pairs。因为这两个音不是人最自然轻松状态下发出的音。我首先教的一定是/ə/，这个音有一个专门的名字叫 schwa sound，也称作为非重读央元音。央就是中央的意思，舌头摆在最自然的位置，发出来的声音。类似五线谱里的 C 大调，是一个基准音。其他的音都是从这个位置产生舌位变化、口型变化形成的。这个音的用力点是自然重力，舌头像一条死鱼一样懒洋洋地横陈在口腔之中。

掌握这个 schwa sound 非常重要，因为英语一旦说起来，很多元音都会"央化"，失去了我们之前讲的精准的位置。之所以"央化"的原因，就是为了省力气。省力原则是发音中最关键的原则。用力与省力之间的巧妙切换就是我们核心要练习的部分。

所以在进行/I/和/iː/这对 minimal pairs 练习的时候，起始姿势可以是从/ə/开始，然后舌尖向前顶住下齿，略微用力，舌中后部自然抬高，口型因为舌尖的用力自然开合，这就发出了/iː/，然后将用力点从舌尖后撤至喉部，舌尖贴在下齿而不用力，舌中后部自然降低些许，喉部短促紧张一次，就发出了/I/，然后再还原到舌头的躺尸模式，就是/ə/。这么练习的最大好处是帮助我们找到舌尖和用力点，同时还为后续"央化"的高级进阶打好了基础。

以上就是我说的"先建立整体结构，细节的知识点才能够更好地被掌握和运用"的例子。

用力点这个概念如果详细区分主要包括三个器官。

1. 嘴唇用力，或者可以称为唇型，音标中的/u：/就是一个典型例子。中国同学读 two 这个单词经常用中文的"吐"这个声音，不甚标准，因为英语的/u：/音嘴唇向外凸出得更多。大家可以先读中文"吐"这个字，同时用手触摸自己的嘴唇，然后将手稍稍离开嘴唇一点距离，然后用力用嘴唇去够自己的手，这样就能标准地发出英语的 two 这个单词了。

2. 嘴型用力，或者叫口型。它比唇型用力范围要大，比如 trap 这个单词的/a/音，正确读出的时候，下巴开合的角度是大于 dress 这个词的。

3. 声带用力，一般中部的短元音无法用唇型、嘴型和舌尖借力，所以只能采用声带用力，比如说我们上文讲到的/I/这个音。

是不是所有的元音都可以符合"舌尖位置"和"用力点"两个参数来找到正确的发音方法呢？答案是否定的，因为一个元音的发音取决于第三个因素：时间长度。

通常来说，长元音和双元音的时间比短元音要长。但是所谓"长"是建立在"舌尖位置"与"用力点"正确的基础之上的，很多中国老师仅仅区分发音时长是不足取的。但是决定长元音时长还有一个很重要的因素，那便是看单词结尾的音节是 voiced

（浊音）还是 voiceless（轻音）。以前我们会区分清辅音和浊辅音，但元音到底是轻音还是浊音呢？答案是：浊音。区别轻音和浊音的方法是声带是否震动，或者可以试试读这个音的时候能不能哼出曲调，如果可以说明这个音是浊音。

还是说回决定长元音时长还有一个很重要的因素，那便是看单词结尾的音节是 voiced 还是 voiceless。长元音在以轻音结尾的单词中发音时长缩短，这个语音现象叫作 clipping。举个例子，police 和 please 这两个单词，前者的尾音是/s/，后者是/z/，所以 police 当中的/iː/要比 please 的/iː/要短得多。

所以根据舌尖位置、用力点与时长，我们基本上可以把单元音和长元音进行一个"四角定位"的分组。

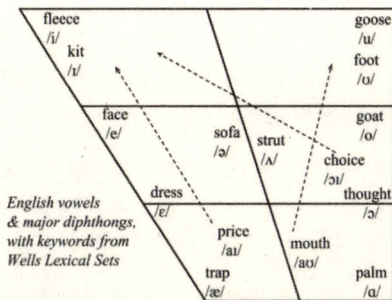

我选取语音学大师 J. C Wells 的元音结构图，这个倒梯形其实就是我们口腔的抽象示意图。四个角的音加上央化音/ə/ 是我们学习元音的定位音，音标上的单词是 J. C Wells 选出的英语独一无二地体现该元音的单音节词。我非常建议想提升语音的同学把这些单词发标准，基本上元音就可以过关了。

但是国内很多英语语音老师对于这个抽象梯形图讲的有很大问题，他们认为这个梯形中的音是舌尖的位置，此乃大谬。该梯形是点、是震动位置而非舌尖位置。我们来看看这个抽象梯形图和我们的口腔之间的关系吧：

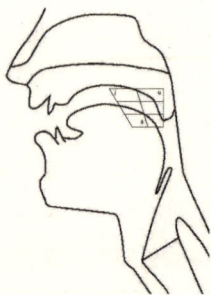

小结一下：单元音和长元音的发音由三个因素决定：舌尖位置、用力点（唇型、口型和声带）、时长。

各位读者心中可能还有一个疑问：单元音是用这三个原则，那么双元音呢？双元音在英语里叫作 diphthong，是拉丁词根，表示有两个音。但是这个名词貌似并不能帮我们弄清楚双元音怎么发，或者说是中国同学经常被批评的双元音发得不饱满。

在弄清楚双元音如何发之前，我们要先解决一个更加基础的语音概念：连读。

很多同学说，我知道连读啊，一个单词以辅音结尾，后续单词以元音开头，拼在一起读便是。比如黄晓明之前唱的 not at all，not 和 at 连读，at 和 all 连读就好了。

这估计是中国同学对于连读的认识，不能说是错的，但至少是片面的。连读主要分成两类：辅音+元音的连读；元音+元音的连读。not at all 是辅音元音连读的形态，老师上课也经常讲，估计大家掌握得都很好；然而对元音+元音的连读可能就比较陌生了。

但是在讲元音+元音连读模式前，我们还要讲三个音标：/w/，/r/，/j/。

这三个音标我们俗称它们为"半元音"，英语中管它们叫 approximants（近似音）。以前教音标都是讲这个音在单词中的拼读，比如 we、road、yes 之类的词，可这三个音最大的功能其实是元音+元音之间连读的黏合剂。单纯两个元音直接连在一起，便是中文双韵母的发音方式，但如果要把两个元音用英语的方式黏在一起，便要加"半元音"。

比如音标中的/au/的读法，我们完全可以读成/aw/这个声音，你试试看，效果马上就饱满了。而这样的音标拼写方法是语音学专家在写论文时的惯例之一，这真让我觉得他们把最好的东西都藏起来，然后用 IPA 这套系统来折腾我们。

根据这个原则，我们倒可以不用把元音区分成单元音、长元音和双元音。相反，将三个半元音引入元音标记系统，就可以更贴合实际日常的发音来练习音标，如下图所示：

short			j-diphthongs			w-diphthongs			r-liaison vowels		
KIT	ɪ		FLEECE	ɪj	/iː/				NEAR	ɪː	/ɪə/
DRESS	ɛ	/e/	FACE	ɛj	/eɪ/				SQUARE	ɛː	/eə/
TRAP	a	/æ/	PRICE	ɑj	/aɪ/	MOUTH	aw	/aʊ/	START	ɑː	
LOT	ɔ	/ɒ/	CHOICE	oj	/ɔɪ/	GOAT	əw	/əʊ/	NORTH	oː	/ɔː/
FOOT	θ	/ʊ/				GOOSE	ʉw	/uː/	PURE	θː	/ʊə/
COMMA	ə								NURSE	ɔː	/ɜː/
STRUT	ʌ										

上图是 J. C Wells 的学生 Dr. Geoff Lindsay 对元音进行的区分，同样也采用 J. C Wells 的选词标准。最左侧灰色的部分是短元音，两个斜杠中是 IPA 的音标标记法，而其左侧不在斜杠内的

是改良过的音标标记模式。

所有的长元音，可以分成三类：j 类、w 类和 r 类。在短元音学习之后，直接用半元音拼读就可以完成标准发音，省时省力。

而这样学习元音还有一个更大的好处，对于音节时长的问题不需要故意拉长声音，可以一步到位，比如/i：/可以当成两个音来发/ij/，声音长短非常容易把握。

这样学元音还有一个更大的好处，那就是连读不成问题了。比如 How are you 连读起来 how 和 are 便可以用 w 来进行连读，同样类似 biology 这样的单词中国同学总是读成"白熬了机"是因为/baɪˈɔlədʒi/的 aɪ 和 ɔ 没有用 y 这个音连在一起，但如果我们用/aj/而不是/ai/来做音标标记这个问题就迎刃而解了。

B39 如何循序渐进自学口语

用自己的武器，当自己的大侠。

前几天看到一则新闻，讲一个技术宅男，平常不怎么运动，突发奇想参加了动感单车的课程，看到前面几个美女蹬得起劲，他自己不甘落后，一顿折腾之后，竟然患上了急性肾衰竭，血透之后才保了命。

我以前也试过一次动感单车，刚骑了两分钟，立刻判定这项运动不适合我，赶紧悻悻离场，跑到一旁的椭圆仪上开始自己闲适的漫步。到现在我每天打几套咏春，但自己的体重始终微胖，最近略有减重，主要是因为公司的事让我茶饭不思，做着师公叶问一次打十个的春秋大梦，看着自己弱不禁风的身躯。

举这个例子就是想说循序渐进的问题。

循序渐进的好处很明显，就是不会出人命。

但是好像英语学出人命的事儿我没有听说过。知乎上有一类文章专门是学霸们比在大学读书时看谁敢玩命，看完文章顿时像打了鸡血一般，没有燃烧的人生不值得活。

我大学同班同学沈东鸣就是这样的学霸。

大三下学期临近暑假，我们文强班要确定最终的保研方向。我在大二的时候就当了逃兵，坚决不去商学院读高等数学，也不去法学院读民法，也不去新闻学院读传播理论，用大三一年潇潇洒洒在中文、历史、哲学系肆意蹭课。所以临近暑假时我琢磨的是去新东方代课赚外快，而沈东鸣不知道哪根筋搭错了要出国。

大四那年，我见到开挂的学霸是如何玩命的了。

她要申请康奈尔的公共管理专业，GRE、商学院的必修课、申请文书、英语系的毕业论文、二外法语的考试，都在三个月一并搞定。每天只睡三四个小时，如同坦克一样横扫战场，这姐们儿给我的感觉就是领导一个恐怖组织绰绰有余，因为她自己本身就很恐怖，那个时候看人的眼睛都渗着绿光。

最后的结局很明显，学渣如我，落草新东方；学霸如我另外几个同学，出国的出国、读研的读研。

学习这件事，应该不会出人命。所以对自己下狠手，我觉得问题不大。

当然以上都是开玩笑，循序渐进蛮重要，因为可以逐步构建成就感。对于口语学习来说，我们要学会建立正向反馈。

正向反馈是指，不用和目标去比自己还差多远，而是和自己之前比进步了多少。中国的教育形态中负向反馈比较多，总是以差距去衡量现状，没有按照进步去评估提升。谁也不能一口吃成个胖子，and Rome is not built in a day。

看着差距，心中想放弃的念头自然萌生，看到进步，信心也会建立。

但是循序渐进也有弊端。我们都知道学习意味着跳出自己的舒适区，在一个陌生的领域去淬炼自己的能力。一个人在学习时很难判断自己是在舒适区里漫步，还是在非舒适区挑战自我。

所以循序渐进的核心主要有两个要件：

1. 一套循序渐进的体系；

2. 可以被测量的进步。

依照这两个要件，我们一起看看口语学习可以怎么循序渐进地自学。

首先，你需要一套教材。教材和美剧最大的区别在于体系性。教学专家按照语言难易的机制，构建了一个螺旋上升的体系。至于不同教材有不同侧重，20世纪比较流行《新概念》《走遍美国》《许国璋英语》，这些都是可以拿出来再用的经典。

当然也可以新潮一些，我比较推荐当年我在新东方引进的剑桥大学出版社的《实境英语》，该教材分为听、说、读、写四个板块，非常强调情景之下的语言使用，配有相应练习，大家可以参考使用。

其次，你需要一个可以记录自己成长的工具包。行业内管这种学习方式叫作portfolios（"档案"学习法），你可以将自己每天练习的内容录制下来，每隔一周，可以把之前的学习记录拿出来再复盘一下，看看自己的进步，分析一下自己进步的原因，不断提升效率。

举贤不避亲，"夏说英文晨读"小程序当时在开发的时候，我们团队几个人就是按照"档案"学习法来设计的产品，你可以把自己每天的朗读录音上传，系统会替你保留，隔一段时间之后，你可以重新调取之前的录音，比对一下自己是否进步了。

整体说来，我鼓励的学习方法分成两个极端。如果你是想高爆学习挑战自己的极限，那么就按着"三从一大"的原则来练习。"三从一大"：从难、从严、从实战出发，大剂量训练。

但如果想安步当车，慢慢品味英语学习的乐趣，并且没有一个确定必须短时间内要达到的目标，倒可以循序渐进，在自己的舒适区和非舒适区的边界来来回回。

这个类似打游戏，新手级和骨灰玩家级的难度不一样，调试好自己相对适合的状态，用好测量标准，自己学也可以取得好成绩。

　　写完这篇文章，我去打打木人桩，心中想着叶问一次打十个，然后继续自己闲散的步伐。

　　无师无对手，镜与桩中求。

　　用自己的武器，当自己的大侠。

C

1
-
25

观　点

C1 英语学习最关键的一个问题

　　写文章如果为了严谨和避险，尽可能不要把话说满，例如"最""绝对""唯一""必须""全部"这样的词尽量要克制使用，虽然行文时快意恩仇，事后要么遭他人讥笑，要么多年之后反视自己文章会特别羞赧。但这篇文章我思忖再三，决定还是要加一个"最"字，用以表明这个问题的关键之处，也想用此文和诸君探讨一下我的观点。

　　英语学习最关键的一个问题是：你是否是学习的主人，可以并且应该组织和安排自己的学习活动？

概念准备：观念之网

　　我大学的哲学老师王恒教授上课时经常提：每一个人都生活在观念之网中。我们关于好坏、对错、应该怎样、不应该怎样都形成了诸多的观念，而我们深陷其中，按照这些观念做出行为。观念的对应是存在，实实在在我们看得见摸得到的事物。

　　比如情人节，情人节本身就是一个观念，并不是存在，因为它并不能被看得见摸得着，但是人们会按照情人节这个观念的要求，有男女朋友的去约会看电影送巧克力，没有男女朋友的或者伤春悲秋或者自娱自乐。

　　不管是喜怒哀乐，人们都生活在观念之网中，但是很多人并没有意识到这一点，属于盲目地生活在观念之网中不能自省，也

209

难以自拔。

学英语也是一样，我们会形成很多的观念。比如：

1. 朗读对于英语水平的提升有很大的帮助；

2. 学英语是要背单词的；

3. 在口语中发音非常重要；

4. 应该背诵《新概念》。

以上都是我们之前所熟知的"英语学习方法"，但其实它们只是观念，并非方法。

这些观念和情人节应该送女朋友礼物，"双11"应该去网购，本质都是一样的——它们都是观念，而非存在。只有通过我们的行为不断去确认、修正甚至是颠覆，才能最终形成适合我们自己的观念之网。

观念有四大特性（Wenden，1991）：稳定性、可描述性、易错性、可变性。

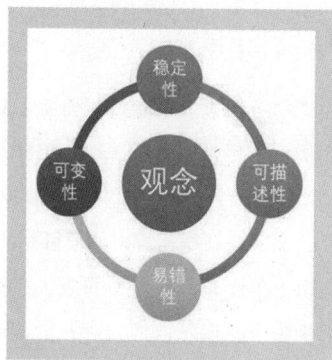

稳定性：观念一旦形成，则会长时间存在于我们的知识体系中。

可描述性：人们可以对已经形成的观念进行描述。

易错性：有些观念可能是错误的，或者是有时间、空间局限的。

可变性：人们通过自身的努力（如阅读、听课、扩大视野）或者外在的影响，可以改变已经存在的观念。

如何将观念变为方法

单纯谈论观念的对错是没有意义的，这也是为什么很多同学思索英语学习方法论良久，但是英语水平仍旧止步不前。切记：单纯谈论观念的对错是没有意义的。

举几个例子说明。

例子一：有人讲学英语就要背字典，因为钱钟书先生当年就是背字典把英语学好的。

分析：如果要将观念变成方法，我们就必须去追问一些具体操作的环节。比如，钱先生当年背的是什么字典？他是怎么背的？他为什么要背字典？他花了多长的时间背完的字典？他除了背字典以外还做了些什么工作？

很多同学也去追问，但是追问不到点子上。例如：背完之后的效果咋样？能通过考研考试吗？佛家修行经常讲："菩萨畏因，众生畏果。"寻求起因而非结果，这是我们摆脱庸俗空谈的方法。

例子二：我们老师说了，《新概念》1～4 册全部背完，英语不在话下。

分析：除了上文所提的追问具体操作细节以外，我们还要分析这个方法如果能成立的外部原因。如果在边远地区，信息闭塞，好不容易有一套《新概念》，这是此地所有英语输入的全部家当，当然要人尽其用物尽其能。但如果在一个信息通畅的城市，英语学习材料极为丰富，便可以不仅仅守着《新概念》，相反可以寻《经济学人》、BBC 纪录片、英国议会辩论等材料用以自我提升，一定更加全面。

方法和观念的一个很大的区别在于，方法要考虑外界因素，观念只是一个观念而已，它并不一定需要和真实世界发生关联。但一旦观念过于疏离真实世界，观念就很难转变为方法了。

例子三：很多人考研都没有背英语单词的。

分析：相比大家用之前两个例子已经能够发起追问，并且分析这个观念的外部因素了。除此之外，还需掌握一点便是对照自身的状况。如果某同学从高中开始英语学习一直得法，而且大学期间也没有松懈，顺利通过了四六级考试，那么对于他来说考研英语背不背单词的确不重要；但如果另一个同学，基础偏弱，大学之后每次英语考试都是刚刚及格，到了大四才决定考研，那么在短时间内，背单词应该是必要的。

分析自身状况时，不应好高骛远，也不能妄自菲薄。要很客观地去分析观念在形成之前的前提是什么，要把时间因素考虑进去。我们经常说，只见贼吃肉，不见贼挨揍，大致就是这个道理。当然，一定一定不能妄自菲薄。王阳明说过"圣人之道，吾性自足"，也需要牢记。

将观念和方法区分之后，剩下的就是实践与实践过程中的管理了。诸君可以按照下面的问题进行自查。

在英语学习过程中，你有没有思考过下列问题：

1. 学习者有必要确定自己的学习目标吗？

2. 学习者有必要制订学习计划吗？

3. 学习者有必要有意识地选择学习方法吗？

4. 学习者有必要经常评价所选择的学习方法的成效吗？

5. 学习者有必要了解自己的性格特点吗？

6. 学习者有必要经常评价自己学习进步得快慢吗？

7. 学习者有必要调整和控制自己的情绪吗?

(问卷摘自《英语学习的成功之路》,文秋芳著)

如果这些问题你的回答都是有必要的话,你就是一个非常有潜质的英语学习成功者。而这七个问题其实就是将观念转变为方法所需要注意的。所以当英语学习遇到"瓶颈"时,拿出这七个问题进行再次检点,一定能找到适合你自己的路径和方法。如此做了,便回答了本文一开始讲的学习英语的最关键的问题:"你是否是学习的主人,可以并且应该组织和安排自己的学习活动?"

英语学习并不是靠空谈方法论就可以成功的;

也不是靠一套教材就可以包打天下的;

也不是拜入哪位名师门下就可以修成正果的。

它需要你成为学习的主人,学会组织和安排自己的学习活动。

而对于观念之网来说,我们真实的存在就在于构建了一个自洽的观念之网,和外在世界能够共存共生。

学英语是这样的,其实很多事情都是这样的。

C2 英语学习需要标杆

读书和人生一样，必须要有目标、有奔头，但有了目标是不够的。目标太抽象，没有绝对的心力很难专注之上，时间一久，努力与汗水并未带你去到远方；目标遥不可及，目光移开目标环视周遭之时，突然发现自己身陷绝境，到处魑魅魍魉，最后落得半途而废。

你若问我为何能讲出你现在的境况，无他，我和诸君一样，也给读书与人生定了目标；我也和诸君一样，曾经一度感受到了目标的虚无缥缈。

当然我们可以按照项目管理的方式，将大目标逐级分解，拆成一个个短期可以实现的小目标来做。但是我要和诸君分享另一个方法，是去找一个活生生的标杆。

上周我和团队一起去日本访学，深受震撼，其中一条便是他们的标杆文化。我可能对日本了解得不全面，但就我自己目及之处，日本鲜有某一件事从发轫开始就是世界第一，他们遵循的思路是找到这个领域中做得最好的国家、公司或个人，然后树立标杆，知耻而后勇，进而一步一步超越，最后自己有所建树。

古代日本，荒蛮得很，西望之初看见了中国的汉唐。汉唐时代的中国，文明鼎盛，四方来朝。日本立了标杆，派出最优秀的年轻人作为遣唐使，抱着必死的决心，西渡求学。有些人还未登陆就葬身鱼腹，活下来的人咬着牙在大唐学习文化、艺术、法统、经学以及各类技术，再抱着必死的决心东渡回国，最后在五六十岁的时候在自己的国家传道授业。千万人前仆后继，才有了今天的日本文化根基。

近代日本在明治时期，立地赤新，知耻后勇，脱亚入欧，效仿西方列强。坂赤离宫仿照法国凡尔赛宫修建，男人上班都是西装革履。东京现在有世界上最多的米其林法餐厅，汽车行道仿照英国，就连足球，都是直接求学巴西，现在也称雄东亚。此等民族，心中的执念其实就是阳明心学中所提到的："圣人之道，悟性自足。"

阳明龙场悟道这八个字在我看来自信十足，这种自信暗含着人生而平等的执念。我不比别人差，这句话能够讲出来，其实已经成功一半了。很多人不敢朝标杆看齐，因为心中总有一个声音规劝自己不要不自量力。其实圣人也好，牛人也罢，都是血肉之躯，都有七情六欲，都会懈怠，都有缺点，只不过这些人能够斗战自己的内心，通过约束自己而达成目标。

如果你觉得自己时间管理能力差，为何不去想时间管理好的人其实每天也只有 24 小时。

如果你觉得自己口语不好，为何不去想口语好的人其实也只有一张嘴。

如果你觉得自己单词量少，为何不去想单词量大的人其实也是一个词一个词地背出来的。

唯一无法跨越生而平等观念的障碍，那就是过往的历史。

时间管理能力强的人，已经用这样的方式生活了 10 年，形成了习惯。

口语好的人，已经用这样的练习朗读模仿了 3 年，形成了习惯。

单词量大的人，已经背了三本词汇书，每天坚持看英语新闻和原文著作，形成了习惯。

这或许是亚里士多德说"优秀是一种习惯"的原因。

但历史本身就是一个相对的时间观念。今天的你将成为明天的历史。与其每天自怨自艾，不如立地赤新，按照你选定的标杆开始努力。别人能做到的，我也能做到，而且我在他的基础之上可以有更低的试错成本，会有更好的进步速度。长此以往，不一定能赶超标杆，但至少会比昨日无所事事的自己有了些许的进步。

学英语是这样，人生又何尝不是？

天妇罗之神哲哉先生和我说：一年干不成就干两年，两年干不成就干五年。学会坚忍就学会了一切。这位七十岁的长者就是我的标杆，他活生生地立在那里，他就是这样取得了今天的成就。我作为后辈，效仿便可，尽心尽力。

我将这个标杆也分享给诸君，虽然隔行如隔山，但是隔行不隔理，心同理同，咱们一起努力。

C3 英语学习多久能见效？

　　任何英语学习方法，只要是在学习英语，就立刻能见效。

　　很多人学习英语半途而废的原因很简单：按照某种方法学了一段时间发现没有效果，因为没效果，所以心中没有确定性，所以最终只能放弃。

　　效果的确是衡量某种英语学习方法正确性的不二标准，即便我一直鼓吹"学无用的英文，做自由的灵魂"这一观点，况且成年人的心理机制中"即时满足"是大家愿意使用某种方法和愿意坚持使用某种方法的原动力。

　　总之，提出"英语学习到底多久能见效"这个问题没毛病，很务实。那我就来谈谈我的看法。

　　开宗明义，我可以非常确定地告诉你：任何英语学习方法，只要是在学习英语，就立刻能见效。

　　好比你在背单词。无论是用单词书背，还是用词根词缀去背，还是用背单词的软件去背，都是立刻有效的。我们来试一下：marsupial，这个单词表示"有袋动物"（例如袋鼠和考拉）。用最简单、最粗暴、最没有技术含量的操作方式，我们把这个单词抄写20遍，你肯定能暂时记住这个词 marsupial。这就是我说的立刻能见效。

　　你大致能读出我下面要强调的意思，立刻能见效和持久能见效之间有着本质的区别。而让大家产生焦虑的原因并不是英语方法到底哪个更好，而是自己心里的"时间错配"。

时间错配是心理学上的一个重要概念，好比我希望通过一个星期的强化搏击训练达到职业拳手日复一日坚持 20 年的训练效果。而因为我一直着眼在职业拳手的目标上，挥动了 20 次拳头之后，发现离目标还是遥不可及，所以怀疑这 20 次挥拳到底有没有用。

事实上，这 20 拳一定是有用的，只不过效果表现得不明显，而且离成为职业选手的目标相去甚远。

好比你背了一个单词，但是离日常流畅的英文沟通还有很大的距离，所以你就否定了背着一个单词的效果。

记住：做了就一定有效果，只不过效果不明显。

要想效果明显，那就要坚持做。效果＝做，明显效果＝坚持做。

讲明白"时间错配"的原理之后，我来说说如何克服这个问题。

答案只有一个：专注当下，延迟满足。

专注当下很好理解，就是去关注及时效果，比如背了一个单词，是不是背下来了。没背下来，多背两次。背的过程中脑子里不要出现自己即将成为英语达人的幻觉。幻觉越大，失望越大。

延迟满足倒是这个时代的问题。

我有次看了一篇写今日头条张一鸣的文章。一鸣说，能做大事的人，都要学会延迟满足。言之有理。但是现在所有互联网产品，做得最好的功能属性都是"即时满足"。当这个社会都在培养每一个人即时满足的习惯时，延迟满足越发困难。

如果人的欲望被满足了，前行的动力也就丧失了。

当头条实现了定制化推送，每个人可以不费力气地看到自己喜欢的东西，但是丧失了主动搜索的能力。当有道字典可以直接提供单词点读时，人们丧失了根据文章上下文推测词意的机会。

学习的欲望来自解决问题，来自想成为更好的自己。如果生活中不需要去解决问题，如果发现怎么努力都无法成为更好的自己时，学习也就不重要了。

末了写首小诗：

在这个不明媚的时代里生活

如同在暗夜里潜行

暗夜中有一种冥冥法则

有些人 不寄希望看到朝阳

他们远征

更多人 因为看不到朝阳

选择停留

C4　一紧张就讲不出英文，怎么办?

　　好多同学问我这个问题，我觉得很有代表性，所以拿出来回答一下。

　　开宗明义，讲英文这件事，不仅你紧张，我也紧张，所有人都紧张，连英美人都紧张，而且只要一紧张，所有人都讲话不利索。我拿我自己最近的一个事情举例子，也算是自黑一把，甩开偶像包袱，放飞自我。

　　2016年年底，王冠老哥来北京出差，对，就是你们知道的那个中国帅气男神，一口流利英语怒怼外国记者抛出的中国南海问题的那个王冠。我俩在办公室喝完一杯咖啡，他决定推荐我去参加央视北美台的访谈节目，我当时觉得应该没有啥问题，就应了下来。

上上周我在日本收到了北美台同事的电话，她关切地和我交代了一些注意事项，给了我一些往期节目的视频，直到上周六凌晨，节目直播前6个小时，我拿到了采访提纲。直播连线是北京时间早上7点，我熬了半个通宵准备材料，4点多贴个面膜去睡了一个小时，5点半起床，穿正装，打领带，赶往位于建国门的直播现场。

由于是第一次去，光找地方就用了将近20分钟。6点50分，离连线还有10分钟，我站到了镜头前，身后是车水马龙的建国门桥。直播助理给我一个耳机，耳机中北美总部的老外指引着我站位，声音嘈杂无比，我要拼命听才能听清楚他在讲什么，此时我脑子里乱成一锅粥，突然闪出了一个念头：要是讲砸了怎么办？！

然后我就彻底乱了。

什么叫作彻底乱了呢，就是这个念头盘桓在我脑中，赶都赶不走。我站在户外的冷风中，双腿战栗，双手紧紧地相互扣着。耳机里听到北美方面开始倒计时，然后节目主题曲响起，主持人说话，此时我脑子还是乱的。我耳机里基本上听不清楚他在讲什么，因为我唯一能听到的是我的心跳声。

幸好第一个问题不是问我的，我告诉自己，直视镜头，微笑。然后该我回答问题了，说话第一句就吃了一个螺丝，幸亏有多年演讲的训练，已经形成了下意识，一旦舌头打结，就把语速慢下来，重新调整节奏。节奏慢了一些，可人家这是直播啊，每一个人一个轮次最多讲一分半钟。主持人尝试插话提醒我节奏，两次提醒之后我终于把该说的说完了，还不敢喘大气，镜头还对着我呢。脑子一片混乱，这回可斯文扫地了。我左耳是建国门的车声隆隆，右耳是主持人和另一位嘉宾的对话，一番回合，问题又抛给了我。

第二个问题上手，仍然没有开口脆，节奏完全乱掉了。磕磕巴巴全部说完，听到节目中间广告音，然后信号切断，我还立在原地不敢乱动，和直播助理确认直播连线已经结束之后才走下来。

左手已经被右手勒出了一道血印。

是的，我也会紧张，而紧张的结果一定是完蛋的。回家的路上我选择了地铁，车厢摇晃，有一刹那我突然觉得回到了10年前那个北京的早春，我参加21世纪杯英语演讲比赛，台下1000多名观众，我丝毫没有紧张，举手投足，气定神闲。这么多年过去了，我的英语水平肯定比那个时候要长进了很多，但为何没有当时的霸气与自若呢？

一路上我非常自责自己没有好好准备，因为在我心中，克服紧张的唯一方法，就是不断准备，让自己的技能进入到肌肉记忆，从而无所畏惧。要知道，当年的演讲稿我是背了2500遍的无错版，即背错一个字，这一遍不算，重头来过。

回家之后我赶紧补觉，因为下午要赶去哈尔滨给200多名公立中学的骨干教师做培训。一觉醒来，我给冠哥发了微信，检讨自己讲得不好，给他丢脸了。时差关系，冠哥隔天凌晨回复安慰我说讲得很好，下次再来。我自己心里知道讲的是非常不好的，但是就在等冠哥说，下次再来。我这辈子就是属于憋着一口气活着的人，凡是我能做好，但是没有拼尽全力从而导致没有做好的事情，我一定要再来一次，直到做好为止。

2016年师姐刘欣老师回到央视做了一档自己的直播节目叫作 *The Point with Liu Xin*。我舰着脸跟学姐说带我一起飞。我看了第一期节目，只能感叹，还是熟悉的老配方，纯正的英语，自若的节奏，央视英文频道一姐就是这个 feel。我给师姐发微信向她祝贺，也顺便问她为啥这么流利，一丁点儿语法错误都没有。欣姐说：充分的准备。

消除紧张有两种方法：一是不要太在乎结果，二是一开始就做好充分的准备。其实仔细一想，你会发现其中的逻辑是完全一致的，只有一开始做好充分的准备，才会不太在乎结果；反之正是由于在乎结果，一开始就必须充分准备。

当然也有不在乎结果，也不充分准备的，这个人要么是顿悟了，要么是虚度了。

所以你问我一紧张就讲不出英文怎么办？

答：做到不紧张的方法，就是平常充分地操练。听一万节课是没有用的，讨论一万个消除紧张的方法也是没有用的。如果你曾经因为准备不充分导致了紧张从而影响了表达，甚至闹出了尴尬的笑话，我觉得是时候幡然醒悟，平常多加练习了。

到底要练多少遍呢？

答：练到你觉得这次不会再丢脸为止。

C5　总是有人说，你英语学得不系统

我在后台经常看到的问题：夏老师，如何系统地学习英语？

我回想了一下我自己的英语学习历程，真是很难定义什么是系统，什么是不系统。中学英语课本有明确的课程大纲，由简单到复杂，逐步推进，应该是系统学习的代表。可我大学英语学习的经历却又不是这么一回事儿，大一和大四看的英文书都是一个难度，没有什么差别，甚至很难用系统这个词来概括。在平常使用英语的时候更是没有所谓的章法可寻，一切都是随机应变。

所以到底如何系统地学习英语，这个问题绝对不是一个 yes or no 可以回答清楚。不如拿学咏春拳做一个比方。

咏春拳三个主要套路：小念头、寻桥和标指。小念头是咏春最基础的套路，核心练习摊、膀、伏以及中线发力。学咏春一定是从小念头开始，反复练习到了一定境界才可以进入后面套路的学习。即便这三个套路全都学好，离实战还是有着千里之距。三个套路是基础，也非常系统，但是实战中，千变万化，毫无系统可言，可谓是一步一擂台。所以我们通过这个例子能够看出，不同学习阶段，对于是否按照系统性学习有着不同的要求。

对于基础阶段的同学，系统性意味着遵循语言学习从易到难的方式开始学习，不会一开始上手就手足无措。最好的系统性代表便是教材，英语教材的编纂从来都是如此，循环上升，逐层进步。我之前有篇文章提及了《新概念英语》，这套教材惠及了近半个世纪的中国英语学习者，亚历山大先生在这本教材中出神入化地使用了 reoccurence（重现）的方式，奠定了现今评价教材的金标准之一。

换言之，对于基础阶段的同学，如果没有按照一本教材来学习，而是眉毛胡子一把抓，这应该被称作"学得不系统"。

另一个评价是否系统的标准是谁是你的英语老师。武学也好，书画也好，只要是一门技术手艺，都特别强调传承有序。老师是科班出身，即便教学中没有激情与活力，甚至是照本宣科，但给学生的基础训练往往是最扎实的。

我的英语学习在进入大学之前应该属于半系统的。我的老师迅公眼界高远，击水三千，口音纯正。当时我的口语和眼界已经被迅公调教得很不错了，这也是我考入南大之后可以轻松转去英语系的原因。但是进了英语系之后，才发现自己的幼功不好，底子薄，尤其是在写作上，行文造句都不得法。现在回想起来，还是由于小的时候说得多，写得少，背的量也不够。非科班的老师很有可能在英语的几项中做得出神入化，但是几项的平衡感与相关性还是略微欠缺。

大学四年，每周至少要写一万字的英语作业，而且大一、大二两年天天下午和丁老师练演讲，他帮我逐字逐句地改稿子，这应该是我科班训练的起点。丁老师的口语发音不算惊艳，但是出口没有错误的句子，别人听起来如果不考虑口音这个因素，会觉得他的英文一定是受过高等教育的，一旦落到写作，绝大多数英美人士会自叹弗如。科班出身的老师可能做不到"长板特长"，但是一定可以做到"短板不短"。

所以诸君在选择老师这件事情上，不可不慎。最好多寻几位老师，这样可以各取所长。

至于买本教材，甚至是在网上找些免费资料就开始学起来的同学，钱的确是省了，但学习起来要么是进步缓慢，要么是中途放弃，浪费了时间。总之，在初学阶段，教材和老师一个都不能少，这样才能确保学习是系统的。

当学习进入中高阶时，系统性已经变得不是那么重要，关键是实战。一直学教材的人，英语会刻板，不活泼，而且脱离语境也容易遗忘。师父领进门，修行在个人，到了这个阶段就要主动出击，一步一擂台。听说读写都要练习，但是我个人最喜欢的训练方式还是侧重于读写，因为效率最高。听、说都需要客观条件。

听可以作为阅读的辅助，比如听一些有声书、新闻、美剧。但听和读的关系基本是这样的，如果读不懂，一定听不懂；如果读懂了，不见得能听懂；如果能听懂，应该能读懂。建议以阅读为起点，以听力为检测。在没有文本或者字幕的情况下一通盲听，进步的效果非常有限。在高级阶段，如果阅读绝大多数文本都没有问题，则可以听为主，以读为辅，这样可以最大限度地刺激自己的听觉和口语感知，利于保持极高的竞技状态。我现在每天还坚持至少听一个小时的 BBC *World Service*。

很多朋友觉得口语很重要，这一点不假，但是如果让你把想说的写出来，突然会发现你也不见得能写。所以口语和写作都是输出，但是写作可以给你足够的思考时间，甚至可以字斟句酌，可以翻阅字典。写作完全可以作为口语的前期准备。当年我练演讲的时候，真的是写远远多于说。

能有以上的感悟，当别人说你学英语不系统的时候，你方可以按照自身的情况对号入座。

总结一下，初级阶段需要教材和拜师；高级阶段要处理好听、说、读、写四项的关系。

C6　哑巴英语的本质就是瞎子英语

　　我小时候被父母送去学英语，我妈一直宣称的是中国人都学的是哑巴英语，只会看不会说，所以她才会花钱送我去口语好的老师那里学。这是我第一次听说哑巴英语这个概念。

　　参加工作之后，我问及很多同学，自己哪一项英语实力薄弱，百分之九十九的人都会认为是口语和听力，而且很多人也认为自己学的是哑巴英语。

　　因为工作缘故，我要充当江湖郎中的角色，时不时要为英语学习者提一些学习建议，自然也就绕不开哑巴英语这个话题。可每次我多问了几个问题之后会发现其实不是哑巴英语这么简单。

　　中国同学口语不好的重要原因就是输入太少，与其说自己是哑巴英语，不如说自己是瞎子英语。

　　我们先从大家都认同的前提出发来论证这个观点。

　　首先，学好一门语言需要环境，在这个环境中，要学习的语言出现的频率一定要高。很多留学生的经验都表明：出国之后才是自己英语突飞猛进之时。出国与不出国的最大区别在于语言环境，如果上课、作业、日常生活中都是英文为主，那么语言提升是相对容易的事情。

　　但对于中国绝大多数英语学习者来说，出国长期深造并不现实，但却是我们不能回避的事实，即语言学习需要环境，所以我们只能自己构造一个语言环境。而听、说、读、写四项中，构造环境最简单也最经济适用的一定是阅读，因为只要有读本和字典就可以开始了。

这并不意味着用听力来构造语言环境不可取，甚至在理想的情况下，我是非常提倡利用听力环境来构造语言环境的，但是听力有一个特点，即如果听到的内容是你完全没有任何概念的内容，学习者根本无从下手，因为绝大多数人很难仅仅凭借声音和字典就拼凑出语言的意思。这也是为什么我从来不建议绝大多数英语学习者去盲听英语材料的原因。

从语言发展的历史上也能窥见这个观点一二。诚然，人类的语言，一定是首先出现了声音，然后通过固定的声音来表达意思，再将多个声音通过一定的逻辑联系在一起，形成了语法。但只有在文字出现之后，人类才可以表达更多、更复杂、更抽象的思考。书写在人类早期时代仅仅局限在统治阶级，下层的奴隶只有语音，这也是他们无法进行复杂思考的原因。人类新一轮文明的出现始于印刷术，这还是同书面文字有着直接关系。当然，之后出现了无线电、电视、互联网，我预计在视频成为主流承载介质之前，文字一直会成为人类传承文明、思辨的最为重要的介质。

中国学生一直的错误观点在于，他们认为自己的阅读写作都很好，只是口语和听力有缺陷，貌似托福和雅思的官方数据也支持这个说法。

该数据是雅思官方 2015 年全球统计得出不同国家学生的成绩平均值。

从上组数据中，貌似可以推断出中国学生的阅读水平和世界前五的国家没有什么本质区别，都是在一个数量级上的，但是口语的确相差太大。我下面来帮你 break down 这个事情为什么会是这样，以及为什么归因到底，还是阅读出了问题。

全球考生成绩统计排名（学术类）Mean band score for the most frequent countries or regions of origin (Academic)					
Place of origin 国家（地区）	Listening 听力	Speaking 口语	Reading 阅读	Writing 写作	OVERALL 总分	排名
Germany（德国）	7.7	6.6	7.3	7.5	7.3	1
Greece（希腊）	7.3	7.1	6.2	6.6	6.9	2
Canada（加拿大）	7.0	6.7	6.2	7.1	6.8	3
France（法国）	7.0	7.2	6.1	6.6	6.8	4
Malaysia（马来西亚）	7.1	7.0	6.1	6.6	6.8	5
China（中国）	5.9	5.4	6.1	5.3	5.7	33
Iraq（伊拉克）	5.5	5.5	5.5	5.9	5.6	34
Uzbekistan（乌兹别克斯坦）	5.4	5.5	5.2	5.5	5.4	35
Kuwait（科威特）	5.4	5.0	4.8	5.6	5.3	36
Oman（阿曼）	5.1	5.0	5.0	5.7	5.2	37
Qatar（卡塔尔）	5.2	4.9	4.7	5.6	5.2	38
Saudi Arabia（沙特阿拉伯）	4.9	4.8	4.6	5.5	5.0	39
United Arab Emirates（阿联酋）	4.7	4.7	4.5	5.3	4.9	40

　　首先拿分数最高的德国说事儿，我先用 Google 搜了一些在德国学雅思的关键词，搜出来一家叫作 IELTS Berlin 的机构，看了课表之后，你就知道全世界能和中国人一样把雅思备考弄得出神入化的国家应该都在东亚地区，例如日本、韩国。看看德国人培训机构的雅思课表，我就笑了。

Which course is right for you?

Four day intensive
A weekday course that offers thorough preparation for the IELTS test. More

Pre IELTS preparation
This course is designed for people who would like to improve their overall Academic English with a focus on IELTS, in order to prepare for the IELTS-Berlin preparation courses. More

Mock test
The Mock Test gives you a chance to see what the test is like under real conditions. More

Weekend intensive
The best option if you don't have enough free time to attend a weekday course. More

One-to-one training & mini groups
If scheduled courses are not for you, we are happy to discuss one-to-one or mini-group training. We also offer telephone and Internet 'e-lessons' (for those who cannot attend courses in Berlin). More

　　第一门课是 4 天强化班，早上 9 点到下午 4 点上课，包括午休。第三门课是模拟考试，还有周末强化班，还有一对一，最长的培训课程是第二门，总共课时是 20 小时。夏老师当年在新东方教雅思的时候，动辄都是 100 多个小时的班，更不用提那种一对一超长线班级。恨不得把市面上所有雅思的官方出版物上的题目都过一遍，德国佬只用一本书，而这本书我们基本上会觉得太过于形式，而且比较简单，就是 *New Insight into IELTS*。一句话总结，德国人雅思备考，全看平时英语学习，考前去了解一下考试形式，找一找做题的感觉就行了，结果人家是世界第一。

Pre IELTS preparation

This course is designed for people who would like to improve their overall Academic English with a focus on IELTS, in order to prepare for the IELTS-Berlin preparation courses.

In this 20 clock-hour course, which takes place once a week for 2 hours we will practice all four language skills, covering areas which there isn't time for in the IELTS preparation courses:

Writing:
Writing complex sentences, prepositions, punctuation, relative clauses

Speaking:
Fluency, talking for an extended period of time, coherency practice

Reading:
Speed reading, using authentic texts

Listening:
Exposure to authentic listening materials used in the test

我顺带也搜了法国，情况也是类似，在此就不列举了。说个逸事，2009 年我和新东方一帮雅思老师去澳大利亚培训雅思教学，第一天上课之后，全体同人一致表示，这些教我们雅思的老师，还不如我们对雅思了解得深刻，遂而一票同人终日逃课开始放飞自我。总之，中国相对这些国家，在雅思备考上是做足了文章。

也许我们能这样推测，中国学生的雅思成绩属于吃药迅速提升的，并非是有机生长出来的能力，而另外三项是短期内无法利用备考方案迅速催熟的，尤其是写作，短期内即便使用模板，也无法提升，应该来说是最为客观地反映了中国学生的英语水平。

说完中国学生异常高的阅读成绩之后，我们还是回头来看看前五名国家四项成绩的分布，无一例外，都是听力分数最高。一般来说，能听懂的，基本上也能读懂。听力水平的高低是一个人输入性英语的重要指标。听、说不分家，所以较为优秀的听力成绩的确可以影响口语成绩。还是我之前的观点，再次重申，听力是非常重要的语言输入，一定不能忽视。

仔细看看德国的成绩，这才是标准的哑巴英语。除了口语一项以外，其他三项都非常不错。而中国人表面的症状是哑巴英语，其实是阅读能力的虚高。你真要让国人去读 *Shakespeare* 或者 *The Economist* 而不给他们选择题，估计很多人还是睁眼瞎。

所以如果让我设计一个最适合中国学生的英语学习路径图，我认为应该是以阅读作为先导，而且量级要大，可以仿照一般大学英语系每周 5000 字的阅读量为标准，先打下一个扎实的基础，然后转而练习听力、写作两项，最后落实到口语上。如果前三项都做好了，口语就是多说就能好。如果前三项比较务虚，口语说得再多也没有用。

总之，国人哑巴英语的本质还是瞎子英语所造成的。读得太少，即便读了，也是做卷子和看文献多，涉猎内容的宽度和深度都不够。

我这套理论学界有 Krashen 的 comprehensible input 的论述，但我还是想从实证的角度去证明一下，希望能在 5 年之内看到一批以这样的方式成长起来的学生。

阅读真的是最经济实惠的英语学习方法，不需要动辄花费万元去报一个外教口语，只需要几本书，一颗必胜的决心，就可以开始逆袭之路。

C7　英国：靠嘴皮子屹立不倒的不列颠

2017 年 3 月 23 日英国议会受到恐怖袭击，首相特蕾莎·梅随后在唐宁街 10 号发布演讲，谴责暴行，安抚民心，宣扬价值。要说英语演讲，一生俯首拜大英。美国也有演讲高手，但是作为美国总统的川普是连一个完整的句子都很难说清楚的人，根本不用提演说能力了。反观不列颠，历史上只要吃了瘪，都会诞生一篇掷地有声的演讲，这一次特蕾莎·梅光荣地继承了这一传统。

本文将对演讲全文摘录，略做点评，分享给诸位：

I have just chaired a meeting of the Government's emergency committee, COBRA, following the sick and depraved terrorist attack on the streets of our Capital this afternoon.

1　特蕾莎·梅，江湖人称嘴炮 queen
　　议会吵架马克沁机枪（Maxim gun），
　　工党领袖科尔宾每周都做枪下鬼

232

词与音

开篇第一句先做安民告示，政府已经高度介入。COBRA 的全称是 Cabinet Office Briefing Room A（直译成中文就是：内阁办公室 A 号简报间），cobra 小写时可是大名鼎鼎的眼镜蛇，可见英国政府也是借用了这一谐音体现出政府紧急事态委员会的机警、敏捷与凶猛。随后，特蕾莎·梅对此次恐袭的定义是 sick and depraved（sick：令人不齿、作呕；depraved：道德败坏至极）。

英国人的演讲用词不仅是在语义上做足了功夫，还要在读音上让听众感受到情绪。sick 是清齿龈有咝擦音（voiceless alveolar sibilant），高频率的湍流从牙齿与舌尖面射出，从声音听觉的角度给人一种愤怒之感。

清齿龈有咝音的特征：
- 发音方法是有咝擦音，即是引导气流通过一个由舌尖在发音部分构成的沟和牙齿和尖面，造成高频率的湍流。
- 发音部位是齿龈，即以舌尖或者舌尖后的扁平面（舌叶）抵住上齿龈脊颤动。
- 发声类型是清音，意味着发音时声带并不颤动。
- 本辅音是口腔辅音（口音），表示发音时空气只从口里流出。
- 中央辅音，气流可从舌中部流过，不从两侧通过。
- 气流特点是从肺部直接流出，而不是从口腔或喉门流出。

depraved 一词重音落在第二个音节，a 字母读双元音 ei，平衡了前一个 sick 的急促高音，庄严有力。特蕾莎·梅的读音是典型的 RP，对于爆破音读得一丝不苟，depraved 的 d 清晰可听。这其实就回应了一个语音误区，是不是爆破音就一定要失去爆破，答：不是的。越是严肃场合的说话，爆破音越是清晰，尤其是英式英语，这也是英国人衡量一个人说话教养的标准之一。

The full details of exactly what happened are still emerging. But, having been updated by police and security officials, I can confirm that this appalling incident began when a single attacker drove his vehicle into pedestrians walking across Westminster Bridge, killing two people and injuring many more, including three police officers.

This attacker, who was armed with a knife, then ran towards Parliament where he was confronted by the police officers who keep us—and our democratic institutions—safe. Tragically, one officer was killed. The terrorist was also shot dead.

这两段概述了整个事件的经过，简明扼要。我们经常听到新闻发布会中"根据现在掌握的情况"这样的说辞，在此又可以找到一个英文的表达：the full details of exactly what happened are still emerging. full, details, exactly, still, emerging 这几个词用得极准。

下一句中 appalling（令人震惊的）一词重读，对应上文的 sick and depraved，不放过一次抨击恐怖主义的机会。

including three police officers 这个部分语速较前文放缓，一方面是要表扬警队官兵奋不顾身的英雄主义，另一方面是要控制讲话的节奏，预示这个部分即将告一段落，为下文进入前的自然停顿做好过渡。

恐怖分子冲向议会大楼的叙述，语速回归正常，停顿处在 us 和 and 之间，重点要强调议会作为英国价值观的地标遭受袭击的影响。and 重读的情况不多，如果出现往往是为了强调后文。

Tragically 这句，利用了副词开头，改变句子节奏，后句放缓，向烈士致敬。最后一句平铺直叙，告知对恐怖分子的处置情况。

对比

演讲和新闻稿不同。昨晚我手机上 BBC 的新闻却有新闻行文的一贯作风，连续三条推送，言简意赅。尤其是中间一条：police officer stabbed at UK Parliament and alleged assailant shot dead。两个名词结构而已。

The United Kingdom's threat level has been set at severe for some time and this will not change. Acting Deputy Commissioner Rowley will give a further operational update later this evening.

这一段主要叙述政府后续介入的步骤和负责人，同时告知民众，危险仍然存在，但是这样的危险等级已经持续很长一段时间了。这样的说辞为后续事件发展的不确定性留足了空间。一方面安抚群众，另一方面告知危险。和飞机上的广播很类似，颠簸中告诉你系好安全带，但是告诉你没有事儿，就是有点颠，飞机不会掉，但是你乱走就有可能摔倒。

白描

Our thoughts and prayers go out to all who have been affected-to the victims themselves, and their family and friends who waved their loved ones off, but will not now be welcoming them home.

For those of us who were in Parliament at the time of this attack, these events provide a particular reminder of the exceptional bravery of our police and security services who risk their lives to keep us safe.

这个部分对于死难者和其家属表示哀悼。在 our thoughts and prayers 之后有短暂停顿，为后续句子沉重的节奏做好铺垫。victim 一词中 tim 的发音非常英式。后续一句，虽然文字简单，却刻画出日常的再见竟然成了永生的诀别。此次受害者都是普通民众，谁能料到招此横祸。

再看此段，句子以断句为主，无尽哀伤。who, wave, love, off, will, now, welcoming, them, home 多是 w，v，f，m 的辅音，泣不成声，哽咽在喉。home 一词既是温暖的意象，音韵中是 ou 音，好似压抑许久的悲愤终于化作一声哀号。

后段向警队表示慰问，平淡不惊，作为情绪的过渡调整。exceptional 一词为下文打好伏笔。

Once again today, these exceptional men and women ran towards the danger even as they encouraged others to move the other way.

On behalf of the whole country, I want to pay tribute to them—and to all our emergency services—for the work they have been doing to reassure the public and bring security back to the streets of our Capital City.

That they have lost one of their own in today's attack only makes their calmness and professionalism under pressure all the more remarkable.

前句波澜不惊，是为了此句波涛汹涌。once again today，引起强调，用 exceptional 一词承接上文，然后用最简单的英文描述出了当时这些警员们英勇的样子，这些警员并不异于常人，直面危险之际，也不会有什么豪言壮语，他们只会 run towards the danger，以及 encourage others to move the other way。towards 一词重读，壮士赴死之景，跃然纸上。

政治

The location of this attack was no accident. The terrorists chose to strike at the heart of our Capital City, where people of all nationalities, religions and cultures come together to celebrate the values of liberty, democracy and freedom of speech.

These streets of Westminster—home to the world's oldest Parliament—are engrained with a spirit of freedom that echoes in some of the furthest corners of the globe. And the values our Parliament represents—democracy, freedom, human rights, the rule of law—command the admiration and respect of free people everywhere.

That is why it is a target for those who reject those values.

But let me make it clear today, as I have had cause to do before：any attempt to defeat those values through violence and terror is doomed to failure.

此段开始讲出恐袭选择的地点绝不是偶然，因为这是世界上最古老议会的所在地。engrained with 意为深深扎根，等同于 deeply rooted。全球自由世界的议会制度基本上都来源于英国，此处颇有"得道多助，失道寡助"的意味。

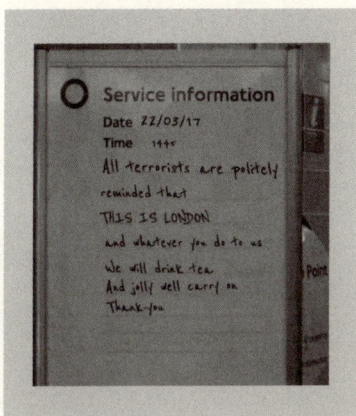

BE LIKE A DUCK :

Above the surface...
LOOK COMPOSED AND UNRUFFLED

Below the surface PADDLE LIKE HELL!

这段虽然慷慨激昂，但本质上是政治言说的老套路，重复重复再重复。能被记下的应该只有 democracy, freedom, human rights, the rule of law 之类的价值观，并且 celebrate values, reject those values, attempt to defeat those values 都是重复表达。最终引向观点：doomed to failure。

Tomorrow morning, Parliament will meet as normal. We will come together as normal.

And Londoners—and others from around the world who have come here to visit this great City—will get up and go about their day as normal.

They will board their trains, they will leave their hotels, they will walk these streets, they will live their lives.

And we will all move forward together. Never giving in to terror. And never allowing the voices of hate and evil to drive us apart.

（左图来自网络。图片内容为：敬告所有恐怖分子，这是伦敦。不论你对我们做了些什么，我们茶照喝，欢欣鼓舞与你死磕。谢谢你全家。）

国民性

最后一段尽显英国国民性格，即 bite the bullet（咬紧牙关）。

天塌下来，舞照跳，马照跑，茶照喝。不会因为一点小恐怖主义的讹诈就龟缩，堂堂大英帝国，希特勒都没有能将他们如何，他们还惧怕现在的小恐怖吗？as normal 连续出现，紧跟一段是具体描述，乘火车，出街，过生活。

好像这句老话说的：Be like a duck: Above the surface, look composed and unruffled; below the surface: paddle like hell.

总结一下特蕾莎·梅的演讲：

1. 简明扼要；

2. 语音传情，类似 sick and depraved；

3. 节奏变化丰富；

4. 白描刻画足以打动人。

C8　最会写英文的人根本不在培训行业

　　我一直认为培训行业里能写出漂亮英文的人是少之又少的，至少我写不出来，只能干瞪眼羡慕，毕竟我们是靠嘴挣钱，教的应试的课程或者是教材千年不变，如同老驴上磨，拉着拉着也就成了名师。

　　幸好那群英语特别好的人完全沉迷于他们的行业，享受着无冕之王的美名，无暇来培训行业搅局捞金，才有了我们这一干人等过活的饭碗。

　　大家也听出来了，最会写英文的人出在新闻业。这篇文章乃是狗尾续貂，接着以前的一篇文章（"国内英文报纸到底能不能用来学英语"）这个话题继续下去，浅谈一下怎么通过新闻学习英语。

　　先推荐一本我路透社张老师推荐的一本书：*News Writing by Anna McKane*。McKane 女士在路透社服务 20 余年，随后又在伦敦城市大学执教新闻写作，出的这本书也是路透社新记者人手一本的写作指南。

　　张老师当年推荐我这本书时，我在亚马逊上搜过，价格 400 多块，未能及时买入，毕竟我心中还是视 *Elements of Style* 为写作宝典，书架上还有 William Zinner 的 *On Writing Well* 镇着，也就作罢了。

　　2016 年春节到台北游玩，我是宅男，出了家门都觉得有时差的那种，故而无所事事，意兴阑珊间前去诚品书店溜达，略微有些失望之际，绕到台大附近的胡思二手书店，突然看见了这本书，才要 200 台币，欣然购入。蹲在酒店的房间里看了两天，春节就这么过去了。

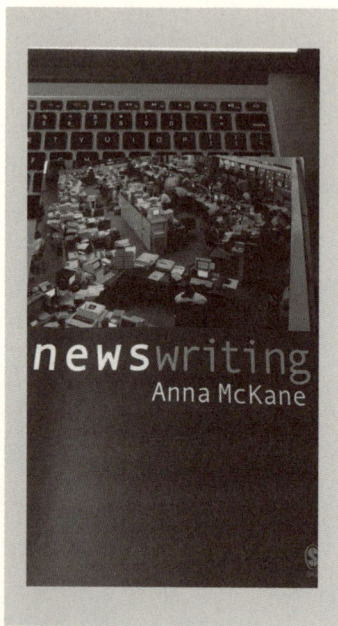

这本书的 Foreward 的第一段就很精彩，能支持我前文的观点，最会写的都在新闻行业。我摘录一段给诸君分享：

The final stage of the journalistic process, the only one the audience encounters directly, is the words. They may be printed, spoken, or placed on a computer screen, but first they have to be prepared, and that usually means written. If they are boring, they will bore. If they are incomprehensible, they will not be understood. If they are clumsy, or illiterate, or ungrammatical, or inappropriate, they will annoy. No matter how good the reporting, how dramatic the revelation, how brave, despicable, corrupt, extraordinary or inspirational the events described, if the writing does not engage the audience all that caem before it is wasted.

　　由上文可以看到，英语新闻的第一个要求就是不能无聊乏味。If they are boring, they will bore. 想必诸君都有过看无聊英文的经历吧，尤其是在面对学校发放的教材的时候，面对四六级真题的时候，真是提不起兴致。但是新闻不会，因为写 boring 新闻的记者早就被主编给收拾了（下面我会举例子来说明什么样的句子是不 boring 的）。

　　除了不 boring 以外，新闻还需要 comprehensible，即读者不费力气就能看得懂，单词量太少的除外，在我看来一个高中学生基本看国外的新闻单词量是够的。

　　中国同学对自己英语实力向来有着不切实际的预判，例如绝大多数人在没有考过六级以前，都认为自己单词量很菜，看不懂原文报刊，其实新闻的单词并不难，即便遇到不会的单词也可以半蒙半猜；绝大多数过了六级的同学总认为自己最差的是口语，其实问题不在你，你在之前的老师身上学会了应试的绝招，但同时也学了一口奇怪的发音和中式应试思维。

　　插播两个英语学习的观点供参考：

　　1. 养成一个良好的习惯：阅读遇到不认识的单词时，不要第一时间查字典。要猜！

　　2. 挑六级阅读老师也要挑一个口语好的，这点不难。

　　还是回到上文，除了句子写出来要让人看懂这个最低的要求以外，还需要不 clumsy。什么叫 clumsy 呢，就是明明一句话能说明白的事情，非要用好几句话。想到这儿我管不住自己又要批评一些应试类的写作老师，很多写作模板其实都是废话连篇，同学们还背得乐此不疲，应试这个坑进得越深，之后想爬出来就越费劲。

新闻写作不仅仅强调语言的精准，还需要有心理学的素养，能够让读者跟着铅字往下读，McKane 的这本书中还有这样的金句：

The story has to engage the reader from beginning to end. The first sentence has to persuade your reader to read the second, the second has to persuade to read the third and so on.

新闻业爬格子挣钱，都是刀口舔血的买卖，写出来的句子要有附着力。读者喜欢读，才会接着订你的报纸。

这种用文字勾搭人的能力甚至是靠一个字来达成的。比如在新闻正文第一句，或称导语的部分，要用不超过 30 个单词来概括一个事件的 Who, What, When, Where, Why and How。McKane 的观点是，要在 What 上面下力气，而表述 What 在句子中的成分，最恰当的往往是动词，比如：

错误示例 1：

There has been an explosion at a paint shop.

错误示例 2：

An explosion took place at a paint shop。

以上两个句子死气沉沉，很难让人感觉眼前一亮。McKane 改成的句子是：An explosion ripped through a paint shop.

别看 rip 这个单词只有三个字母，我估计有一半的中国同学不见得认识，认识的也只知道是"撕开"的意思。所以说背单词是一个方面，但是仅仅背单词一点用处都没有，必须在真实语境中看过高手是怎么用这个单词的，你才有可能学会。但我敢保证，如果你出手能写出这样的句子，就连 native speakers 也会对你刮目相看。以前教我的丁老师曾经说过，学英语说到底就是学动词，此话不假。

当然一个好的开头，除了要回答 5W1H 的问题以外，还需要注意很多方面，比如句子的重心位置应该前置、细节应该突出、少用否定和被动表达、最好不要使用超过一个以上的从句、要让读者能用一口气读下来，等等。但大家要知道 Today's newspaper will be tomorrow's fish wrapper。今天的报纸就是明天菜场包鱼的废纸。所以新闻讲求的是时效性，天下武功，唯快不破。这些高质量的内容是一名优秀的记者在最短时间内一气呵成的，足见功力。

当年英国伦敦的舰队街（Fleet Street）报馆林立，各路记者包里除了带上纸笔，往往还要揣上一把匕首。匕首何用？为了抢头条，不惜将对手报纸记者的汽车轮胎扎破，从而赢得时间拍电报回总部发稿。Fleet Street 这个词后来也成为英国报业媒体的代名词。

虽然现在舰队街随着社交媒体的大行其道已经衰败，但是这群报人仗剑天涯的侠气仍在，虽然不用再去扎汽车轮胎，但是他们的文字里仍旧写着快意恩仇。

多看看正统的英语新闻吧，总比看川普文法错误满篇的 twitter 不知道要强多少倍。

C9 写作 | 英文写不好？因为愚蠢

新东方的联合创始人王强老师在早年提出过一个"美语思维"的概念，即中国人讲英语一个很大的挑战是思维层面的。对于这个观点，我大抵上是同意的，因为任何一件事要想做好，必须要有一个正确的思维，但若将所有问题大而化之成为"思维"问题，而没有实质性的改进建议则会沦为空谈。

写作远远比口语更需要语言思维的训练，毕竟口语的特点是两个人交谈，最核心的要求是 keep the conversation flowing。写作恰恰相反，作者和读者的交流基本上是单向的，基本上全靠读者去揣摩作者的用意。

那说到如何减少写作中 Chinglish 的方法，我倒是有本书推荐，也是我自己翻了不下 10 遍的书：《中式英语之鉴》（外研社）。

这本书是在中国工作多年的一位外国翻译专家 Joan Pinkham 的著作，其中选取了大量国内英文报刊和学生习作的 Chinglish 予以分析和纠正。全书的编目也简单明了，先是谈词与词组中 Chinglish 是如何产生并且如何订正的，随后进入句子和篇章。全文中鲜有触及语法的部分，更多的是在探讨貌似一个句子符合英语语法，但却不能表意，或表意不明确的问题。

开篇先谈的是 unnecessary words。试举一例给大家：

错误版本：to accelerate the pace of economic reform

正确版本：to accelerate economic reform

错误版本中多了一个 the pace of，其实这就是中文加快经济改革步伐的直接翻译，从语法上没有任何问题，但是从英语使用的效率上讲，便产生了冗词。中文里很注重动宾短语，好像"加快经济改革"是半句话，不够四平八稳。从另一个角度看，这些是政治话语体系对于语言效率的严重侵蚀。George Orwell 在"*Politics and English Language*"这篇文章中也对英语受到政治化影响予以抨击并究竟其原因所在：

［The language］becomes ugly and inaccurate because our thoughts are foolish, but the slovenliness of our language makes it easier for us to have foolish thoughts.

语言之所以不简单直接是因为我们的想法非常愚蠢，而语言的 slovenliness（邋遢）会使我们更容易去进行愚蠢的思考。

但如果我们能利用对于语言的仔细修改，甚至是用死磕的方式去字斟句酌，那么我们的思考能力也能获得进一步的淬炼。因而回到文章的开头，思维问题是所有问题的起始，也希望《中式英语之鉴》能够帮助大家用具体的视角和方式来把自己的英文写作提到一个新的水平之上。

C10 翻译｜英译中表达不顺畅？
许国璋教你写有格调的译文

原本许国璋先生在我的脑海里只有《许国璋英语》这套教材，最多加之是几篇在《英语世界》结集成册的书中的文章作者，是鼎鼎大名的英语大师，仅此而已。直到 2017 年早些时候，我和侯毅凌教授在南京一起参加活动，深夜前去名为 Fennigans Wake（芬尼根的守夜人，爱尔兰作家 James Joyce 的大作）的酒吧小酌。说起上次和侯先生小酌已经是 10 年前在牛津的时候了。

侯先生喝美了，和我聊起了他和北外的几个大师的故事。聊得最多的便是许国璋、王佐良、钱清三位大师。王佐良先生的文章我在大学的时候就经常读，钱清老师我还登门拜访过，只是许国璋先生是完全陌生的。但侯先生的意思大抵是说，许国璋先生的本事很大，我随后便在网上买来了《许国璋文集》（外研社）一套书翻看，真的如侯先生所言，本事极大。

说许国璋先生本事大是因为他不像现在的学者只专注一门学问，而是涉及了语言学、翻译、文学好几个方面，而且英文写出来漂亮简洁，尤其是在《许国璋文集》的外语教学卷中，许国璋先生对《许国璋英语》这本教材的学习方法做了非常简要的概述，我摘录下来供各位一看：

英国人说法语，法国人说英语，德国人说英语，英国人说德语，哪个没有口音？但是，他们的说话能叫人听清楚。主要靠两点：一是吐字清楚，不吃掉一个音节；二是重音准确。做到这两点，语音就可以了。

一个外语故事，有些词句，有些情节和背景，怎么也弄不懂，是常有的事。学得多了，见识广了，自然就懂了。聪明的学习者，碰到不懂的地方，能放过就放过，往下读，读得快，才能读出个味道来。能在1小时里读完5页，绝不花1个小时只读1页，把80%时间花在查字典上。

听写是一件十分重要的工作。每堂课留5～10分钟，做50～100字的听写。这个练习比填空、完型都要有益。

每天上课的头10分钟不妨规定为朗读时间。朗读是硬功夫，最能考查学习者的真本领。

许国璋先生的翻译功底也十分了得，他在翻译罗素的《西方哲学史》的文艺复兴一章时，对自己的翻译理论做出如下阐释：

"译文力求醒豁，不按词典译义，而按词的文化史含义翻译。不按单句翻译，而按照句段译出。"

我深以为然，现在同学们读书都求捷径，导致部分老师的教学也求方便，往往给学生的参考译文都是逐句翻译，或者直接照搬字典的释义，没有将英文通顺自然地对译，形成了浓重的"翻译腔"，也没有要求学生在做英汉翻译的时候要汉语表达自然，其实这浪费了通过翻译来提高口语与写作表达的好机会。比如：

Gunpowder strengthened central government at the expense of feudal nobility.

如果我们要逐字翻译，那便是：火药加强了中央政府，而这是以牺牲封建领主贵族为代价的。这里的语言点 at the expense of

我们只会用在"以……为代价"这样的语境中，而没有深刻领会这个短语有"此消彼长"的深层次含义。另外，"火药加强中央政府"这样完全不知其意的中文，对我们没有丝毫的帮助，殊不知 strengthen 是和后续的 at the expense of 形成了呼应。

许国璋先生的翻译是：火药用于战争，中央政府因之以强，拥据领地之公侯因之而弱。

这句翻译将 central government 和 feudal nobility 形成了对比，体现出了 at the expense of 的含义，并且补足 gunpowder 之用，让读者一目了然。相反，很多同学如果看到许先生这句中文，可能第一时间想起的英文翻译便 Gunpowder was used in warfare, and thus, the government became strong while the feudal nobility weak。这个句子虽然可以表意，但是明显没有罗素的原句简洁有力，并且没有将 strengthen 与 at the expense of 用活。

如能遵照许先生对于英汉翻译的要求，翻译成中文之后再回译成英文与原文比较，肯定能找出很多可以学习进步之处。

C11　英语考试如何备考？

是的，你没有看错，这是一篇英语考试备考的策略文章，一方面是公众号"教书匠小夏"的读者们的强烈要求，甚至部分采用了"激将法"，另一方面我也要对《小传》做一个定位，即通过踏踏实实的方法学英文，不仅能把英文学好，考试高分也是唾手可得。

首先我们要明确一个观点，一个高水平的考试出题团队所编纂的测试是能够相对真实地反映一个人的英语水平的，如果能通过一些窍门去 crack 这门考试的出题思路，这并不能证明这个考试备考方法的有效性，只能证明这个考试出题团队水平是很低的。

一个考试能够客观地反映出考生水平的首要先决条件就是：命题者会给自己设计一个不可打破的牢笼，然后只在这个牢笼里出题，从而保证测试的稳定性与可靠性。这个牢笼就是我们所说的"考试大纲"。考试大纲是命题团队不可违背的纪律，也是考生备考的钥匙。那么如何了解并运用考试大纲呢？

答案肯定不是去看考试大纲，因为一般人看了也不一定看得明白，关键是把这门考试历年的真题尽可能地去做很多遍。但是不用去追求所谓的奇巧淫技，就是踏踏实实地把不认识的单词都弄懂，把所有的文本都吃透，尤其是在听力和阅读这种输入类项目中，基本上是不需要去找老师的。反之，口语和写作的确需要老师的指点，尤其是批改和反馈，但如果一个老师一味地讲所谓的"秘诀"，这个老师的课不听也罢。

大家可能还有一个非常普遍的问题就是英语考试到底要不要背单词。我的观点是可以背，但是只背单词是没有用的，如果要背，应该迅速背一遍之后，也无须在乎记住多少，关键是在真题中不断地去揣摩单词的用法。很多老师现在仍旧热卖一些单词课，这和江湖医生没有什么区别，因为单词不结合文章与语境，基本是无效的，还不如踏踏实实地做真题多遍，把真题里的单词认真记住来得有效。

但本文更想强调的是，市面上几乎所有英语考试的材料来源都不是命题组自己闭门造车得来的；相反，这些题目的来源多半是英文的报纸杂志、纪录片文本、小说或者是课堂实录，然后命题组根据考试大纲，对文章进行删减编排来控制难度和效度，从而符合测试学的要求。读到这里你应该明白回溯源头，在源头上用力，用绵力，日积月累，是应对考试最佳的备考策略。

换言之，如果你看 *The Economist* 的文章没有丝毫的难度却没有在考试中取得高分，那么只能证明这个考试的测试标准有很大的问题。好在是，现在很多教考试类的老师已经意识到这个问题，开始在课堂中大量地讲授以英语能力为导向而非考试技巧的课程了。时代在进步，我相信会集到英语学习正道上的同学也会越来越多。

C12 学好外国语，做好中国人

　　在我看来，学英文除了读原版书、看美剧、翻报纸以外，还有一个门径也是收获颇丰的，甚至相较前面的几个方法来说，还有一个副产品——对中国文化的进一步了解。之前我写过一篇文章介绍冯友兰先生的《中国哲学简史》，这本书本就是英文写成，当时面对的读者也是普通的英美大学生。今天我还要介绍一个我喜欢的清朝翻译家，只不过不是林纾之流，而是大名鼎鼎的西方英译中国古典文集的理雅各。

　　理雅各，英文名叫 James Legge，英国人，晚清时来中国，后任香港英华书院的校长，将大量的中文典籍翻译成了英文。我最喜欢的还是他《论语》的本子，文风古朴，加之他通晓拉丁文，所以在选词翻译的层面兼顾了儒家经典和西方正典之间的平衡。虽然《论语》英译还有另外两个比较出名的文本，一个是辜鸿铭的版本，一个是美国诗人兼汉学家 Ezra Pound 的版本，但是相较之下，后两人对于自己中国国学的功底过于自信，很多对于《论语》的解读完全是一家之言，不足为训；另外就是辜鸿铭的英文并未像大家所想的那样惊为天人，很多用词与搭配并不地道。试举一例：

　　《论语》开篇：

　　子曰：学而时习之，不亦说乎；有朋自远方来，不亦乐乎；人不知而不愠，不亦君子乎。

辜鸿铭的版本是：

Confucius remarked, "It is indeed a pleasure to acquire knowledge and, as you go on acquiring, to put into practice what you have acquired. A greater pleasure still it is when friends of congenial minds come from afar to seek you because of your attainments. But he is truly a wise and good man who feels no discomposure even when he is not noticed of men."

理雅各的版本是：

The Master said, "It is not a pleasure to learn with a constant perseverance and application?"

"Is it not a delightful to have friends coming from distant quarters?"

"Is he not a man of complete virtue, who feels no discomposure though men may take no note of him?"

从翻译的角度看辜鸿铭先生的本子有几个地方是值得商榷的：

1. 并未最大限度地从体例上贴合原文，孔子三句话都是诘问的语气，这是孔子重要的教学方法，并不是力求学生认同，理雅各是按照孔子的语气翻译的，而辜先生完全转述成为陈述句。

2. 第一句中 indeed 一词画蛇添足，原文中并没有。

3. 第一句比较繁复，acquire 出现了好几次，因其故，多写了两个 you，这也是原文中没有的。

4. 最后一句的 be noticed of men，我貌似没有听过这样的用法，而且貌似也不符合语法。

相比之下，我更喜欢理雅各的本子，他更忠实于原文，而且《论语》那个时代的春秋笔法微言大义，理雅各的译本更有传承性。而且如果从选词的角度上看，pleasure 从词根上是 please，有种满足的感觉，和中文中的悦对应，是一种自我学习并且加以实践运用之后内心的丰盈。Delight 这个词源于拉丁词根 delectare，表示的意思是 to charm，所以朋友从远方来（from distant quarters）当然要表现出来很开心。最后不愠二字，辜鸿铭和理雅各的处理方法是一致的，用的都是 discompose，表示不淡定，不愠不是发怒，而是心底泛起的一丝不悦，所以真正的君子能够做到别人不 take note of him 的时候，没有一丝的情绪起伏，真是不容易的。

　　当然，如果要是把理雅各的版本和朱熹的《四书章句集注》，以及杨伯峻的《论语译注》、钱穆先生的《论语新解》结合起来看，更是收获颇丰，不仅提升了英文表达，更关键的是强化了中国文化。现在政府都在提发出中国声音，声音不仅是声带的震动，也不是空喊的口号，也不是遍地都是的孔子学院，而是我们中国人发自心底的对于传统文化的继承和传播。如同陆谷孙先生所言："学好外国语，做好中国人。"

C13　为什么鲁迅先生家门口有两棵枣树

有读者问，文本细读会不会造成对于文学作品的过度解读。这是一个好问题，因为我也曾经有过相似的疑惑。这个疑惑不怪个人，怪就怪我们现今的语文考试，另外需要怪的，就是那些拿着标准答案却讲不出所以然的老师。

中学时候，我喜欢上语文课，最拿手的就是背古文，写作文，最不擅长的是做阅读理解，因为真不太清楚为什么鲁迅先生家门口有两棵枣树。据标准答案说，这是反映了鲁迅先生对于国民党统治下白色恐怖的愤懑。但当时如我一般的小孩儿，是怎样都无法答出这样的答案，老师们估计在解释这个答案的合理性时，也颇费了一番周折。甚至有人说，可能鲁迅先生自己在写这篇文章的时候，都没有想到为什么要叠叹说两棵树的问题。

这会不会是对于文学作品的过度解读？

首先，坏事就坏在"标准答案"的"标准"二字。应试教育都要以"标准"二字作为试金石，可文学中哪有什么独一无二的标准可言。白色恐怖的愤懑的确是一个答案，但未必是唯一且标准的。考试哪里管得了这么多，一空两分，答案唯一，写出来的得分，一分可以压千人，寒窗苦读十二载，一分难死英雄汉。如果让我说为什么鲁迅先生家门口有两棵枣树，我说这反讽了中国考试制度的万恶，抹杀了文学的创造性。

但两棵枣树是不是有可能反映了国民党统治之下的白色恐怖

呢？这真是有可能的，因为后文当中讲到了：

"这上面的夜的天空，奇怪而高，我生平没有见过这样的奇怪而高的天空。他仿佛要离开人间而去，使人们仰面不再看见。然而现在却非常之蓝，闪闪地眨着几十个星星的眼，冷眼。他的口角上现出微笑，似乎自以为大有深意，而将繁霜洒在我的园里的野花草上。"

这篇文章中的枣树，绝不是枣树这么简单，文学中管这个叫作"意象"。意象分为意符（signifier）和意指（signified）两个部分。枣树是 signifier，而所反映出来的白色恐怖之事便是 signified。

而很重要的一点必须明确：意符与意指之间没有必然的联系。玫瑰花不是唯一象征着爱情，鸽子不仅仅象征着和平，烛光也非就是指代老师。问题来了，作者通过什么方式让读者知道他意指和意符之间的关系呢？

答：意指与意符之间建立联系需要语境（context）。仅仅一个词是不可能构建出意指与意符之间的关联的；关联在建立的时候需要很多很多词，需要句子，需要作者做刻意的雕琢。这里，刻意二字，尤为重要。

在文学中，玫瑰除了指代爱情，还可以指代信守秘密，亚瑟王的圆桌骑士团便以玫瑰为徽章来暗表忠诚。鸽子除了指代和平，还有傻瓜之意。至于洞房花烛夜的烛光，应该和老师没有什么必然联系了。

因而语境非常重要。刻意，尤为重要。

上文中我们可以看到其他的意象，如奇怪而高的天空，非常之蓝，十几个星星的冷眼，嘴角的微笑，繁霜，我的园，野花草。这些都是鲁迅先生"刻意"为之的，通过多重意象的构建，给读者营造了一个拼图，由读者跟着鲁迅先生在文中留下的线索去把谜题解开。

说回白色恐怖。如果我将天空视作真理，将星星视作位高权重的人，他们阐释着真理，但他们对人间疾苦毫不在意，露出了冷笑，高高在上，繁霜便是他们的冷漠，而我园中的野花草便是人间的黎民百姓。如此看来，鲁迅先生的文字便成了一段密码，我们按照一个密码本去破译其中的符号，便可能知道这段密码的真意。

但要注意，密码本不是唯一的，甚至作者手里都没握有。鲁迅先生这篇文章会不会是写爱情的呢？当然有可能，换一个密码体系来解读便是。

坏就坏在标准答案的"标准"二字，剥夺了学生自创密码本的可能，抹杀了一切美好的事物。另外弄坏的一件事情，更糟糕，那便是人们对于文学的轻蔑与戏谑。有人道，作者写的时候都是胡写，非要让我们来解读。读不出作者的深意，便说是胡写，这就是反智主义。鲁迅先生不会胡写，否则历史早就将他忘记。而抱有这种观点的人，不幸地失去了对文学的体味，看不出世界繁花背后，可能是另一番秘密的花园。

鲁迅先生的两棵枣树，仁者见仁，只要能自圆其说，便是好的文学解读，这种解读可能和鲁迅先生创作动机并不见得一致，但文学本身的完成并不是作者封笔之时，而是读者阅读之后，产生了自我的见解，此时与作者共同完成的。作者出了谜语，谜语总需要有人解开，谜底是否唯一，这不尽然，也无必要。猜谜解谜，乐趣早已在其中了。

给大家摘来一段 *"The Remains of the Day"* 的片段，一段场景描写，让大家感受一个文本解读的方式。

When I parted them just a moment ago, the light outside was still very pale and something of a mist was affecting my view of the baker's shop and chemist's opposite. Indeed, following the street further along to where it runs over the little round-backed bridge, I could see the mist rising from the river, obscuring almost entirely one of the bridge-posts. There was not a soul to be seen, and apart from a hammering noise echoing from somewhere distant, and an occasional coughing in a room to the back of the house, there is still no sound to be heard. The landlady is clearly not yet up and about, suggesting there is little chance of her serving breakfast earlier than her declared time of seven thirty.

再说回鲁迅先生的那两棵枣树，不是在门前，是在后园。原文是这样的：

在我的后园，可以看见墙外有两株树，一株是枣树，还有一株也是枣树。(《秋夜》)

C14 不妥协的意义

前段时间在喜马拉雅直播，有个在英国学习工作一段时间的同学问我：为什么 native speakers 用正常语速说英文她听起来相对困难，但是一旦他们放慢语速，就基本上都能听懂？

上述同学的问题，听我一一分析：

该同学在较慢语速情况下可以听懂对方意思，即她的词汇、句型基本没有太大的问题。

英语语速能影响的变量有二：其一是连读、弱读、失去爆破等语音异化现象；其二是听者的大脑需要在短时间内处理更多的信息。

连读、弱读、失去爆破这些语音现象虽然可以用理论和相应的练习加以强化，但其本质就是语速加快同时为了节省力气的本能，并非是人工斧凿的语言现象，多练习便可自然习得。

大脑在短时间内处理信息的能力只要有一定的适应性训练，自然就可以调整过来，因为一般人的大脑平常调取的运算能力只占到大脑整体能力很小的部分。

适应性训练是人类在习得新技能时都需要的。拳击运动员打1000 次沙包，不如一场实战对抗来得有意义。背诵 1000 个英文单词，不如和老外来一次短兵相接的对话有效果。这些实战不见得能提升技能本身，但是可以加强技能运用的适应性。这就是"在战争中学习战争"的意义。

为什么这个同学即便已经和外国人短兵相接，但仍然听力不见起色呢？原因很简单，老外在发现对方听不懂的时候采用了更慢的语速，降低了任务难度。而该同学一直误认为是自己单词、语法、句型、发音方面的问题，没有找到是适应性的症结，没有进行刻意训练，因而水平止步不前。

在管理学中有一个观点也可以做佐证参考。

假设你的下属经常无法完成你给他的工作，你是会降低工作难度，还是会去培训他的技能呢？

答案很简单：肯定是培训他的技能而不是降低工作难度，因为降低工作难度意味着妥协，这名员工会始终无法正视他自己的问题，而工作也会因为他没有能力提升而变得始终无法完成。

但经常的情况是，我们会选择降低工作难度，因为这样可以貌似瞬间达标。但事实上这便是妥协。

事儿做不做，事儿都在那里。不以我们人的意志为转移。

遂给该同学开出药方：

每日坚持高速朗读英文，提升自己的语速；

坚持听英文新闻，即便听不全懂，也不能直接去看逐字稿。

希望她一切顺利，不妥协，至终点。

C15　自然拼读法之我见

　　自然拼读可以学，但是更要注重自然拼读的练习，如果不练，效果打折；但即便不学自然拼读，孩子的英语也不见得差。

　　先讲一个英国小男孩 Jack 的自然拼读学习历程。

　　Jack，5 岁，父母都是地道的英国人。他今年要上类似中国的学前班了，所以有必要了解一下英语书面的单词拼写系统。

　　在此之前，他和父母的日常会话完全没有任何障碍，吃喝玩乐，喜怒哀乐都可以尽情交流，偶尔遇到自己不熟悉的词语，他也像一个问题宝宝一样，天天缠着他的父母去解释这个、解释那个。

　　在父母教他 26 个字母之后，他大致把自己的名字歪歪扭扭地写在纸上，也能完全凭着死记硬背能拼出几个简单的词汇，例如 dog、cat、banana、mom、dad, I love you 之类。

　　除此之外，即便是他喜欢的 Batman，他仅仅看着这个单词也不能明白这些字母说的就是他心心念念的超级英雄。

　　在学前班上完自然拼读（phonics）的课之后，Jack 好似突然顿悟了一样，可以拿着手里的漫画书，指着一些单词努力地朗读出来：G-OO-D, N-IGH-T。啊，他自己内心自言自语道，原来 good night 是这么拼的。

　　随后他的眼睛只要看到单词，总是会尝试着拼读一下，H-IGH，啊，原来 high 这个"高"的概念在拼写中是这个样子啊！

再讲一个中国不算太小的男孩的故事。

他开始正式学英语已经是11岁了，父母不懂英语。因为马上要上初中，会有英语课，他的父母希望他能早一点接触这个语言，有一点点先发优势。课程从认字母开始，学了一些单词拼写，背了一些句型，以此为基础学了一年多，老师开始教国际音标，靠着字典中的国际音标和磁带，他学完了《新概念英语》三本书，文章基本都能背出来，高考考入了英语系。

这个男孩就是我。

说这两个故事的目的有三：

1. 自然拼读法的起点是英语为母语的小孩学习单词拼写的方法，那些单词其实他们早就会说了，只是不会写而已。自然拼读对于英美小孩的作用，如同汉语拼音对于中国小孩的作用。

2. 自然拼读需要足够的外在环境输入，这样才能不断印证自然拼读中的字母发音组合。孩子有足够的试错机会，这样才能更好地掌握这套方法。换言之，光学不练，是假把式。

3. 中国小孩即便不学自然拼读，英语也不一定差，因为中国孩子往往是单词和发音一起学的。所以与其纠结到底要不要学自然拼读，还不如去替孩子选一个发音不错的老师。

那到底中国小孩要不要学自然拼读呢？

当然可以学，但如果想从中获得更大的收获，那一定要增加孩子运用自然拼读的练习机会，多拿一些单词卡片让他拼读，然后家长或老师再做纠正。如果练习机会不多，自然拼读的效果肯定会打折扣。折扣再大，也相当学了英语，所以也不必太在乎得失。

同理可得，

小孩子要不要学国际音标啊？

要不要上双语幼儿园啊？

学新概念好还是学朗文好？

要不要学在线美国外教的课程啊？

……

这些都可以划归为英语学习的范畴，只要学，就会有收获。

收获肯定有效率差别，但这些都不必在意。

因为少儿英语最重要的教学目标不是让孩子记住多少单词、学会多少语法、能不能和外国人对话，而是让他们对英语产生浓厚的兴趣。

只要有了兴趣，日后学起这门语言便不会皱眉头。

综上所述，我对少儿英语诸多问题只有一个答案：

只要孩子对英语感兴趣，什么方法都是可以的。

孩子上完课一脸堆笑，吵闹着问下次课什么时候上，这就是天大的好事；如果孩子上完课愁眉苦脸，即便是夏老师的课，记着下次就不要让他再遭这份罪了。

C16 一招鲜：口语中突然忘词怎么办

口语的目的是沟通，不是炫耀文采，文采如同我们不断捡拾的纪念品，敝帚自珍之时，忘记了出发的原因。

你一定有过这样的经历：在英语口语表达中，突然有一个词想不起来应该怎么说，觉得十分难堪，然后抓耳挠腮，无地自容，原本私底下操练许久的台词全面垮塌，整个人的心态彻底崩掉。

而且这种事情遇到过不止一次吧……

我们现在来做一个中文练习。我来给你一个中文词，试试在10 秒钟之内你能想到几个同义词。

这个中文词是：欣喜若狂。

我让我同事试了试，她想到了这几个词：高兴、手舞足蹈、开心、欢乐、欢天喜地。

如果你想到了 5 个以上，我立刻就有方法让你避免口语中突然忘词。

我们一起试试：

假设你就想表达"欣喜若狂"这个词意，根据《汉英大字典》，可以翻译成 as joyful as a lark。lark 就是百灵鸟的意思。但这个词对于很多同学来说还是相对陌生的，所以如果实战中要将"欣喜若狂"信达雅地翻译出来，的确是一件很困难的事情。

如果要用字字对应来正面硬杠呢？欣喜若狂中，欣可以是

pleased，喜可以是 happy，若是 like，狂是 crazy，稍微调整一下语法，可以得到一个比较奇怪，但是能基本表意的说法：as pleased and happy like a crazy person。

但上述两种中国同学常用的思考方式，直接导致在口语实际使用时卡壳，因为第一种方法的局限在于我们不能边查字典边和老外对话，第二种方式硬翻，占用的脑内存实在太多了，而且往往翻出来的效果容易贻笑大方。

我推荐的这个方法其实是一个思维转换。

与其去正面硬杠英文，不如转而在我们更为熟悉的中文上做文章，或者说是在我们思考的概念上去做简化。

"欣喜若狂"这个词的确比"高兴"更加具体和生动，也更有文采。但是在口语实用的角度看，我们更加重视信息的有效传递。如果要在信息有效传递和文采当中不得不做出一个选择，我相信大家和我的思路都是一样的：先讲了再说。

杀掉文采。

因此，"欣喜若狂"应该首先被简化成"高兴"，然后将"高兴"的英文直接脱口而出：happy。"他为迟来的胜利欣喜若狂"，就可以说成：He was happy because of the victory that should have come earlier。

当然，如果我要彰显文采，我也可以表达为 He jumped out of his skin for the belated victory。

往大了说，这也是一种人生方法论。人生如旅途，我们过于执迷于不断往自己背包里装东西的时候，往往忘记了我们要到的终点是哪里。扔掉一些辎重，只带上必需品，然后轻装上阵。毕竟远方才是目的。

平常集中练习方法很简单，随便找一篇中文文章，将里面你无法直接翻译的单词都勾出来，然后开始进行思维简化训练。

或者，想象你谈话的对象是一个幼儿园的小朋友，你要把复杂的概念和逻辑同他解释清楚，你会用什么样的语言。

总结一下：杀掉文采，talk like a baby。

C17 AI 给中国英语学习带来的启示

前几天 Google 弄的语音助理委实吓了我一跳，它竟然在对话中使用了"Mm-hmm"这样的词，这和真人有什么区别。

在多年以前，有个外教和我说中国同学的英语口语和写作上的问题，他很不客气地说："Chinese students sound like a robot."

我当时的反应是去你的，你们全家才像 robot。这几天看到 Google 的新闻，结合我一直推崇的英语学习理念，我一下子明白了一个问题，Chinese students indeed sound like a robot, because they are taught so。

我们在口语会话时，总是 How are you? Fine, thank you, and you? 和程序代码一样，按照固定的套路来执行，一旦超越了这个程序的范围，例如被问 How are you doing 的时候，我们立刻出现了死机的状况。

写英语作文也是一样，需要老师给出模板，按照模板规定的路径往里填词，不管什么话题都是 Nowadays, there is a heated debate over the issue that…

语法词汇阅读听力更不用说，都是精准教学，仔细辨析，所有的运行程序通过一遍遍的训练强行写入学生的大脑。按照套路来，没问题，我们都能应对自如；一旦稍稍改变，我们必定以死机相逼。

一言以蔽之，中国英语教学太像计算机程序语言的教学。对精准的强调极尽能事，相反忽视了人类语言本身就是一个极其模糊的系统，而这模糊性才是语言的本质，才是 AI 不能迅速替代人的核心。

举个例子，上过我发音课程的同学都知道，课程训练的核心目的不是教大家把单词读清楚，而是要大家把单词读模糊，从而形成对于中国英语语音教学的反洗，彻底打破精准教学带来的弊端。比如"Nice to meet you"这句话，我们根本不强调 nice 的双元音要如此饱满（很多英语地方口音也不把双元音读饱满），meet 和 you 必须要连读（很多 native speakers 根本不连读这两个词，相反把 meet 后面的 t 做了失去爆破）。我们只强调一个点，就是把 to 读得尽量让我们听不到，一闪而过，如白驹过隙。

再如，很多同学在纠结，阅读中遇到长难句是不是一定要划分句子成分。如我之前文章所讲，高手在阅读的时候根本不在乎语法，而是直接用单词在脑海中自行组装含义，然后放在上下文中去检验的。

在中国的教育理念里，做对比什么都重要。对于错误是零容忍，对于试错也一并视之。我们小时候都听过这句话：一分压千人。对了一道题，那就跃了龙门；错了一道题，那就入了地狱。

再说回 AI，AI 的机制就是通过海量数据不断试错，最终找到相对正确的路径，然后继续补充数据再去纠偏。AI 的本质就是对错误的宽容。

如果问 AI 能给英语教育的未来带来什么变革，我是科技小白，自然对此没有发言权。但是如果说 AI 能给英语教育带来什么启示，无非是这两点：

1. 大量的实践练习；

2. 通过练习试错不断纠偏。

人不容错，那就是机器。现在机器都容错了，作为类似机器的人便没有了意义。

C18 为什么同一个材料看得懂但是听不懂

总之，英语的拼写和读音系统和中文相差很大，如果不增加听力训练，看懂听不懂是太正常不过的事情。

先讲英语的前世今生。

英语是个怪胎，虽然属于印欧语系，但是其字母拼写的规范是最晚形成的，距今也就500年的历史。在此之前，英国的上流社会讲法语，学界用拉丁语，老百姓根据不同的地域讲自己的土语。

这个岛国上的土语，加上北欧语，加上法语，再加上拉丁语，混合成为今天我们看到的样子。英语历史上有一套自己的拼写系统，借用了一些拉丁字母，但拼写出来的样子实在令人匪夷所思，直到詹姆士一世的时代，英国独立的民族性逐渐确立，进而开始统一整个语言拼写系统。

整个拼写规范系统主要是借助了三件宝物，一是 Samuel Johnson 编的字典确立了典范；二是通过 KJV（King James Version）的圣经作为教材蓝本，辅之以《英国国教共同祈祷书》（*The Book of Common Prayer*）触达人民的日常生活；三是通过莎士比亚等人的戏剧传播，现代英语的雏形才渐渐形成。

英语的整个拼写系统采用的是拉丁语字母表，很大程度是宗教的原因。加上英语中有大量法语词汇存在，而法语也是基于拉丁字母表，用这样的字母表最简单。但是之前古英语与中世纪英语中已经形成的单词发音，需要用拉丁字母重新标定，而且英语中元音的数量比拉丁语和法语要多，最终导致的结果就是英语中很多字母组合出现了很多规则和特例，让英文拼写变成了一个半成品。

半成品的意思是，你往往不能够按照单词的拼写读出这个单词的发音，你也不能够仅仅凭借这个单词的发音反推这个单词的拼写。

也就是说，英语拼写和发音之间不是唯一对应的关系。不是所见即所读，也不是所听即所见。

比如伦敦地铁站的站名，就全部是坑。Holborn 当中的 l 不发音，Leicester Square 中 Leicester 的 e 不发音，Southwark 中的 w 不发音。

还有法语带来的影响，如 suite 里凭空多了一个 w 音，而 ui 字母组合是和法语中的 Oui 是一个音。

总之，这些拼写基本都是瞎搞，而且屡见不鲜。

这是大家能看懂却听不懂这个材料的第一个原因。

第二个原因是字母拼写系统与中文汉字系统的差别造成的。从视觉上说，汉字是一字一音，而且不需要在字与字之间留出空格，因为每个字的空间边界非常明确，甚至在古代，连标点符号都没有，完全是依靠语气词来断句。

对于中国同学的视觉习惯来说，英语就比较麻烦了。词和词之间必须要有空格，我们才能知道这个句子是什么意思，否则：

ifIputeverythingtogetheryouwillnotbeabletotellwhatIamwritingabout.

if I put everything together you will not be able to tell what I am writing about.

通过上面的例子你应该明白空格对于视觉阅读的重要性了。

但是在听觉上，英美人在讲话的时候不会有空格的区分，相反他们会用连读、击穿等语音现象让你分不清楚他们到底在讲些什么。How are you doing 从听觉的角度上是 Hawayouduwing。

在中国，英语发音老师只会教音标，这对听力一点帮助都没有，因为听力的难点不在于 segmental aspects（切分音），而是在于 supersegmental aspect（超切分）的训练。

这好比你能在米饭中数出饭粒儿，现在给了你一锅粥，数饭粒儿的策略就派不上用场了。

我们习惯于阅读有空格的英文，而听力中没有空格出现，这是我们看懂却听不懂的原因之二。

第三个原因是英语是重音语言（Stress-timed language），而中文是音节语言（Syllable-timed language）。

这也是顶顶麻烦的事儿。我们中国人对于重音基本上没有什么概念，只有在很少的情况下使用非重读音节，例如：好的、去了、一会儿。这些"的""了"就是非重读音节，我们通常是用这些虚词来作为语法功能的标记。

而英语就不同了。超过两个音节的单词就有非重音，句子中的虚词全是非重音，这些非重音的音节在正常情况下都会出现读音偏差的现象，和你单独读这个音节或者单独读这个单词，出现的声音完全不一样。

有点类似：

你妈最近怎么样？（我们说这个句子的时候，"你"就是一个非重读音节。）

而你如果把"你"重读，这个句子听上去特别像在骂人。

总之，英语的拼写和读音系统和中文相差很大，如果不增加听力训练，看懂听不懂是太正常不过的事情。

当然还有很多其他的原因导致这个问题，比如阅读可以反复看，但是听力就是一锤子买卖，等等。

C19 有些英语发音非常难，怎么练？

假设一个小孩从小生在英语环境中，任何所谓难的发音对他来说都是轻而易举。反倒是成年人受到自己母语的影响，有些英文发音便成了死穴。所以，那些难练的英语发音唯一的破局之道就在于：如何让成年人重新回到孩子的学习状态？

我们都知道在语言学中有一个概念叫作 critical period，大致是指青春期结束前。在这个阶段中，孩子可以不太受母语影响，很快融入第二语言中，最终达到的结果是同母语人士使用该语言不会有太大的区别。

的确 16 岁以前，人的听觉器官会更加敏感，对于周遭事物和母语没有根深蒂固的感受，并且学习精力相对能够集中，这些都是非常重要的因素。成年人相较之下的确困难重重。但是不要忽略这样一个事实，很多成年人听觉上也并不迟钝，对于新鲜事物也有足够开放的心态，而且学习时也可以全神贯注，但为什么不能取得小孩子的学习效果呢？

有一个很重要的因素被忽略了。

孩子在语言学习初期主要是感性听觉学习者，而成年人是理性视觉学习者。

先说感性与理性的关系。

孩子学习时习惯于模仿，而成年人需要解释、体系、理性、分析。这些视觉习惯会让成年人负重不堪，每每读一个发音都要费尽力气，而且一旦遭遇困难，通常会按照自己的习惯去寻找因陋就简的替代方案，要么是用母语中相近的音来代替，要么就回到了之前小学中学老师教的错误口音上去了。

举一个例子：

中国同学发/v/音的时候经常会发成我们汉语拼音中的 w，所以你会听到 very 被读成了 wery，因为汉语中的 w 音和英语的/v/相对比较接近。

在出现这个问题之后，成年人解决的方式是去大量练习这个音，比如会按照语音老师要求的上齿咬下唇去发这个音。可能多次练习之后可以勉强发出这个音，但再次遇到类似 interview 这个词的时候，他情急之下还会读成/interwju：/。

有些时候发音学习中，知道为什么不见得是一个好事儿。如果想知道为什么，往往需要把问题拆分得非常细致，然后单一地去处理这个问题，即便单一问题处理了之后，还需要进行整体合练，合练中要做到毫不费力，毫不刻意，才能算真正掌握。

这个和修车非常相似。拆发动机是人都会，见螺丝拧就可以。找到问题也不是很难，把坏的零件换出来即可，但最难的部分是把拆散的零件装回去。成年人语言这台发动机，装回去的过程中，不是少了这个零件，就是多了那个零件。到头来问题没有解决，发动机的毛病越来越多，最后索性破罐子破摔，破车子破开。

但是小孩子却没有这样的难题。在他们眼里没有对错，只有不一样。

他们是不能理解我们去和他讲背后的原因的，他们只需要一遍遍地听正确的发音，就会去找自己的音和标准音之间的区别，一遍遍模仿，直至发出来为止。

还是拿修车举例，他们从来不去拆发动机，他们会按照图纸重新做一台发动机，然后把坏的发动机拆下来，把自己重新做的发动机装上去。不需要调试，一次成型。

放弃理性思考，或者说先感性粗暴模仿，然后再了解理性体系。这是成年人需要向孩子学的第一课。

再说听觉和视觉的关系。

小孩子不会用单词拼写倒推单词发音，也不会沾染上汉语拼音对英语拼写发音的负面影响。他们首先调动的是自己的耳朵，听到什么算什么。我从小读 How are you doing 的时候（在此感谢我的启蒙老师迅公），我就是直接读 howayouduwing，我真是不知道哪里蹦出来一个 /w/ 音，从逻辑体系和视觉角度，根本不可能出现 /w/ 这个音，我读出来的时候也没有在单词空格的地方做停顿，在我脑海里这就是一串声音，照样子模仿就好了，一次不行就几次，直到一样为止。

之后上了英语系才知道，这个叫作元音连读，需要在两个元音之间加一个半元音，由于 do 这个词尾音是 /uː/，所以后面再接元音的时候就要加一个 /w/。

成年人看到这个句子的时候，没有看到 w，自然也不会把这个音加进来。我现在语音课上举这个例子之后，成年人拆发动机的习惯又出现了，他们会追着问，老师为什么 /uː/ 音后面要加 /w/，还有哪些音需要加 /w/，是不是所有元音连读都要加 /w/，这就是我上文所讲的理性方式学英语。

小孩子真不管那么多，听到什么学什么，管他三七二十一。

成年人需要和孩子学的第二课，听到什么学什么，眼不见心不烦。

另外，大家有没有发现成年人学英文中最头疼的其实还不是单个的音标。即便对英语高手来说，英语节奏和语调也是他们头疼之处。原因也是在成年人与小孩子的学习模式上。

小孩子不听细节，他们听的是整体性中的节奏和音调。他们不在乎一次达标，而是不断练习，不断精进。去看看牙牙学语的小孩子，不可能开口脆，但是众人都在鼓励他帮助他。

成年人生理上想返老还童不可能了，甚至在语言的语法表达、用词地道性上都是很难和母语者相近。但是在发音这件小事上，只要做到听觉感性学习，不要过分地去纠结细节，从整体入手，一遍遍不要问为什么地修改，放下所有包袱，轻松上阵，一定可以有不错的进步。

末了推荐一首朴树的歌《在木星》给大家，我最喜欢那句：今日归来不晚，与故人重来，天真作少年。

C20　没有语言环境，怎么学口语？

　　如果英语不好，生活变得很糟的时候，你会想尽一切办法把英语学好。

　　俗话说得好："巧妇难为无米之炊。"没有米，怎么做饭。

　　上周我去南京大学知名校友企业莉莉丝去分享。不得不说一家游戏公司仍有如此情怀让我着实钦佩。想到是游戏公司，我一开始着实不知如何和朋友们交流我对于英语学习的观点，毕竟我主张的是"学无用的英文，做自由的灵魂"。

　　促成这次分享的是我南大的韵雅学妹，她在我们 APP 上学了很久，而且颇喜欢用我们晨读的小程序，一度朗读次数跻身全国 20 强。她有天去书店买了一本 Emily Dickinson 的诗集，拍照之后发朋友圈，我遂决定去她们公司聊聊英语的诗歌和远方。韵雅觉得可能有些阳春白雪，让我好好思考再做决定。

　　但是既然已经放话出去，硬着也要选择"刚正面"。我想了一下，其实最近几年游戏很火爆，甚至很多家长与教育专家都忧心忡忡，觉得祖国的未来会被毁在其中。其实大可不必，我小的时候，家长们还很担心圣斗士星矢会让我迷失在天马流星拳之中呢。

　　游戏和英语一样，都是我们摆脱现实，奔向理想之地的途径。游戏中你是王者，英语中我就是我的国。

　　同一个道理。

所以我把我给莉莉丝分享的题目叫作：谁说英语学习不是消磨时光。

分享开始，我就抛出了一个问题：如果英语不好，生活会不会很糟？

大家也可以思索一番。

你会发现一个惊奇的事情，你会发现你所有对于英语学习的预期都是为了让你的生活变得更好。的确，如果英语不好，生活会变得很糟的时候，你会想尽一切办法把英语学好。

"二战"期间，苏联决定输送一批间谍去德国搜集情报。这些被选中的人没有任何德语基础，却要在18个月以内完成基本的语言训练。教官们讲得分明，如果18个月以后你自己德语不好，到了敌占区就是死路一条。

18个月以后，惊人的一幕发生了，所有人都可以讲一口流利的德语。

如果英语不好，生活会变得很糟的时候，你会想尽一切办法把英语学好。

因而，即便是没有语言环境，你也会拼命创造语言环境。还记得之前秀水街的大妈和外国人强行砍价的视频吗？那种实战和杀伤力是很多英语专业的学生难以望其项背的。

生活才是最好的老师。

还是回到刚才那个问题，如果英语不好，你的生活会不会变得很糟？

对，绝大多数时间，我们是希望通过把英语学好来获得一个更好的人生。那么学英语这个问题就变成了：在没有紧迫性的情况下，如何学习一个新的技能？

再借用最早那个比喻，没有语言环境学英语并非巧妇难为无米之炊，因为其实你并不是马上要饿死了。你只是需要吃得更健康更可口一些。

这时我们需要一些想象力。

说来惭愧，我上大学读英语系之前，没有和正经的外教好好聊过人生，我中学阶段也没有出过国，就是来自贵州的小土鳖。上大学第一次和外教正面接触是因为我口语课走错了教室，见到一个外教在讲台上准备上课，我就一屁股坐了进去。上课点名没有我的名字，我才意识到自己昏了头，起身向正确的教室奔去，非常莽撞地和自己班的外教在情急之下，解释了一下我刚才昏了头。

据同班同学事后回忆，我一口流利的美式英语，怒刷了存在感，让很多同学认为我是故意为之。

我只是在学英语的时候喜欢跟自己说话而已，创造了两个角色，玩起了左右互搏。其实使用这种方法的不是我一个人，很多英语学习者都以此模拟了语言环境。这种方法在语言学习中叫monologue（自言自语），它是学习者自我模拟和操练的有效途径。

虽然这种方式有很大的弊端，比如你自己是不清楚自己到底讲得对不对的，但是从本质上它锻炼了一个人的语言流利度，更为关键的是它充分地调动了一个人的想象力。

语言天才和天赋，说到底不是遗传也非基因，而是采用了一个学习策略，更大程度上激活了大脑中的语言区域，所以对语言变得更加敏感，更加细致，运用起来也更加自如和自信。

对于天才，只不过他们使用了一种学习路径，熟能生巧而已。

说回去莉莉丝的分享，我蛮感谢韵雅和信文给了我这样一次交流的机会。我们来人间一趟，了解人间本苦不是目的，而是要在了解人生本苦之后去超脱尘世，去独与天地精神往来。学英语也罢，玩游戏也好，都是在帮我们超脱尘世，去用想象力乘物游心。

在和莉莉丝分享的最后，我讲了一首 Emily Dickinson 的诗：

"Hope" is the thing with feathers—

That perches in the soul—

And sings the tune without the words—

And never stops—at all—

And sweetest—in the Gale—is heard—

And sore must be the storm—

That could abash the little Bird

That kept so many warm—

I've heard it in the chillest land—

And on the strangest Sea—

Yet—never—in Extremity,

It asked a crumb—of me.

希望和想象力都是那只长着羽毛的鸟，栖居在我们的魂灵上，唱着无言的歌，从不停歇。歌声在疾风中却无比甜美，鸟儿在骤雨中窘迫着，却让众人温暖。我在最冷的山野上听过，在最远的大洋上听过，但不管如何艰难，它从未向我索取丝毫。

在我的个人公众号"教书匠小夏"（"没有语言环境，怎么学口语?"）中随意录了一下这首诗，供大家批评。

谁说学英语不是消磨时光，无非我们用了想象力让它变得更加丰饶。

C21 美音，英音，自由切换的秘密（上）

很多人在公众号提问：到底是选择英式英语还是美式英语进行模仿与练习？我争取用这篇文章一扫你的疑惑。还是先讲我自己的例子。

我最早学英语时，Mr. Wang 教我的是英式英语，后来迅公是美式英语，因为我和迅公学习时间更长，加上当时周遭英语语音资料美式英语更多，从马丁·路德·金到肯尼迪再到《阿甘正传》，所以从小就练了一口还是相对标准的美式英语。这口美式英语一直持续到大学二年级，就连当时 21 世纪杯的演讲，都是一水儿美国政客范儿，因为那个时候训练间隙放松我一直看美剧 *The West Wing*（《白宫风云》）。

当时跟我一起训练的师姐洪烨，那口英式英语漂亮得连外教都要自叹弗如，但是我仍然不为所动，继续讲一口带有政客风的美式英语。而现在我却是一口英式英语。

大家肯定会问，为啥要改？这个故事我现在写着都想笑。有三个原因：

1. 诸君可能不信，我到现在为止从未踏上过美利坚的土地。第一次去的英语国家就是英国，去了牛津剑桥，见了菲利普亲王，年幼无知的我觉得，英国人更有文化，更有腔调。如果当时是去东区估计就不会这样了。不得不承认，到现在为止，英国人始终将口音作为区分阶层的重要指标，而且每一个英国人至少会两种到三种口音，用以 blend in。应该很坦诚地说，我被英国人骗了。

2. 第二个原因是看了一部美国 R 级电影 *American Pie*，其中有讲一个英国男生去美国游玩，瞬间被美国大姐团团围住，然后夸奖他英式口音性感。我年幼无知，被这个电影骗了。

3. 第三个原因是上语音课的时候，老师说英式英语（以 Standard English 为例）从技术层面上来说对中国同学更难，这一点我稍后会分析。我本着不作死不会死的装×精神，一定要勇攀语音高峰，结果我被老师骗了。

所以，诸君可能会问，那你现在就是因为这几个原因讲英式英语喽？

我先要澄清一点，我讲的不是英式英语。原因有二：首先，我不是 native speaker，根本做不到惟妙惟肖地模仿，也过了语言关键期，离我师姐的水平差了十万八千里；其次，English accents 本身就是 accents，复数，不是单数，有太多的分类，比如 Standard English、Cockney 等，所以我们这篇文章里主要探讨的是 Standard English，或者也可说是 Received Pronunciation，或者 BBC English，或者是 Oxford Accent。即便这样，我也做得非常一般。

所以，我讲的不是 English accent，也不是 American accent，而是 Xia Peng accent。

胆大包天啊！不标准还敢出来教英语发音！可能会有同学这样说，别急听我慢慢道来。

这里我要澄清一个国人对于语音非常非常非常大的误区。

切记：发音有对错，口音无好坏。

发音是 pronunciation，口音是 accent，如果把 ship 发成了 sheep，那是发音问题；water 最后的 r 字母是否卷舌这是口音问题。也就是说如果 ship 读成了 sheep，可能会造成歧义，但是

water 不管是不是卷舌，这个都没有问题。

中国同学在语音认识上的最大错误（我称为第一错误）就是：在 pronunciation 还没有做好的情况下，执意去关心 accent 的问题。

这好比一个学生练百米短跑，不停地问教练："教练教练我很忧伤啊，你说我万一跑到了光速，咋办？"

说回来，那么 pronunciation 和 accent 之间有没有关系呢？

答：有的。pronunciation 的对错，可以按照音标来校正；accent 是有规律地偏离了音标的正常值，而且有很多人一起使用。重点是：有规律地偏离了正常值。

我们用中文举例（该例子来自新东方考研名师李旭）。普通话中，"没"这个字，发二声。在东北话中，这个字既可以发二声，也可以发四声。发二声时，"没"后面跟名词，发四声时，后面跟动词。例如：没钱（二声），没有事儿（四声）。所以别人问，你锁车了吗？答：没锁（二声，意味着我的车没有锁；四声，我的车有锁，但是我没有去锁它）。

这就是东北话之所以能被称之为 accent，是因为它有规律地偏离了正常值。

根据这个定义，各位有没有顿悟一件事：只要我们是有规律地把一个音发成了另外一个音，就是一种 accent。

当然，我并不是说，pronunciation 的正确性不重要，非常重要，既然要学英语，就要把标准建立起来。我再说一遍，pronunciation 非常重要。但是如果 accent 和 pronunciation 是这样一种关系的话，我们就不应该过多地在意 accent，而要把注意力放在 pronunciation 上。

C22 美音，英音，自由切换的秘密（下）

曾提到 pronunciation 和 accent 的区别：发音有对错，口音无好坏。所以我们应该更关心的是发音而不是口音。

即便这么说，如果还是要在美音和英音之间选一个，哪种更适合我呢？

对于绝大多数同学，我的建议是美音，原因如下：

1. 最最重要的原因是不管是上述哪种口音，你肯定是需要模仿对象的，音频也好，教材也好，演讲录音也好。你会发现市面上美音材料比英音要多得多。所以，先把哪个口音品位高、哪个有文化、哪个难学这类的问题都丢一边，先找俯首皆是的资料才最务实。

2. 英音和美音相比，地区之间的差异更大，比如大家都喜欢的 Carpool Karaoke 中有一集是 Adele 的，你可以发现主持人 James Cordan 和 Adele 都是英国人，但是他们的口音还是有着巨大的口音差异。

如果有同学来自中国江苏南通，应该会有深刻的体会，可谓是五里不同音，十里不同调。这也就意味着很有可能你模仿的英音和你未来听到的英音会大相径庭。相反，美音就相对比较一致。

3. 英音的语调（Intonation）相比美音更为起伏。英语是典型的 stress-timed language，即利用句子或单词内的重音来确定这个句子的长短，句子内的重音越多，时间越长，没有重音的部分，会一带而过。还有另外一种语言是 syllable-timed language，即按照音节来确定句子的长短的，一字一音节。

如果一个人的母语是 syllable-timed，他要转去学 stree-timed 的语言，就会有很多的挑战，很不幸的是，中文就是 syllable-timed language。在英语中语调和重音是不分家的，所以英音在语调中的变化对于一般英语学习者是一座要攀越的高山。

很多同学上课时也接触语调，但是绝大多数语音老师教授的语调语焉不详，最多练习的就是疑问句和陈述句的升降调，而忽略了调值（pitch）和重音之间的关系训练。简而言之，美音在这点上需要训练的难度和英音相比，低了很多。

除此之外，诸君可能还有一个疑问，假如我学习的是美音，那是不是说我做听力，看视频的时候就尽量不要去听英音的材料呢？

其实并不用这么挑剔，我自己曾经挑剔过一段时间，总觉得如果自己讲的是英式英语，然后去听美式的内容会走味儿，后来释怀了，因为原本的味儿就不正宗，根本不必在乎走味儿。与其去分辨这些，不如花些时间多去研究一下人家到底讲了些什么。

各位如果不信，可以把前面那个 Carpool Karaoke 的视频再次打开，其中第一个笑点你 get 到了吗？

"Hello, it's me. I was wondering if after all these years you'd like to meet. Hello, hello from the outside"，这几句是 Adele 的歌词，James 用非常巧妙的方式将主角请出。我当然非常佩服口音讲得惟妙惟肖的人，但是我顶顶佩服的是那些看情景喜剧能够和母语人士同步大笑的人，他们不仅听懂讲了些什么，他们更是听懂了文字背后的意味，这才是英语水平的至高境界。

诚然，如果掌握部分美音和英音之间的规律转换差异，那么自由切换两种口音也不是不能做到的。除了我们最经常了解的美音卷舌，英音不卷舌之外，还有很多差异的发音。比如在类似 hot、coffee、boss 这类词中的 o 字母的发音，左边是英音，右边是美音。顺带提一个很重要的发音练习方法：有的时候不仅要耳朵去听，如果是视频或者老师面对面教学的时候，要盯着嘴型看。英音对于 hot 这类词中 o 字母，嘴型偏圆；而美音下颌向下的张开幅度较大，o 这个音类似发成 a 这个音（father 的那个 a 音）。

又如双元音 /əu/，例如在 go、alone、know 中左边是英音，右边是美音。美音发这个音时，下颌向下距离更大。

当然还有元音 /æ/ 和辅音 /n/、/m/，拼读时发生的差异。英音没有变化，而美音中 /æ/+/n/ 或者 /m/ 拼读，则会异化成 /æ/+/ə/+/n/m/，/ə/ 在语音学中被称作 schwa，也称作 center vowel，舌头非常放松平摊在口腔中，类似葛优瘫，这也是美音给人的感觉是悠扬自在的感觉。如果 /æ/+/ŋ/ 时，则会变成 /æ/+/ei/+/ŋ/，比如 thank 这个音。

C23　致高三考生

有些人在高考之后会说：总算完事了。

有些人在高考之后会说：这才刚刚开始。

我经常开玩笑说，很多人一辈子的英语巅峰是在高考完结的刹那。

这个对于绝大多数中国人难以忘记的日子，苦读 12 年，都落在那张卷子上。不管天南海北，不管今生是否会用到英语，我们都在书面表达中被要求以 Li Hua 的名义写了一封又一封信。

高考虽即将过去，但这些你应须记得，不仅仅是英语，更重要的还有那份执着与拼搏。

你的英语并不是零基础，高考完结时，你的英语绝对不是零基础，但是瞎搞几年之后，一定就归零了。

新课标要求在高考时一个人的英语词汇量应该在 3500 词，往往高三学生在几轮复习中，词汇量应该在 4000~4500 词，词汇主要运用之处是在阅读和完型部分。这 3500 词中，基本涵盖了日常需要使用的核心词汇；与此同时，还有基本的词根词缀框架，以及同义词、近义词、反义词的语义场关系。另外，词的词性，如名词、动词、形容词等基本语法概念已经全面建立。

从语法上说，基本的句子结构、成分的概念也都建立了，在不复杂的句子中，能够区分出主谓宾，能够大致看出从句，并且能够了解句子意思。

从写作上说，能够按照句意做基本翻译，虽然句内的语法不一定完全准确，词汇搭配可能有些生硬。

对于每一个参加过高考的人来说，你的英语绝不是零基础。

而为什么时隔几年之后，大家会觉得自己的英语水平完全归零了呢？

一言以蔽之，业精于勤而荒于嬉。

高三备考阶段，基本上每天一套英语卷子，按照一篇阅读理解大概 600 词来算，全卷的阅读量超过 3000 词以上。并且还有听力、书面表达等其他测试项，每日至少有 3 个小时以上是在做英语卷子或者听老师来讲解卷面。如此在英语上投入的时间是日后难以想象的。

很多人现在以每天阅读英文原著多少词作为一个还不错成绩在朋友圈打卡，其实这些付出你早就做过，甚至那个时候比现在对自己下手还要狠。

我们因为没有了压力，所以没有付出的动力。

高三岁月，是一种莫名的压力，甚至是荒诞的。那时候只知道大学的排名，却不明白自己要去学什么专业，甚至对于即将远赴的城市，心中也毫无概念。父母默默承担了所有除了我们学习以外的任何事情，老师和学校每个月晒出成绩排名，然后画上一根线，这根线以下自求多福，这根线以上，要和别的重点学校的尖子生去搏杀。

在这种莫名压力之下，我们也有了莫名的动力，如同玩手机游戏一样，日程表，试卷，对答案，分数。重压面前会哭会崩掉，崩掉之后还要接着上。

这是人生英语巅峰的基础。

在那种荒诞的压力与动力推进之下的基础。

可惜后来我们忘却了，因为有了更多的选择，因为有了更多的借口，因为有了可以释放压力而放纵自己的理由。

高考不是人生的结束，是人生的开始。它教会了我们如何毫不保留地一往无前。

英语与逆袭

对很多人来说，高考只是这个暑假崩溃的开始，考完之后还要对答案，对完答案可以崩溃一次，然后就是查分报志愿，还可以接着崩溃一次。收到录取通知书之后，对一部分人来说是解脱，因为上了还算心满意足的大学和专业。有点类似一辆桑塔纳跑上了高速路，感觉不会太差。

但如果上了一个不喜欢的专业、一所名不见经传的大学，那怎么办？

我可以很负责地讲，与其复读，不如大学四年拼命学好英语，这是逆袭的关键。

从某种程度上讲，我也算是逆袭的一员吧。2003 年我参加高考，近 20 年最惨的一届。赶上了"非典"，大家人心惶惶，每天把板蓝根当红牛喝，生怕自己发烧。那一年还有一起车祸事件，数学卷被盗，临时启用了备用卷，考得惨绝人寰，尤其是在 2002 年数学完全放水的情况下，很多尖子生出了考场就像到了追悼会现场一样，抱头痛哭。

我当时的心情也很抑郁，不敢报北大，完全抱着神风敢死队的思路填志愿，只填了第一志愿的第一个专业，南京大学法学院，其余空白，不服从调剂，爱咋咋的。

到了南大，因为我英语好，通过 3000 名新生的考试进入文科强化基地班。要死不死地读完了两学期，然后逆袭成功，拿了世界冠军，顺带认识了两个同班同学，现在他俩和我一起在创业。

我不是特例，甚至不算彻底逆袭。

2018 年 21 世纪杯全国大学生英语演讲比赛的冠军是曲阜师范物理系的一个男孩，英语水平很高，代表中国出征世界英语演讲比赛，也得了不错的结果。估计这孩子毕业很多单位都会抢着要，比如外交部。申请出国读书，也易如反掌。我们公司小，不知道这孩子是否看得上，我也向他发出了邀请。

这个算是逆袭。

一般院校，一般城市，一般专业。就算所有成绩和校园活动你都做得很好，也不见得能彻底逆袭。但四年孤注一掷，把英语学明白，一定有很大的机会。

找工作，凡是高大上一点的工作，英语肯定是门面。

考研，英语这项就是送你的，随便考个 80 分，直接秒杀 90% 的考生，省下时间攻专业课，复试时英语口语再下一城，利索。

出国读书，托福、GRE、雅思，哪个不是英语考试；如果大学期间还有国际交流，自然增光添彩。

总之，想逆袭，学英语。

在高考的基础上如何奋进

首要是继续保持高考时状态，每天英语学习的时间不能减少，减少就是做负功，语言这个能力，一旦松懈，又要从头再来。

对自己英语学习需要有一个明确的规划，每日学多少，半年要达到一个什么样的程度，用什么样的教材与方法。

要能够在非压力环境中去坚持。英语在高中是主科，到了大学就是公共课。公共课就容易松散，即便自己不松散，但是看到周围同学松散也就顺势躺了，这个要戒绝。

高考打下的基础需要做串联动作，所有的词汇、语法、阅读都是以应试为指向的，因而需要再次打通。打通的关键在于英语发音，把词汇从纸面上的样子变成声音，按照声音去记住这个单词，并且用听力、视频、外刊阅读去提升语言的实际运用。

写在最后

高考只是起点，发令枪刚刚响，我当年面对发令枪的时候，乱来了一次神风敢死队。如果当时硬着头报北大，估计也没有什么问题，虽然那个时候觉得这简直是人生的灾难。其实上了南大也没有什么了不起，现在是一个英雄不问出处的时代。

是英雄还是狗熊，关键看后高考时代，我们是不是每天都能像高三那年一样拼搏。曾经拼过，就不要怕之后拼不起；曾经无所畏惧，今后也要如此奔腾。

有些人在高考之后会说：总算完事了。

有些人在高考之后会说：这才刚刚开始。

这才刚刚开始。

C24　最后一个儒家：梁漱溟

　　之所以称梁先生为最后一个儒家，关键是其人知行合一，用毕生去实践他的理想。

　　我始终觉得英语学习一定要超越英语自身，并且不要把自己的母语和英语对立来看。中国英语教育中过多地强调了中文与英文的不同，甚至有部分论调是"西方月亮更圆"，我不太苟同，这很有可能是对自己文化了解不深，没有文化自信的一种表现。中文不好，英文也不好的是废人，中文好却英文差强人意的也算是个国人，可现在徒增了一些英文好而中文不行的人，不能称为世界公民。

　　我自己一直很注重中国文化的学习，虽然学艺不精，但总是有这个念头在，有了这个念头在，发现很多以前看过的有意思的中文书最早是用英文写成的，更是开心得不得了，寻来英文的本子再看一遍，更有新的体会。今天我要推荐的便是梁漱溟先生晚年口述的《这个世界会好么?》，这本书的作者，准确地说采访记录者是著名的美国汉学家艾恺（Guy Alitto）。

　　外研社人文社科分社做了一件大好事，便是把很多原本是英文，可其中文版本在国内更有名望的书籍编辑成套，形成了双语版本，刊印之后供英语学习者中英文互参，可谓是功德一件。

　　读书时听中国哲学课，徐小跃老师就推荐过这本书，说梁漱溟出世入世多次，一直把自己的人生有何意义以及中国未来将向何处去，作为毕生最重要的两个问题。

之所以称梁先生为最后一个儒家，关键是其人知行合一，用毕生去实践他的理想。

梁先生早年信佛，想从中获得人生真谛，23岁那年发表《究元决疑论》，被蔡元培相中聘到北大教印度哲学。随后人生兜兜转转，脱去佛家的出世，用儒家入世的乐观主义心态参与改造社会，做过政治，也做过乡村建设研究，也前往延安同毛泽东畅谈中国农民问题，是民盟的缔造者之一。

全书围绕着梁先生的经历展开，有学问层面的探讨，也有对中国问题的关切，也有中西文化之间的比较。最令我动容的一段是梁先生在"文革"时期受冲击，批林批孔运动中，梁先生被问及对自己的问题的看法，他引用了《论语》中的一句："三军可以夺帅，匹夫不可夺志也。"（The commander of the forces of a large state may be carried off, but the will of even a common man cannot be taken from him.）

三军被夺帅，有外部的因素，外部世界如何变化，个人是没有能力去控制的，但是匹夫的志向是在自己，是完全内部因素可以去控制的，夺了，也就丧失了一个人做人的根本。用现在流行时髦的语言说就是：如果不能去改变这个糟糕的世界，但是一定不能被这个糟糕的世界所改变。

中国的传统文化中，核心是士人精神，他们肩负着文化风骨的传承，在过去的每一个时代，他们都在以一己之力，对抗着滑向庸俗的乡愿文化。何为士人？逆着风，举着火炬，在冷雨泥泞中行进，凭一口气，点一盏灯。

虽千万人吾往矣。

正是有了这群士人，社会进化中，总是在螺旋上升。正是有这些士人，被弃置无用的东西，才能在某个暗夜透出微光。正是有这些士人，树立了自律的榜样，也就此指出了一条通往自由的道路。

我万不敢以士人自居，只希望能不断地靠近他们的小道与窄门。

小传写到今天，兜兜转转，100 期。感谢当年我的父母送我周末去省城读书，感谢迅公引我入门，感谢南大英语系众多泰山北斗对我的悉心栽培，感谢我曾经供职的新东方给我 13 年教育行业经验，感谢友邻众多同事支持鼓励我写完小传，更感谢一直追看转发的读者朋友和友邻同学。

原本我认为我离士人的小道与窄门还有距离，不曾想从我自己英语学习的历程开始，我就在众多师长朋友的帮助下已经开始了跋涉。

我父母送我去省城学英文，并不寄希望于我能鲤鱼跃龙门。

迅公教我 *The Economist*，也不是为了让我考一个英语高分。

南大英语系泰山北斗们，也从未逼迫我去出人头地。

新东方的领导们，几乎从来也对我没有什么经营业绩的要求。

友邻的同事们，也心甘情愿地跟着这个不靠谱的老板，做着不靠谱的事业。

众多读者们，也一同和我一起撑起"学无用的英文，做自由的灵魂"这面大旗。

德不孤，必有邻。

100 期只是一个开始，未来还有更多需要我做的事情。

The end is always good; if it is not good, it is not the end.

C25　独家：总理新闻发布会
"最强口译"点评

　　每年两会最后的总理答记者问我基本上都会选择看直播，这是从大学的时候就养成的习惯。外交部翻译司的那些高翻们绝对是国家队水平，每一次看他们的临场发挥也是我自己鞭策和提升自己的机会。

　　2017 年两会是张璐老师担任译员，沉着冷静，落落大方。温家宝总理时她就开始做此类的翻译，温总理喜欢引用诗词，张璐老师的翻译神形兼备，成为我们行业内津津乐道的范本。李克强总理没有引用那么多经典，语言平实，但今天的翻译中照样有神来之笔，令我不禁叹服。在此记录几段，略加斧凿之点评，供诸君一看。

　　1. 中国有句古话：有恒产者有恒心。

　　翻译：Our ancestors believe that one shall have his peace of mind when he possesses a piece of land.

　　点评：神来之笔，惊为天人。peace of mind 和 piece of land 对应着恒产和恒心。peace 和 piece 在英语里是一个发音，非常好的对应了"恒"字的重复。mind 和 land 尾韵也很接近，读起来朗朗上口。除此之外，这句话的转译非常体现译员对于中英两种语言思维的深刻理解。恒产之恒，可以被译作 permanent；恒心之恒强调是安稳下来，可以直译成为 settle down。

　　我在听发布会的时候自己脑子里也在想，如果让我来翻译我会怎么办，对于这句恒产恒心，我最多翻译成 If a person has a piece of permanent land, he will settle down for sure。听到张璐老师的版本，真是云泥之别。

　　说回中英两种语言思维的深刻的理解，permanent 实属累赘，因为英美人 take it for granted，如果土地是你的，那就是你的，而且一直属于你，没有什么 permanent 一说。settle down 更多的对应的是行为，而 peace of mind 真正翻译出了"心"这个字。

　　2. 减少费用，那政府就要过紧日子。

　　翻译：In cutting fees, the government needs to tighten its belt.

　　点评：勒紧裤腰带这个事情看来不是中国语言的特色，全世界人民实在饿得慌，都要紧紧裤腰带。如果要是换我来翻译，我可能会直译为 cut expenditure，相比 tighten its belt 显然不够生动形象。这条翻译精准，不增不减。

　　3. 企业仍然还会给一些补贴，扶上马，送一程。

　　翻译：So companies may even continue to provide some subsidies to their loyal employees to give them a leg-up for what they are going to do next.

　　点评：和上一条不同，这条的翻译进行了两处转译，主要体现在中英文习惯表达的差异上。中文喜欢用"老"，老总、老爹、老大、老师、老司机……这个老可以翻到英文里就必须根据语境进行补译或者是转译，而不能用 old 一笔带过，比如老司机的老就应该翻成 experienced、seasoned，或者 veteran；老总就应该翻成 senior executives。克强总理在这个问题中提出的老员工，张璐老师翻译成了 loyal employees，可见应变能力之强。

　　不仅如此，中国政界大佬沿袭毛泽东同志的遗风，也喜欢讲一些俗语，这里的"扶上马，送一程"就是典型的中国话语体系。如果直接把 horse 和 road 翻译进去，那实在是啼笑皆非。如果我来处理，我最多敷衍成 further support。张老师这里用的 leg-up 又是一语中的，丝毫没有闪躲与敷衍。而 leg-up 在英语中还真是扶人上马的意思。

4. 不是靠政府去提供铁饭碗，而是让人民群众用劳动和智慧去打造金饭碗。

翻译：To use their own wisdom and hard work, and to generate golden opportunities for themselves, rather than just relying on the government to hand them a job.

点评：这一条是经典的转译，把铁饭碗选择略过，把金饭碗译成 golden opportunities，张老师最后一句也是精彩，把铁饭碗这个之前遗漏的概念找补回来，铁饭碗就是要饭用的嘛，所以最后说的是 hand them a job，等待政府去施舍他们工作。

5. 这需要世界各国共同努力，因为天下是天下人的天下。

翻译：We believe all countries need to work together to push it forward. This globe belongs to us all, and we all need to do our bit.

点评：难点在于"天下是天下人的天下"这句话，三个天下，第一个指的是世界，第二个指的是所有人，第三个指的是责任。一旦谈到"贡献"这个表达，中国同学最喜欢用的词就是 contribution，我也不例外，今日看到张老师如此灵活地使用了小词：do our bit，举重若轻，实在佩服。

6. 关起门来以邻为壑，解决不了问题。

翻译：To take a closed-door policy and beggar-thy-neighbor approach will not make anyone a winner in this process.

点评：难点在于以邻为壑，古意是指将洪水引入邻国。如果

298

让我临场反应，我最多能翻译成 consider the neighboring countries as enemies。讲一个逸事，我毕业那年外交部翻译司按照以往的习惯是愿意招一些英语苗子去做高翻培养的，当时他们也通过系里的老师问我去不去。我自己当时曾经心动过那么一两秒钟，后来坚决放弃了，因为我的个性不够持重。如果按照我刚才的翻译，估计又要酿成外交事件了，因为 enemies 这个词用得太重。

再看真正高翻的水平，用 closed-door policy 直接意译了以邻为壑，同时还补充了 beggar-thy-neighbor 这样的用法。这个词在经济中的使用来自亚当·斯密，大意是指某国为了自身的利益，对邻国构建贸易壁垒的做法。张老师不仅引经据典，更能根据总理的 register（语域）精准匹配。

总结一下我这次观看答中外记者问翻译版的看法：

1. 每年两会最后的记者招待会是学习英语的大好时机，因为大内高手都会在此时亮出自己的看家本事。

2. 大内高手的水平不在于使用难词大词，而在于外科手术式的小词。

3. 我和其中两位大内高手关系不错，也问过她们为啥如此牛气，某高翻告诉我，事先都有演练，平日里要紧跟。每次记者招待会都是精心策划过的。这么说来我觉得更是吾等英语学习者必须关注的上佳作品。

4. 她们的水平还是很高的。某高翻和总理夫人聊某种鸟类的名字，还有这次张老师翻译的"翻跟头"，要我肯定当场晕厥，张老师很淡定地翻出 somersault 一词。服气。

过几天我要和她们吃个饭，当面再夸夸她们。

D

1
-
12

工具材料

D1 写作 | 如何像这位英文大师，
用四级单词写就一本好书

说起中华人民共和国成立之后的英文大师，大家耳熟能详的多半是：王佐良、许国璋、葛传槼、陆谷孙等，今天我要提的，论辈分是我师公，前南京大学英语系主任：陈嘉先生。陈先生是我本科论文导师刘海平教授的老师。刘老爷子已经是大师级别的人物了，当时我就很好奇他的老师是谁，刘老爷子让我去图书馆找《英国文学史》，特意叮嘱要商务出版社四本装那套，封面上赫然写着 Chen Jia。

陈先生本科是威斯康星大学，硕士在哈佛，博士在耶鲁，但先生在市面上书不多，就是《英国文学史》和与这套书配套的名著选篇。这套《英国文学史》我买过两次，其中有一套由于来回搬家已经不知道放在哪个书箱子里了，或者是赠人了。第二套我是当宝贝一样，概不外借。

要说这套书好，就是因为陈先生的文笔漂亮，简单自然，估计有个四级单词水平的同学就可以通读这本书。陈先生善于写短句，不似那种长句成片的文字，读起来好像在一团乱麻中找线头。不仅如此，短句之间文脉接续，又不会有顿挫之感，可谓上佳之品。

我将此书推荐过一些朋友，大家的反馈是看不下去，一来是开篇就讲 Beowulf，年代太过久远；二来说文中也没有什么精彩

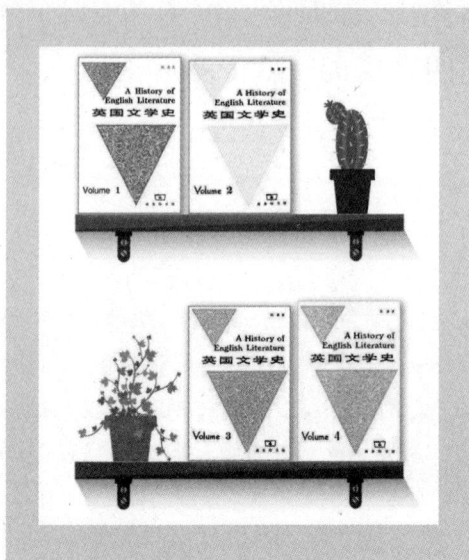

的语言，平淡无奇。对于第一个观点我是同意的，英国文学史开篇讲 Beowulf，的确有些呆板，但这毕竟是教材，不选此篇实在说不过去；第二点我不完全同意，因为我觉得这些朋友没有领会一个好英文的习得过程。

英文习得分成刻意与不刻意两种，且两种方法并无对错之分。刻意的练习如听写、精读、背诵，需要一字一句地搞明白；非刻意的练习则是选择上佳的语料进行长时间的浸泡。我读陈嘉先生的《英国文学史》采用的是朗读的方式，读出声音来，然后很有意思的是，陈先生的每一个句子的长度几乎都是恰到好处，不用怎么换气就能读下来，结构非常清晰明了，节奏感也好。

Romeo and Juliet is one of Shakespeare's best known tragedies and it fully deserves its fame though it was the product of a youthful poet, judged both from its theme and from its artistic form. Romeo and Juliet belong to two families engaged in family feud of longstanding, but the two fall in love and are secretly married. When Romeo is banished for killing one of Juliet's kinsmen Tybalt and the girl's parents insist on marrying her to another, the friar who has married the two lovers tried to help them, but his plan fails owing to several unhappy accidents, and the young lovers die one after the other.

我上学时，写作老师教给我一个自己给自己改作文的妙招：写好文章之后读一遍，感受一下气息，气息对了，基本文字的节奏也就过关了。

D2 除了 Kindle 以外的另一个英语学习阅读神器

苹果 Mac 系统中有一个 iBook 的 APP，我估计使用这款 APP 的人在国内并不多。

但 iBook 完全可以本地导入。导入的方式很简单，拖拽就可以。iBook 采用的文件格式是.epub，所以在网上搜资源的时候，见到.epub 就可以在 iBook 里用了。

如果你找到的是.mobi 格式的，可以用 Calibre 这个 APP 进行转换。

下面我们一起来看看 iBook 的强大之处：

这是我部分的书单，前 11 本是很多同学梦寐以求的 Will Durant 的 *The Story of Civilization*。这套书比《哲学的故事》更加有历史地位，由于数量实在太大，很多人只是听过，却未真正看过。

点击任意一本书，就可以进入阅读模式，可以调整字体、字号、底色等，让阅读的感受舒服一些。

我比较偏爱橙红色，和《金融时报》很像，格调高雅，这个颜色还有专门的名字 Salmon Pink。

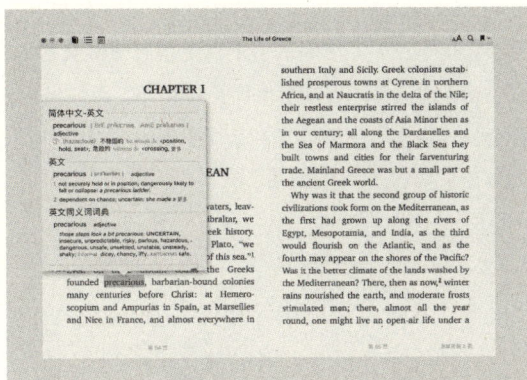

查词非常方便，直接点中即可。Mac 自带三种字典，英汉、英英和同义词。如果想把这个单词记录下来，做笔记也非常方便，见下图：

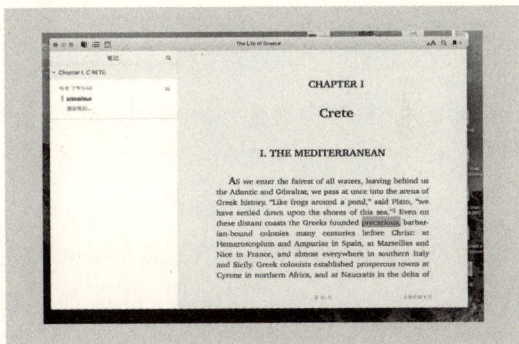

不仅如此，点击右上角的搜索图标，将这个单词键入，便可

进行全文检索。

对于写论文来讲这是一个很好的查索引的方式，而对于学英文其实更加有帮助，因为用这个方式，整本书就变成了小语料库，你可以看到这个单词在不同语境下的使用，查到不同的例句，等等。

说得再简单一点，如果你搜索了这个单词，发现它全文中出现的次数不多，也就意味着这个单词不需要记，而如果出现了 10 多次，你会发现这本书读完之后这个单词你一定是记得牢牢的。从此不背单词不是梦。看图！

除了查词之外，还可以随时选中书中的关键句子，高亮之后在旁边加上批注，无论是老师上课精读这本书，还是自己平常使用，都是非常方便的，因为可以随时做检索，便于知识管理。

同时利用 iCloud 功能可以同步在自己的手机和平板电脑上。也就是说你只需要有任何一款苹果的硬件，iBook 都是可以使用的，只不过在 Macbook 上功能最全，界面最友好而已。

我自己对于 iBook，Kindle 和纸质书的优劣势是这样评价的：

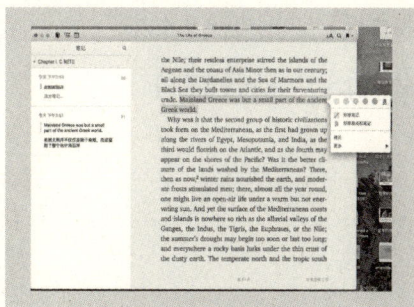

1. 如果是看闲书或者是出差，Kindle 最方便，因为不用带实体书，而且 Kindle 轻便、高效。（出差旅行用）

2. 如果是要经常性地做笔记，Kindle 明显就 low 了，毕竟是电子墨水的屏幕，画线、批注都是一个问题。笔记式的阅读 iBook 的体验是最好的，并且可以随时粘贴，便于写论文等。（案头读书学习用）

3. 如果这本书读完实在喜欢，或者这本书的装帧印刷都很上乘，我的建议还是要买一本纸质的收藏。毕竟电子书没有触感、没有气味，不能记录时间感受。纸质书最有意思的是多年之后你翻看，发现其中自己稚嫩的笔记、书页上的霉斑、书底上当时买书书店的价签，抑或是自己顺手放在书中当书签的登机牌，都是一种回忆啊。（读书消得泼茶香）

2018 年春节我在台北，去了台大旁边的胡思二手书店，买了一堆二手书，价格品相都不错，唯独就是上文所说的 Will Durant 的《文明的故事》看见了不成套的 9 本，纸张泛黄、字体复古，是 20 世纪 60 年代的印版，一来行李有限，二来的确那一套不全，所以只能作罢，用 iBook 聊以慰藉，搜了全套。闲来无事时，不看网剧、不刷朋友圈，在书中见见黄金屋与颜如玉。

D3 国内的英文报纸能不能
作为英语学习的材料

  国外的英语学习材料的确不少，可有些时候难免有些不接地气，或者获取的方式也颇费周章，从而引得很多朋友问，国内的英语报纸能不能作为英语学习的材料？

  我自己开始学英语的时候就在读《21世纪报》，20世纪90年代末，一份报纸卖5毛钱，一周一期，用的是《中国日报》的材料，报社编辑将难度降低，以飨基础一般的英语学习者。那时候迅公周末教我英语时，便是举起报纸大声朗读，他稍做点评，2个小时的学习也不枯燥，尤其是在贵州这个连中文信息都很闭塞之处，我看到了世界的模样。

  随后上大学，一期报纸卖到了2元一份，我也每周一期地买。大二的时候去一家叫作环亚西文的英语学校兼职赚外快，我便学着迅公的方法，也是讲报纸新闻。直到2005年获得了21世纪杯举办的全国大学生英语演讲比赛的冠军时，学校报亭的老板一眼认出了我，送了20份报纸作为纪念，至此之后还不断向其他同学推荐说，冠军的秘诀就是看这份报纸。虽然2017年，《21世纪报》大学生版因为种种原因停刊了，但我不得不说这份报纸远比《英语辅导报》这样的教辅有意义得多，也真正造福了一代英语学习者。

  所以至少从我个人经历来说，国内的英语报刊是可以看的，并且在《中国日报》报社，有很多我的校友，他们英语水平都很高，写出来的东西值得一读。选其近日的文章标题和导语做一个点评。

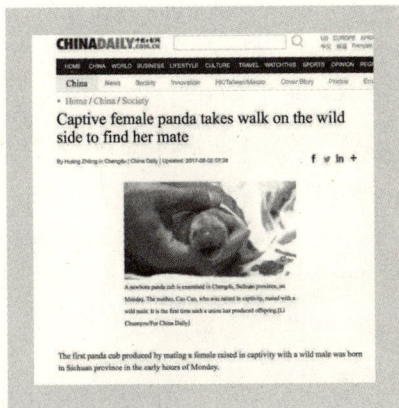

题目首先眼前一亮，讲的是人工饲养的雌性大熊猫和一个野生雄性大熊猫配种成功产下一子。亮眼之处是 takes walk on the wild side。字面上的 wild 和野生大熊猫暗合扣题，但是亮就亮在这位记者一定是 Lou Reed 的粉丝。Lou Reed 有首歌叫作 *Walk On the Wild Side*。

千万不要以为官方媒体就只会整天写一些 Chinglish，这些记者一旦进入了泛社会类题材，心中的躁动就立刻被释放出来。也容我插播一条 Lou Reed 的介绍，你就知道能写出这个标题的记者真不是一般人儿。

Lou Reed 的 *Walk On the Wild Side* 如果你不熟悉，你一定听过这张专辑中的另一首歌 *Perfect Day*；如果你没有听过这首歌，一定看过一部电影 *Trainspotting*（《猜火车》），当中的配乐就有这首；如果你没有看过这部电影，你一定知道 David Bowie，他是这张专辑的联合制作人。这首歌写的就是当时在纽约 Andy Warhol 工作室里的故事。以上想展现的便是这首歌是那个群星闪耀、放荡不羁时代的物产。总之，记者写得好，报纸就具备可读性。

中国英文报刊网站越来越具备可读性的另一个原因是"发出中国声音，讲中国故事"的需要，应运而生的是，CCTV 英文频道等 6 个频道已经改头换面被称为 CGTN（China Global Television Network），我也有很多英语造诣很高的朋友在那里服务，语言的质量肯定也是没得说。

除了 CGTN，还有 *Shanghai Daily*、*Global Times*、*South China Morning Post*（《南华早报》），以下是我手机上看英语新闻的 APP，第一张都是中国媒体的，第二张是海外媒体的。

如果将同一个话题的新闻进行国内和海外媒体报道的比较，会找出很多有意思的差别。具体的例子在此不表，如果有同学有例子也可以在公众号"教书匠小夏"留言区留言。

回答同学们提出的几个常见问题。

1. 为什么用新闻学英语是一个好方法？

答：英语学习研究表明：第一，凡是能将语言从学习对象转变为学习工具的学习方法是效率最高的，即不是为了学英语而学英语，而是通过学习英语获取其他的知识。通过看英语新闻不知不觉地学习了英语，且获得新知。第二，新闻行业从业人员语言功底普遍高于一般人，所以好的文本输入也可以事半功倍。第三，基本上不需要花钱。第四，可以利用碎片时间学。

2. 如何通过新闻学英语？

答：新闻写作中有倒三角原则，即标题涵盖的信息最为全面，然后是导语。首先通过新闻标题迅速筛选出你自己感兴趣的文章（和读中文报纸一个方法）；其次导语可以采用精读的方式，查单词、分析句型。对于文章其余内容可以采用泛读的角度学习即可，不需要拉开阵仗，孜孜不倦。通过浏览方式来一个跳跃式发展，绕开中国同学普遍低效的精读阅读习惯，直击内容主体。

3. 每天需要花多少时间在这个上面，能取得多少效果？

答：每天 20 分钟到 1 个小时，丰俭由人，有时间就多学，没时间就少学，偶尔不学几天也问题不大。坚持半年应该在英语阅读、词汇、语法以及见识层面远远超过只做阅读题的人。

4. 新闻不像教材，一会儿简单一会儿难的，怎么办？

答：如果是零基础的同学，建议主要跟着教材学习，有高中英语基础的同学，我觉得不宜妄自菲薄，克服畏难情绪，先坚持一个月再说，如果自己学感觉有难度，也找不准文章，可以选择相关课程进行学习。

D4 臭水沟、星空以及奥斯卡·王尔德

多年前我在新东方教 GRE 写作，开班第一课我会在黑板上写下：

We are all in the gutter, but some of us are looking at the stars.

的确这就是当时新东方 GRE 暑假班教室的真实写照，偌大的一间 400 人教室，里面坐满听课的同学，由于教室太大，每隔几排就有几台闭路电视，信号从讲台上接过去，这样后排的同学就可以通过电视看清楚老师。在夏天，教室大还会有一个问题，空调制冷不均匀，离空调近的同学即便穿上长袖还会瑟瑟发抖，离空调远的同学仍然大汗淋漓。这难道不就是 gutter（臭水沟）吗？但我敢保证，当你走进这个教室时，你一定会感受到新东方当年的校训：从绝望中寻找希望，人生终将辉煌。

据说现在的暑假班条件好多了，6 个人的小班，价格也贵了不少，但是听说上课前还要把学生的手机收上来，免得他们不刷题玩手机游戏，蛮令人唏嘘的。

说回我在黑板上写的那句话，其出处就是这篇文章的主角 Oscar Wilde。这位奥斯卡和电影的奥斯卡奖没有丝毫关系，这位王尔德生于 1854 年，爱尔兰人，文笔辛辣，眼光狠毒，如果放在今天绝对是《奇葩说》的现象级选手。他在一篇自问自答的文字中这样写道：What is your aim in life？Success：fame or notoriety。说是 notoriety，但是冒天下之大不韪的事儿也不是一般人可以做

出来的，王尔德倒是两头都占了，文字使他赢得赞誉，可与 Bosie 的同性恋关系让他在当时的英国因为伤风败俗被投入了监狱。后人点评他为 "half-sinner, half-saint"，也是一语中的。

有人喜欢王尔德戏剧，如 *The Importance of Being Earnest*（《不可儿戏》），有人喜欢他的小说 *The Picture of Dorian Gray*（《道林格雷的画像》），更多人知道他可能是因为他的童话 *The Happy Prince and Other Tales*（《快乐王子》），而我最喜欢的，还是最能体现他犀利文笔的杂文。国内出版社编的版本我没有怎么涉猎，最推崇的还是伦敦一家独立书商 Notting Hill Editions 出的本子，取名为 *Beautiful and Impossible Things*（《美好而不可及之物》）。

这家独立书商 NH 做了一个杂文系列，收录的作家都是我极其喜欢的，比如 Virginia Woolf、Roger Scruton、George Orwell、William Hazlitt，这些人的杂文都如同带着匕首的刺客，杀人十步内。NH 的装帧我也喜欢，内页是象牙黄色，保护视力，每页其实都是彩印，只不过只有页码和首字用了红色，成本与全彩没有任何差别，但却不因花了钱就五颜六色，克制的一抹红反而素雅高贵；书皮是传统布面，没有艳俗的腰封，只取作者的一句名言，在布面内烫入上色，唯一不同的就是王尔德这本，没有作者的名言，只有王尔德的一张照片，估计是王尔德一生段子手、金句王，真是不知道选哪句印上吧。

王尔德这本集子篇篇经典，我只恨自己时间太少，没有机会把这本书单独做成一门课，供给诸君学习，但每每再次翻看这本书，还是能从字里行间找出这位一代语言大师在方寸之间施展的绝妙文笔。随意摘一段，供诸君赏玩：

– Dinners and Dishes –

A man can live for three days without bread, but no man can live for one day without poetry, was an aphorism of Baudelaire's: you can live without pictures and music, but you can't live without eating, says the author of *Dinners and Dishes*: and this latter view is no doubt the more popular. Who indeed, in these degenerate days, would hesitate between an ode and an omelette, a sonnet and a salami?

Yet the position is not entirely Philistine; cookery is an art; are not its principles of the subject of South Kensington lectures, and does not the Royal Academy give a banquet once a year? Besides, as the coming democracy will no doubt insist on feeding us all on penny dinners, it is well that the laws of cookery should be explained: for were the national meal burned, or badly seasoned, or served up with wrong sauce, a dreadful revolution might follow.

也借用这一小段和诸君分享一下杂文到底应该如何读才能够最大化地吸收其中的影响。

读杂文如果是为了获取信息，那么应该选准主要的观点与论据；但如果读杂文是为了赏析语言，那么就应该去寻找句子结构和一些精准的用词。比如王尔德这个段落，第一句话中有 a man can live for three days without bread, but no man can live for one day without poetry，就是一个对比写作的结构。a man 和 no man，three days 和 one day，bread 和 poetry 形成了三组对比结构，核心的意思落在后半句，强调 poetry 对于人的重要性。读及此处，我们会以为王尔德要高谈诗歌对于人类的重要性，却未曾料到这是王尔德立起来的一个靶子，因为以上观点的出处是 Baudelaire 的箴言（aphorism）。

谁料话锋一转，王尔德直接切换人称，以 you 开头，仿写了 Baudelaire 的话，you can live without pictures and music，but you can't live without eating。换用人称是直接和读者沟通，仿写 Baudelaire 的话是为了嘲讽前句那种过于阳春白雪脱离实际的话语。王尔德向来就是表面上非常接地气，但是骨子仰望星空的。没有绘画和音乐可以活，不吃饭只能死。不仅这句话仿了 Baudelaire，顺成下来 says the author of *Dinners and Dishes*，一来巧妙地点了文章的题目，二来嘲讽之际不留姓名，以无名小卒的身份用以自嘲，自嘲才是嘲讽的最高境界。

两方观点一字摆开之后，王尔德又拉来人民群众做法官，直接将胜利归到了自己这边。"And this latter view is no doubt the more popular."（看清楚，形容词比较级之前是可以加 the 的）随后王尔德站在人民群众的立场上，好好谈了谈吃喝的重要性。一个反问："Who indeed，in these degenerate days（清苦萧条的时日），would hesitate between an ode and an omelette，a sonnet and a salami？"不忘卖弄一下文采，ode（颂诗）和 omelette（鸡蛋卷饼）押了头韵，sonnet（十四行诗）和 salami（意大利香肠）也压了头韵，ode 和 sonnet 皆是阳春白雪之物，omelette 和 salami 皆为下里巴人之食，也和前文两句对仗形成了暗合。

中国同学阅读能力多半是线性输出的，按着题目回原文定位找答案非常在行，可是一旦没有阅读题目的指引，看起原著来一头雾水，毫无美感可言，就是因为好的文章绝对不是线性的，而是网状的。句与句，词与词，都是一个联合的有机体。

寥寥几笔之间，王尔德把 Baudelaire 杀的片甲不留。可老王却不满足用鄙俗的下里巴人干掉阳春白雪的方式，他非要为这些庸俗的需求在精神层面上再下一城。Yet the position is not entirely Philistine（庸众）。下回大家看到屌丝这个词，用英文文雅的讲法就是 philistine。Cookery is an art，厨艺是一门艺术。后续两句把伦敦艺术聚集区的 South Kensington 以及 Royal Academy 都捎上作为论证，圣人也要吃饭打屁啊。最后收尾嘲弄政客，那些搞民主晚餐五毛一顿的人，一定要把饭菜弄好，这是政治问题，菜做煳了（meal burned）、佐料放过了（badly seasoned）、汁料浇错了（wrong sauce），小心这些食客掀翻桌子闹革命。革命可不是请客吃饭。

王尔德全篇控场能力出众，节奏感极强，像是一名导演，调度场面，让读者时刻处于前言不搭后语，却又在情理之中的紧张中。类似这样的段子在这本书里俯拾皆是。对于王尔德健谈在本书前言有一佐证。彼时《福尔摩斯》的作者柯南·道尔和王尔德一起吃饭，随后柯南·道尔在自己的日记中这样写道：

His conversation left an indelible（擦不掉的）impression on my mind. He towered above us all, and yet had the art of seeming interested in all that we could say. He had delicacy of feeling and tact（圆通）… He took as well as gave but what he gave was unique.

天才就在那里，不在别处，和我们一样生活在臭水沟里，区别是他正在抬头看着星空。

学英语也是一个道理，不为逃离现在的环境，相反是学会在现实中找到一个灵魂可以遁逃的地方。希望这篇王尔德的小段儿能给你带来语言学习的另一层体会，就像当年我第一次看到这篇文章时一样地窃喜。

D5　美剧学英文的毒药与解毒方法

看美剧在我的英语学习经历中有它的价值和意义，但却不是我英语能学好的主要原因。那些说仅仅通过美剧把自己英语学好的同学，要么是天才，要么没有讲实话，要么他过高地估计了自己的英语水平。

我知道以上的话说出来，肯定会被很多人误解，我再澄清一下。

问：通过美剧能不能学好英语？

答：可以。

问：仅仅通过美剧能不能学好英语？

答：不行。

美剧学英语的几大好处如下。

1. 是活生生的英语，而且你能够感受到这个句子或者词组是在什么场景中使用的，这对口语提升有非常大的帮助。尤其是对那些单词已经背了很多，语法也没有什么问题，考试一考就是高分，但是见到老外就不知道如何开口的同学，看美剧非常有用。

2. 对于提升听力也有帮助。在中国传统的英语课堂中，听力教学相对薄弱，而且听力材料中的语速、语气、节奏、题材很少是现实中英美人讲话的风格。老师在课堂上，通常采用一个材料听很多遍的方式来确保学生都听懂。这样的教学离现实中英语使用相去甚远。美剧在这一点上完全可以调和。

3. 看美剧我个人的建议是一看就看个两三个小时，中途不喝水，避免上厕所。为什么要一看看这么久？对于中国同学来说，纯粹的英语环境在现实中很难找到，除非是出国。而一次坐定，看上两三个小时美剧，至少在这两三个小时当中，我们就暂时进入了一个相对纯粹的英语环境，英语的语感会得到潜移默化的影响。

我大学时代每次参加演讲比赛之前，一个很重要的秘密武器就是坐定下来看美剧，一看两三个钟头，当时很多人觉得我有临场不乱的大将之风，其实我真的是在焦躁无比地积极备战。

讲完好处，我接着和大家说说通过美剧学英语的误区。

1. 千万不要追时下最热门的剧，要根据题材有所甄选。比如几年前《越狱》还有《绝命毒师》都非常火，很多人也在通过这样的美剧去学英文，其实是谬之千里。并不是所有美剧都适合英语学习，我们要找到相对现代的、都市的，或者是校园题材的，在剧中的语料都是可以直接派上用场的。

相反，《越狱》中能够平常使用的单词就少得多。这里还是会反复推荐《老友记》之类的美剧。当然如果你有个人专业的诉求，比如新闻专业的同学可以看 *Newsroom*，学法律的同学可以看 *Boston Legal*。

2. 千万不要被看美剧时的轻松感觉所迷惑。我之前的文章中就反复强调，英语学习的过程本就是平淡的，既没有熬不过的黑夜，也没有等不来的黎明。感觉痛苦的原因是你在学习新的知识，这些知识尚未被你完全掌握，其实不是痛苦感，是生疏感。

而英语学习中所谓的轻松感觉，很有可能是你此时的状态并没有在学，而感觉是在学。这点一定要警醒，否则不仅会浪费时间，而且你很快会放弃，也更难东山再起。

3. 千万不要被情节吸引而忘记了学习语言的初衷。这也是为什么我不太推荐追剧的原因。当然我也不排斥追剧，大家可以把握一个原则，即当你看完这一集美剧之后，如果你能记起来的只是情节，却记不住 10 个以上的单词或表达，这一集很有可能要重新再看一遍。

我个人的体会是，除非是教美剧课的老师，很少有人愿意反复看一集。所以最好的办法是看的时候记得按下暂停键，来记录一些语言点。

4. 关于字幕问题，最好的版本一定是双语字幕，而且你跟几分钟之后发现和台词完全匹配，甚至还有一些良心字幕组将背景文化也标注出来。这类的美剧应该被视作最上乘的美剧学习资料。

我当年看美剧的时候，没有网络片源，全部是 DVD，有一次非常机缘巧合，买到的《白宫风云》（*The West Wing*）是英文字幕，我如获珍宝，反复看。现在条件好了，视频网站上能找到很多双语字幕。

你可能要问，如果这部剧你很喜欢，但是只有汉语字幕，怎么办。我的回答很简单：可以看，但是可能对学英语帮助有限。如果用字幕来给美剧分级的话：双语字幕 > 英语字幕 > 汉语字幕 > 没有字幕（俗称"生肉"）。

D6 通过歌曲学英语到底靠不靠谱

市面上有很多老师推荐听英文歌来学英文，也有很多同学问我这个方法的有效性，我深入问了他们几个问题之后，发现有必要写这篇文章来讲讲我的看法。

我是 12 岁开始学英语的，已经过了童心未泯的岁数，除了 ABC 字母歌之外，没有学过其他的歌曲。中学时候赶时髦，也听过 Michael Jackson 和 Backstreet Boys，但基本上没有走心，换言之我的英语学习经历中英语歌曲对我的影响所占的比例非常小，但的确通过歌曲学英文有很大帮助。

第一，我发现一个很有意思的事情，我周围唱歌好听的人，一般英语发音都没什么太大的问题。仔细一想也难怪，我曾提过，提升英语发音最大的挑战不是在嘴巴上，而是在耳朵上，如果听不出自己的发音和模仿对象之间的区别，那么提升发音这件事情堪比登天。

所以，听英文歌不见得对英语有帮助，但唱英文歌，尤其是唱得有模有样的，一定对英语学习，尤其是发音，有特别大的帮助。

第二，说到唱英文歌，还有一个很重要的益处就是通过音乐的节拍来磨炼英语的重音节奏。

也是老调重弹，英语发音是否地道，不是音标的单个发标准就可以了，关键在于节奏的把握。

英语是典型的 stress-timed language，一个句子里哪些部分要重读，哪些部分要轻读；哪些部分音值高，哪些部分音值低；哪些部分读得快，哪些部分读得慢，直接决定了英语讲出来好不好听。而中文是典型的 syllable-timed language，一字一音，节奏变化没有英语多，所以中国同学读出来的英语总是一个音一个音往外蹦，不好听。

英文歌曲则是节拍和歌词的完美结合，而结合的标准就是stress-timed。每一个音节之间的起承转合，音值高低，都和旋律完全贴合。所以通过唱英文歌可以潜移默化地提升语感。

其实诗歌就是歌词演变过来的，因此同样的道理，朗读英语诗歌也有一样的帮助。我在这里举一个莎士比亚最有名的十四行诗 "*Shall I Compare Thee to a Summer's Day*" 来佐证。

先普及一个十四行诗很重要的概念，即五步抑扬格（iambic pentameter），即一行诗中有十个音节，重音的节奏是按照"弱—强"的原则重复五次。五次就是五步抑扬格的"五步（foot）"，"弱—强"就是五步抑扬格的"抑扬"。我们用大写字母表示重音，小写字母表示轻音，一行五步抑扬格的标准格式就应该是：aA bB cC dD eE。

所以 *Shall I compare thee to a summer's day* 在朗读的时候就应该写成：

shall I comPARE thee TO a SUMmer's DAY

其中五个音步就是：shall I, comPARE, thee TO, a SUM, mer's Day

英文歌曲不仅有很强的 beat（节奏感），而且会利用韵脚反复强化这样的节奏感。比如大家都非常喜欢的说唱天王 Eminem，他的 *Not Afraid* 歌词里有这样一句：

I' ma be what I set out to be, without a doubt undoubtably

And all those who look down on me, I'm tearing down your balcony

大家都很羡慕那些可以把英文饶舌唱得很好的人，其实背后是有秘诀的。首先是找到配乐的最基础节奏，比如这首歌是一个三拍，弱—弱—强。接着就要把歌词放在这个节奏里，而一个节奏循环都有一个韵脚，所以这两段的歌词要这么切分：

I' , ma, be

what I, set out to, be

without a doubt

un, doubtably

And all those

who, look down on me

I'm tearing down（your）

bal, co, ny

而且你通过这个切分也可以看出 Eminem 用了两个韵脚，一个是 i，一个是 au，连续韵脚的出现对于强化节奏有巨大的帮助，每一个韵脚都要重读，落在弱—弱—强的强拍上。

大家可能会问，那中间词很多，挤不进去弱—弱—强的三拍怎么办？答：硬挤。这样就出现了连读、弱读的现象。

不仅如此，如果我们听这首歌时会发现在 set out to be 这个位置，Eminem 不是仅仅在说唱，而是加入了一些旋律，这个旋律也非常贴合，是一个 Mi-Re-Do 的降调旋律，所以在读 set out 时的音高要高于 to be。

就此小结一下：听英语歌曲学英语，什么用都没有。唱，而且要唱得像，是非常有帮助的。

D7 看英国小报，比美剧更精彩

我已经很长时间没看美剧，不是我不喜欢看美剧，更不是否定美剧对于英语学习的辅助功能。我不看美剧的最大一个原因就是，我找到了比美剧更好看的东西，那就是英国小报（tabloids）。

15 年前，数字媒体还没有现在这么发达，南京是中国报业竞争最激烈的几个城市之一，一个城市 4 份报纸，《扬子晚报》《现代快报》《金陵晚报》《南京晨报》竞争的不亦乐乎，但却又有各自的读者定位。《扬子晚报》是大报，四平八稳，求真务实；《现代快报》观点犀利，立场鲜明；《金陵晚报》和《南京晨报》些许类似，都是市民新闻，家长里短，如果算归类，应该属于 tabloids 之流。

英国的报纸也是如此，大报如《卫报》《泰晤士报》《每日邮报》等，这些报纸都有着非常固定的读者群，以至于在我最喜欢的英剧 *Yes, Prime Minister* 当中有这样一句台词：

没错，如果你已经读完了右页图中的文字，你会发现之前的几个大报之间政见不合已经是根深蒂固的了，只有《太阳报》置身事外，they don't care who runs the country — as long as she's got big tits。没错，《太阳报》就是伦敦街头以一当十的超级八卦小报。读者数量超级多且都是铁粉，而且微信公众号"英国那些事儿"有大量的素材都是源自 *The Sun*。

自从看了 *The Sun*，腰不酸，腿不痛，背单词都有劲了。

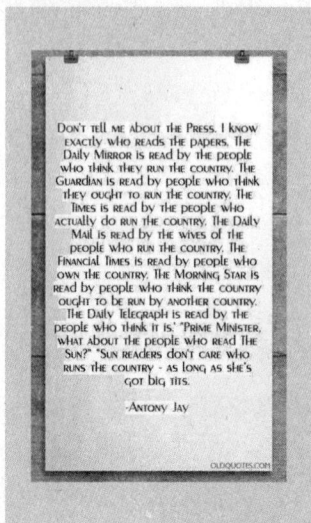

DON'T TELL ME ABOUT THE PRESS. I KNOW
EXACTLY WHO READS THE PAPERS. THE
DAILY MIRROR IS READ BY THE PEOPLE
WHO THINK THEY RUN THE COUNTRY. THE
GUARDIAN IS READ BY PEOPLE WHO THINK
THEY OUGHT TO RUN THE COUNTRY. THE
TIMES IS READ BY THE PEOPLE WHO
ACTUALLY DO RUN THE COUNTRY. THE DAILY
MAIL IS READ BY THE WIVES OF THE
PEOPLE WHO RUN THE COUNTRY. THE
FINANCIAL TIMES IS READ BY PEOPLE WHO
OWN THE COUNTRY. THE MORNING STAR IS
READ BY PEOPLE WHO THINK THE COUNTRY
OUGHT TO BE RUN BY ANOTHER COUNTRY.
THE DAILY TELEGRAPH IS READ BY THE
PEOPLE WHO THINK IT IS.' 'PRIME MINISTER,
WHAT ABOUT THE PEOPLE WHO READ THE
SUN?' 'SUN READERS DON'T CARE WHO
RUNS THE COUNTRY - AS LONG AS SHE'S
GOT BIG TITS.

-ANTONY JAY

来一起学学英文：A STUNNING model who tried to nick 1,000 worth of designer goods from Harrods has been let off with a conditional discharge after a judge praised her "considerable talents".

导语部分用词非常口语化，比如形容一个人美艳，除了 beautiful 这种套路以外，还可以说 stunning；nick 这个词的意思就是偷窃，当然不是什么偷金大盗，而是毛贼干的小偷小摸，甚至有些时候，我们可以说 Can I nick you a cigarette？哥们儿蹭根烟抽。我第一次在英国听到有人管我要烟抽就是这个词；Harrods 就是举世闻名的哈罗德百货；下回夸一个人有 talent，可以在前面加一个 considerable。

The Sun 创刊之初就开始显示其亲民的底线，每日报纸第三版会刊出全幅裸女照片来招揽读者，这也是为什么上文中会出现 tits 这样词汇的原因。这样的传统被捍卫了 40 年，直到 2015 年才告

终。你可以说这份报纸低俗，但是你不能说其没有立场与风骨。当然，这份报纸时常出现辱华的言论。我的观点是，自己强大了，也不在乎别人说什么，大不了怼回去。

The Sun 还有一个 APP，但是貌似 bug 挺多，用起来不顺畅，尤其是和中国的类似"今日头条"相比，还是差了许多量级，完全没有达到智能推送的水平。

我顺手滑到了菲利普亲王退休的消息，老爷子 96 岁了，真心干不动了。

> **‹All**
>
> ## For he's a jolly good fellow
>
> By Amanda Devlin
> Published 11h ago
>
> THE Duke of Edinburgh left his final solo royal engagement yesterday to the tune of For He's A Jolly Good Fellow as he entered retirement after 65 years.
>
> Marking the end of an era, Prince Philip was hailed as "historic" by senior officers who described the 96-year-old as a "wonderful figurehead for all Royal Marines to look up to".

The Sun 起的标题看来对这位老亲王还是嘴下留情了。用了 a jolly good fellow这个老百姓常挂在嘴边的习语来形容老爷子的一生。可再往下滑了几篇文章，却看到《每日电讯报》搞的大乌龙，把提前预备好的亲王的讣告发了出来，这样的大娄子，*The Sun* 不去炒一下岂能罢休。

The Telegraph wrongly published an article claiming Prince Philip has died

But the Telegraph's website published an article with the headline "Prince Philip, Duke of Edinburgh, dies aged XX".

　　如果你是今日头条的重度用户，相信我，*The Sun* 不会让你失望。

D8　开始学英语，一生《新概念》

　　我们来谈语法学习的问题。我争取避重就轻，顾左右而言他，谈得有意思一些。

　　其实我最不擅长的就是教语法，学生一问我语法问题我脑子就大。语法是每一个人的痛，而且会一直痛下去，所以如果你语法不好，you are not alone。

　　我自己语法学习的经历和诸君有类似之处，也有不同，容我慢慢道来。

　　《新概念英语》（以下简称《新概念》）是我整个语法体系框架之基础，这本教材估计诸君都接触过，我也不清楚是这本教材符合中国人学英语的习惯，抑或是中国人英语学习习惯受到了这本教材的极大影响，坦诚地来说，《新概念》仍旧是我推荐很多语法薄弱、基础一般的同学的首选教材。

　　这本教材在中国先后出现了 7 个版本，我从网上找来供诸君一赏。

　　《新概念》的作者是大名鼎鼎的 L. G. Alexander，1932 年英国生人，毕业于伦敦大学。维基百科上对他的介绍寥寥几笔，顺着链接找到了英国《卫报》在他去世之时发的一篇讣告，略摘几段，一起来了解一下这个对于中国英语学习者来说的"最熟悉的陌生人"（the intimate stranger）。

　　Louis Alexander, who has died of leukaemia aged 70, was a pro-

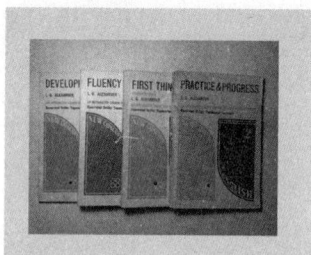

lific writer of bestselling English–language text books. In 1977, he sold 4.7m books, a feat recorded in the Guinness Book of Records as the greatest number of copies sold by an individual author in one year.

　　去世时 70 岁，患白血病，1977 年卖出的英语教材多达 470 万本，创造了一年内个人图书销量的吉尼斯世界纪录，《新概念》朗文原版出版于 1967 年，为何要过了 10 年才一举破了如此销量，想必是 1977 年中国改革开放的春雷即将到来所致。

　　In Britain, the name of LG Alexander was not widely known, but abroad he was a celebrity: delegations met him at airports, television cameras appeared and lecture halls would be crammed with people gathered to hear him speak. None of this

1　朗文 1967 年版

2　朗文 1977 年版

3　上外 1978 年版

4　上外 1985 年版

5　安徽科学技术出版社 1986 年版

affected his unassuming modesty or diminished the warmth and generosity of his heart.

在英国 L. G. Alexander 不是一个名人，但却享誉海外，凡及之处，黄土铺地，净水泼街，夹道欢迎，菲林闪烁，讲堂之内人头攒动。即便这样，老爷子还是很低调，很温暖。

His first major book, New Concept English（1967），was a breath of fresh air. Alexander had an instinctive feel for putting together a syllabus as a foundation for effective learning, and showed a genius for organising the language in ways which students—and their teachers—found immensely stimulating.

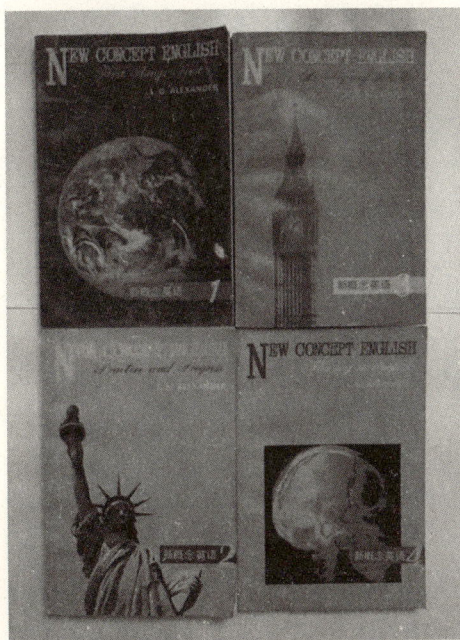

5

讣告中也提及了《新概念》，点评是一缕清风（a breath of fresh air），而且说明此教材的长处在于教学大纲（Syllabus）的设计。如果诸君还有印象，《新概念》一册的编排是单双课文，单数为课文，双数为练习，非常清晰地讲解了词性、简单句等语法；二册则是每隔 20 课重复一个语法点循环上升，基本完成了所有语法体系的搭建工作；三册则是在篇章中体现更为复杂的语法逻辑；四册则是真材实料的英语原文的选编。

很多老师对于《新概念》还是持保留态度的，比如觉得教材的内容相对陈旧，脱离了实际语境，这一点我完全认同。所以我的观点是如果要整体学好英语，只用《新概念》肯定是不够的，但是如果要学好语法，或者对于很多人来说重新学好语法的话，我觉得《新概念》是完全可

6　外研社 1987 年版

7　世界图书出版公司 1993 年版

以的。原因如下。

1. 专门讲解语法的书籍都有一个弊端，就是把语法作为核心学习对象了。不是说这样不行，而是语法一旦脱离了语境，就变成了研究对象而非使用对象，不断地分析、对比、例句让人应接不暇，真不知道该不该背下来，背了之后发现好像用处也并不大。

这些书其实在国外有一个统一的名字叫作 handbook，即手册。手册是用来当作资料查阅的，不是学习的。这些书案头要有，但是尽量不要盯着当教材学。

2.《新概念》本身就是一套教材，全套书围绕词汇与语法展开编写，但其目的并不是仅仅局限在语法之内，所以大家学起语法来便能够结合语境，这样会方便和自在许多。和前面所提的语法手册配合使用，效果更佳。

3.《新概念》教学大纲的设计采用的是循环上升路径，比较符合人自然学习的路径，教学法中管这个叫作 reoccurence，即一个语言点在教材多处多次出现。这个也是评价一个教材好坏的重要指标。

这也是教材和语法手册的最大区别。语法手册的目的是在一个语法问题上做深做透，一股脑把这个问题全部摊开来谈。压力有点大，不利于吸收。

4. 市面上《新概念》的辅导资料俯首皆是，如果平常没有时间去听老师讲课，随便到哪里都可以找到辅助自己自学的材料，而且很多都是免费的。

我的第一本《新概念》教材是我爹的，封底还写着：内部资料、禁止翻印。

一看我爹学英语就是一个笨学生，估计他老师也教得不得法，前几篇课文中密密麻麻地抄着单词的注解，我定睛一看全是字典上的解释和例句。再往后翻几页，就全部是空白了，因为他放弃了。

这样学只能放弃，因为英语学习本身就是一个循序渐进的过程，一招下得太猛，容易把自己憋坏。这一点应该是《新概念》教材最值得称道之处。

D9　那一年我读石黑一雄

　　我第一次知道 Kazuo Ishigoru（石黑一雄）大约是在 10 年前，此人的书荣获了布克奖，封面乍一看以为是类似村上春树用日文写作，然后翻译至英文出版。读进去才发现他是一个彻头彻尾的日裔英国人，或者说是一个彻头彻尾的英国人。他的作品我只读过一本，*The Remains of the Day*。一开始是为了写论文用，读着读着便不自觉地被深深吸引。这本书中文的翻译有两种，一个叫《长日将尽》，一个叫《长日留痕》，两个译名我都很喜欢，把作者笔触中的哀伤体现得很透彻。

　　2017 年 10 月 8 日是南京大学外国语学院成立 100 周年，我因为人在香港学咏春木人桩，没有办法及时赶回，但仍旧怀念在南大读书的时光。南大教文学的老师丝毫不刻板，没有强迫我们读很多 Jane Austen 这类作家的文字，相反更愿意选择近现代的文本，让我们对于小说叙事手法有一个更全面的理解。记得一开始读文学便是 Hemingway 的短篇 *Cat in the Rain*。故事平淡无奇，讲的是一对夫妇度假，女生看到雨中有一只猫，希望将猫抱回来，最后结尾戛然而止，不了了之。然而正是这样的留白给读者很多猜想的空间，有了和作者共同创作的机会。随后我们还读了 Virginia Woolf 的 *The Years*，Doris Lessing 的 *A Woman on a Roof*，Salman Rushdie 的 The *Moor's Last Sigh*，Gabriel García Márquez 的 *Love in the Time of Cholera*，等等。

现代文本最大的好处在于不会让我们拘泥在故事情节之中，而是能从人物、叙事、情节、环境、性别、文化各种视角来思索作者写作的动机、主题、节奏、手法等。可以说这些文本细读能力的训练，让我学会了 read between the lines。

近几年来，英语培训行业充分认识到 SAT 考试中小说这个体例的考查，以及托福、GRE 中的说明文与议论文截然不同，在没有大量英文小说阅读、文学批评方法和文本细读训练的情况下很难取得高分。如此觉醒之下，很多英文老师也开始自己研读小说，但是从他们给学生开出的书单中可以看到，还是 Jane Austen 等浪漫主义时期，抑或是较多 Jack London 等美国现实主义时期的文本。这样的选本，可能有版权等束缚，但坦诚来说，文本选择的偏差是无法达到文本细读训练目的的。更有甚者，还是推荐类似 *Harry Potter* 之类的文字，真是贻笑大方。

我也看过新东方文学阅读课的教案，从语言教学角度做得还是很细致，但是在文本细读与批判性写作层面的训练上几乎是空白。这样的课程固然可以培养起学生的阅读兴趣，从而也可以帮助学生提升语言水平。但语言水平仅仅是文本细读的前提而不是最终目的，这一点不能本末倒置。

我创业近两年，只讲过一次文学类的课程，就是莎士比亚。但据说反响平平，貌似很多同学还是奔着学语言的目的而来的。之前在喜马拉雅上的莎士比亚课程我也毅然决定下架，只对内部学员放送。

文学课是相对纯粹的，甚至是脱离语言能力的。很多作家的文笔并不是我们写作模仿的对象，他们如此书写自己的作品多半带有很多叙事的功能。所以这一次我来解读 *The Remains of the Day*，基本上是按照英美文学专业的角度来谈问题，而不是拘泥于词句和情节。虽然有了莎士比亚课程的失败经历，我决定还是要哪里摔倒哪里站起来。而且要做一点改变，就是让其他老师来把语言问题解决，我来专心解决文学问题。

说回读石黑一雄，我揣测 2017 年诺贝尔奖组委会是考虑到英国脱欧与欧洲移民问题的大背景，将这个奖项颁给了日裔英国人，而且现在英国当下的确就是石黑一雄在 *The Remains of the Day* 中所描述的江河日下之境，可即便贵族没落了，却还努力地保有自己的尊严。这对我们蒸蒸日上的中国来说，未免有些陌生。可文学的作用正在于此，通过叙事将原本陌生的情愫接引进我们的心中从而产生共情，即便我们未曾经历过，但仍能在心底升起一份同情与怜悯。

PROLOGUE · JULY 1956
Darlington Hall

It seems increasingly likely that I really will undertake the expedition that has been preoccupying my imagination now for some days. An expedition, I should say, which I will undertake alone, in the comfort of Mr Farraday's Ford; an expedition which, as I foresee it, will take me through much of the finest countryside of England to the West Country, and may keep me away from Darlington Hall for as much as five or six days. The idea of such a journey came about, I should point out, from a most kind suggestion put to me by Mr Farraday himself one afternoon almost a fortnight ago, when I had been dusting the portraits in the library. In fact, as I recall, I was up on the step-ladder dusting the portrait of Viscount Wetherby when my employer had entered carrying a few volumes which he presumably wished returned to the shelves. On seeing my person, he took the opportunity to inform me that he had just that moment finalized plans to return to the United States for a period of five weeks between August and September. Having made this announcement, my employer put his volumes down on a table, seated himself on the *chaise-longue*, and stretched out his legs. It was then, gazing up at me, that he said:

'You realize, Stevens, I don't expect you to be locked up here in this house all the time I'm away. Why don't you take the car and drive off somewhere for a few days? You look like you could make good use of a break.'

Coming out of the blue as it did, I did not quite know how to reply to such a suggestion. I recall thanking him for his consideration, but quite probably I said nothing very definite, for my employer went on:

'I'm serious, Stevens. I really think you should take a break. I'll foot the bill for the gas. You fellows, you're always locked up in these big houses helping out, how do you ever get to see around this beautiful country of yours?'

This was not the first time my employer had raised such a question; indeed, it seems to be something which genuinely troubles him. On this occasion, in fact, a reply of sorts did occur to me as I stood up there on the ladder; a reply to the effect that those of our profession, although we did not see a great deal of the country in the sense of touring the countryside and visiting picturesque sites, did actually 'see' more of England than most, placed as we were in houses where the greatest ladies and gentlemen of the land gathered. Of course,

如此说来，千万别总是陷入读原版书就是为了学英文这样的窠臼，要跳出来，看看更大的世界。

说了这么多，大家去看书吧。

D10　绕不开的莎士比亚

很多游人可能会熟悉 Big Ben、London Eye、Harrod's，等等，而我则经常独辟蹊径地去老邦德街买双皮鞋、去 Fortnum & Mason 喝个茶、去查令街逛个二手书店之类。学无用的东西最终派上用场的时候，往往也就是自己窃喜的样子，然而窃喜这件事情在当今毋庸置疑是一件奢侈品。

QUOTING SHAKESPEARE

IF YOU CANNOT UNDERSTAND MY ARGUMENT, AND DECLARE: *it's Greek to me*, you are quoting Shakespeare. IF you claim to be *more sinned against than sinning*, you are quoting Shakespeare. IF you act *more in sorrow than in anger*, if your *wish is father to the thought*, if your lost property has *vanished into thin air*, if you are quoting Shakespeare. IF you have ever refused *to budge an inch* or suffered from *green-eyed jealousy*, if you have *played fast and loose*, if you have been *tongue-tied* – *a tower of strength* – *hoodwinked* or in *a pickle*, if you have *knitted your brows* – *made a virtue of necessity*, insisted on *fair play* – *slept not one wink* – *stood on ceremony* – *danced attendance* on your *lord and master* – *laughed yourself into stitches*, had *short shrift* – *cold comfort*, or *too much of a good thing*, if you have *seen better days*, or lived in *a fool's paradise*, why, be that as it may, *the more fool you*, for it is a *foregone conclusion* that you are *as good luck would have it*, quoting Shakespeare. IF you think it is *early days* and clear out *bag and baggage*, if you think *it is high time*, and that *that is the long and short of it*, if you believe that *the game is up*, and that *truth will out*, even if it involves your *own flesh and blood*, if you *lie low* till the *crack of doom* because you suspect *foul play*, if you have *teeth set on edge* at one *fell swoop* – *without rhyme or reason*, then to *give the devil his due* if the *truth were known* for surely you have a *tongue in your head*, you are quoting Shakespeare. EVEN IF you bid me *good riddance* and *send me packing*, if you wish I was *dead as a doornail*, if you think I am an *eyesore* – *a laughing stock* – *the devil incarnate* – *a stony-hearted villain* – *bloody-minded*, or a *blinking idiot*, then *by Jove* – *O Lord* – *tut, tut!* – *For goodness' sake* – *what the dickens!* – but me no *buts* – *it is all one to me*, for you are quoting Shakespeare...

BERNARD LEVIN

如前文所言，现代英语的奠基主要是 KJV 版的《圣经》，Samuel Johnson 的字典，以及莎士比亚的戏剧。所以说，如果一个人想要稍许深入了解英文，那么莎士比亚一定是绕不开的。现在很多英语老师连 Shakespeare 都不谈，或者是根本不了解，我私以为是非常不称职的，即便学生不爱学，作为老师也要懂，因为英语文化背后的诸多渊源都能汇流在这位文学巨匠之处。

　　上图是 Bernard Levin 拼凑出来的段落，虽然有些矫揉造作，但是的确也说明了 Shakespeare 对于英语影响的深远。我估计在这一点上诸君和我并没有什么分歧，但是大家的畏难情绪可能主要体现在两个方面：第一，学 Shakespeare 到底对我有什么帮助？第二，到底怎么学 Shakespeare？

　　就第一个问题，我来谈谈自己的感受。当年我在大学读书时，系里面要重新成立莎士比亚剧社，这个剧社的历史其实很悠久，20 世纪 60 年代由时任系主任陈嘉先生倡议建立。当时我之所以参加这个剧社，并不是为了些什么，单纯觉得 Shakespeare 很高大上，至少在外人面前炫耀也多了一份谈资与底气，好似街上的小混混，听说哪里有绝世武功，自然也是愿意去学上两手的。

　　当时带我们拍戏的是范皓老师和一名 UCLA 戏剧系的教授 Philip Larson，演的剧本是 *Measure for Measure*。排练场就设在当时英语系的阁楼上。刚拿到剧本时，最直观的感受是一本天书，完全不明白剧中的人物到底在讲些什么。Larson 非常有经验，看出了我的局促，他带着我们一起一句一句地过台词，把台词翻译成现代的英文解释给我们。所以学 Shakespeare，有一个入门的老师会更好一些，但还是如我开头所说，现在的老师宁可讲美剧，也不会去讲 Shakespeare，这也让很多学生失去了接触经典的机会。

随后开始真正练习台词的时候，我才知道所有 Shakespeare 的台词都是 verse（素体诗），节奏感很强，尤其是体现在句内重音的训练上。我上大学以前是讲美式英语的，正是在排演 Shakespeare 的时候才慢慢变成了现在的英式英语。从原来觉得发音就是练音标，逐渐理解到语音说到底是练重音，不仅是一个单词内的重音，而是单词在句子内的重音。很多人在读"To be or not to be, that is the question"这句台词的时候，节奏都有问题，当然排除某个演员想传递另外含义的可能。标准的读法应该是按照五步抑扬格，读成：to BE or NOT to BE, that IS the QUEstion（大写字母处重读）。句内重音的训练我专门在之前的文章中写过。其实除了诗歌和 rap 以外，我觉得真的没有更好的方式去体现重音的重要性了。

大学毕业之后在新东方教托福、GRE，基本上也不会用到 Shakespeare，2014 年我带团队去剑桥大学培训，正好赶上复活节假期，我便去伦敦小游一番，第一个景点便是 The Globe，那是我第三次去，恰好有戏上演，我买了站票，混进人群，看了两个小时的 *Romeo and Juliet*。买站票的人叫作 groundlings，5 镑一位，个子矮的可以往舞台前使劲挤。之后 2016 年和 2017 年我又分别去了两次，这回是坐在大座儿里看的，也别有风情。说到这儿，也许便是学了这么多故纸堆里的英国文学，最大的作用就是让我看到了一个伦敦之外的伦敦。

所以总结一下学 Shakespeare 有什么用，答：没有用。但仔细一想，这个世界上很多美好的事物都是没有用的。当然，如果你现在正忙于考四六级，忙于背单词应付课业，我觉得 Shakespeare 可以暂时放到书架的最高层落灰，可是你如果都考完了四六级，找到了一份还算体面的工作，但内心有些彷徨无聊的话，我觉得你可以从书架上拿下 Shakespeare 看看。或者，你四六级怎么考都没有过，一提到英语总是想学好，但是又没有门路，我推荐你不妨看看 Shakespeare，因为你之前英语没有学好，你自己应该负的责任其实很小很小。从欣赏的角度直接去看巨匠的手笔，说不定还能弯道超车。

再回正题，Shakespeare 到底应该怎么学？行文长了估计诸君看着也心烦，我就简要地讲讲我自己的心得。

1. Shakespeare 写了 39 部戏，除了一些偏门的戏以外，其余的都可以在网上找到视频。不要一开始就买书来啃，先去看戏。如果有英国的剧团来演出，或者有机会去英国游览，一定要前去剧场观摩，看一次保证你喜欢上这个艺术形式。

2. 在进入真正的剧本之前，可以先大致了解一下莎翁的生平。亚马逊 Kindle 上有陆谷孙先生所著的《莎士比亚研究十讲》可以买来一看；或者是英国 DK 出版社出的《莎士比亚百科》，此书中文、英文版皆有；另外还有外研社引进的牛津人文系列的《读懂莎士比亚》，这本书我有全本讲过课程。还有一部电影推荐，*Shakespeare in Love*，虽然有些戏说杜撰的成分，但也在很大程度上还原了那个历史时期的样貌，并且故事的一条线索便是《罗密欧与朱丽叶》，可以一看。另外推荐的是 Bill Bryson 写的 *Shakespeare：The World as Stage*，文笔诙谐幽默，冷知识爆棚。

3. 在以上工作都做完的基础上，如果还想进一步探究，可以找来 Shakespeare 的十四行诗来读，也不需要每篇都读，选自己喜欢的即可。最好是配有中文翻译或者赏析的。

4. 如果想仔细读读莎翁的文本，可以购买外研社引进的 RSC 版本的《莎士比亚全集》，像字典一般厚，但是注疏详细，能够把很多早期现代英语的内容转化成我们现在人能读懂的意思。

5. 如果还想进一步探究，可以选购 Harold Bloom 所著的 *Shakespeare：The Invention of the Human* 一书。

末了，我敢保证，以上的书目你看过两本之后，英语想考四六级，应该不费吹灰之力，而且姿势相当帅。

D11 夜读王佐良

经常有同学让我列书单，虽然之前的文章已经开了不少，但我还是有冲动去分享一些我读过、并且深深触动我灵魂的书，虽然这些书并非畅销作，却值得在夜深人静之时拿出来细读。不知不觉，手边的茶又凉了。

上大学时，王佐良先生翻译的培根的集子我读了好几遍，还把其中的 *Of Studies* 背诵了下来，最后高级笔译课程竟然晕晕乎乎地拿了个高分。王先生的英文好，中文也是传神，就 *Of Studies* 这篇文章来说，看译文竟然看不出有翻译加工之后的矫揉造作，如同读中国人自己写的文章一般自然。

培根开篇写道：

Studies serve for delight, for ornament, and for ability. Their chief use for delight, is in privateness and retiring; for ornament, is in discourse; and for ability, is in the judgment and disposition of business.

王先生的译本我逐句摘录，略加斧凿点评：

读书足以怡情，足以博彩，足以长才。Studies serve for delight, for ornament, and for ability.

首先王先生没有用"学习"一词来翻译 studies，而是用了"读书"。后人也对这个翻译颇有微词，认为王先生将 studies 的范畴缩小了，其实在古语中"读书"也可以指"学习"。但用"读

346

书"换掉"学习"最大的问题是少了"习"这层意思。study 的拉丁词根是 studium，指 zeal，painstaking application。如是看来，"读书"一词的确不能全面反映"学习"之意。

　　来看 OED 最权威之解释，恰巧选的就是培根的这篇文章。"The acquisition of knowledge or education." 如此看来，我窃以为 studies 此处作为名词翻译成"学问"最好。

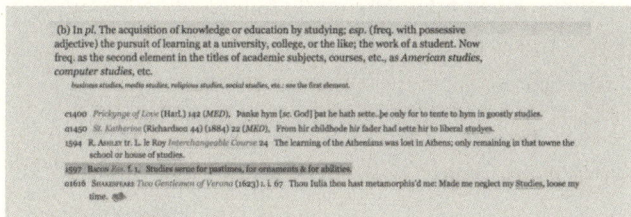

> **(b) In pl.** The acquisition of knowledge or education by studying; *esp.* (freq. with possessive adjective) the pursuit of learning at a university, college, or the like; the work of a student. Now freq. as the second element in the titles of academic subjects, courses, etc., as *American studies, computer studies,* etc.
>
> *business studies, media studies, religious studies, social studies,* etc.: see the first element.
>
> c1400 *Prickynge of Love* (Harl.) 142 (*MED*). Þanke hym [*sc.* God] þat he hath sette..þe only for to tente to hym in goostly studies.
> c1450 *St. Katherine* (Richardson 44) (1884) 22 (*MED*). From hir childhode hir fader had sette hir to liberal studyes.
> 1594 R. Ashley tr. L. le Roy *Interchangeable Course* 24 The learning of the Athenians was lost in Athens; only remaining in that towne the school or house of studies.
> 1597 Bacon *Ess.* f. 1. Studies serue for pastimes, for ornaments & for abilities.
> a1616 Shakespeare *Two Gentlemen of Verona* (1623) i. i. 67 Thou Iulia thou hast metamorphis'd me: Made me neglect my Studies, loose my time.

　　同样对于介词 for，后人也褒贬不一：有人认为"足以"二字原文并无体现；有人却觉得"足以"两字加入其中，并且重复三次能够最好地体现 for 这个词，毕竟中文中 for 这个介词如果翻成"为了"未免有些流俗。

　　虽有争议，但是瑕不掩瑜，王先生此句最佳的是句式，和英文原文完全一致，且用词精当，怡情对应 delight，傅彩对应 orna-ment，长才对应 ability，中文添加了三个完全不一样的动词对应了英语中的 serve，显得更为活泼。怡字颇有陶渊明"引壶觞以自酌，眄庭柯以怡颜"之陶然。傅彩本是绘画术语，意为着色，古语也有"傅会"一词，如"精思傅会，十年乃成"，指运用辞藻，组织文句，把英文的 ornament 之意表达得传神。ability 一词，一个"才"字用得活泼，比白话文中的"能力"二字更为古雅。后人对于此篇也有佳译，但都没有王先生的简洁清俊。

　　我揣测王先生其实是心怀慈悲，并未用全部的古文底子来处理第一句话，这样至少让译文的可读性增强，同时也不会折损培根的古风。若是让我翻来，我可能没有那么些慈悲，索性更简练些：学问之用，在悦、饰、才。

再看第二句：

其怡情也，最见于独处幽居之时；其傅彩也，最见于高谈阔论之中；其长才也，最见于处世判事之际。

Their chief use for delight, is in privateness and retiring; for ornament, is in discourse; and for ability, is in the judgment and disposition of business.

这句话王先生的处理堪称绝世之作，独处幽居对应privateness and retiring，高谈阔论对应 discourse，处世判事对应 judgement and disposition of business。如果硬是要挑理最后处世判事的音叠在一起不好听，可以换成处世决断之际。

不知诸君是否发现，王先生能够调动的中文词汇其实我们在平日阅读中也曾见过，但是让我们翻译英语时却不知道如何使用。这很大程度上是因为我们学英文时对应的汉语本就是过于流俗甚至是破烂的汉语。

英语学得好不好是用功和方法问题，汉语如果还是这么破烂不堪下去，就是数典忘祖的问题。中文好的老师英文欠佳，英文好的老师中文修为不够，当然两种语言都欠佳的也大有人在。

放眼看我们现在使用的英汉字典，很多汉语释义既不文雅，也不通俗。比如把 discourse 翻译成为辩论，意思的确是可以完全地传达清楚，但是如果要是笔译入文，顿时会牵扯出一堆搭配结构才可以让文意通顺，而文采却因为如此这般成为牺牲品。以 for ornament, is in discourse 为例，很多人会直译成：学问用作装饰时，主要体现在辩论中。

这句话里"时""装饰""主要体现"都是现代白话文在经过各种扭曲之后的产物，毫无美感可言。再看王先生的"其长才也，最见于处世判事之际"，羞赧至极。

前些日子有学生在公众号留言说我的文章写得过于斧凿，用典过度，不清晰，不宜读。这样的指责我是万万不会接受的。大白话我完全会写，可现在文字工作者这么多，也不差我多掺一脚。我写出来的东西一方面是要让大家读，但更重要的是要为我自己负责，甚至说得大一点，是为了文化传承做一些我力所能及的事。

英文没有学好，中文也完蛋，这就是我们的现状。夜里再读王佐良先生的文字，我自己很羞愧。

末了，推荐王先生的一本散文集——《心智文采》。

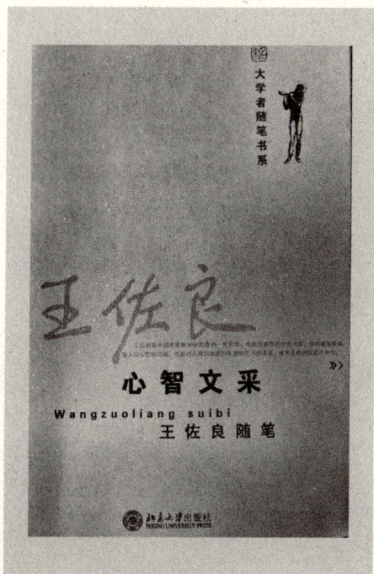

D12　非严肃文学

　　之前公众号我和同学们聊过看英文原版小说的方法和好处，收到了很多的回复。其中有一类的问题是在问，除了那些严肃的文学，如 Jane Austen 之流，还有哪些现代且世俗的非严肃文学读物可以看。Well，我也不是整日在象牙塔空坐的人，非严肃文学我也喜欢。给大家分享一本我十年前从外文书店里淘到的一本书：*I Hope They Serve Beer in Hell*。当年我看到这本书时，定足翻阅了近两个小时，看完了四分之三。不是我在书店蹭书看，而是我觉得实在好看得让人放不下手，但是双脚也是实在站不住了，所以赶紧结账走人，回家之后闭门谢客，晚饭也没有吃，看完为止。从买这本书到今天，我工作轮换了两个城市，搬家也换了五个地方，但是这本书一直都在我书架里放着，偶尔拿出来一看，又是一个下午荒废掉了。

　　这本书的作者叫作 Tucker Max，供职于一家美国律所，所写的文字极尽裸露之下限，却风趣幽默，本书成为《纽约时报》畅销榜单第一。《纽约时报》评价说："Highly entertaining and thoroughly reprehensible."（应当受到指责）整本书所述的内容每篇自成一章，和 *American Pie* 的电影风格类似，就是一帮不作死不会死的人，极尽人间能事，无所不做，完全满足了一个我这样的规矩宅男的很多不切实际的邪恶幻想。

　　第一篇文章记录的是 Max 自己弄了一个酒精测试仪，到酒吧去瞎混的经历。我到现在也不能理解为什么人们喜欢去酒吧，灯光昏暗，声音嘈杂。文章开篇就很幽默："I used to think that Red Bull was the most destructive invention of the past 50 years. I was wrong. Red Bull's title has been usurped by portable alcohol breathalyzer."行文的节奏非常好，而且口语化。如果你想练口语，《老友记》什么的，和这本书相比，简直弱爆了。

小说创作中有一种手法我非常喜欢——白描，通过不露声色的描述来让读者产生阅读的快感。比如，"Two 30＋year-old Jewish women on my left keep eyeing me. Both have fake breasts. One has exceptionally large fake breasts. They are beckoning me from her shirt. She is not attractive. I begin drinking faster"。这段后两句实在精彩，"she is not attractive. I begin drinking faster"。

Max 吐槽反讽的技能也一级棒，"The people at my table begin talking about energy healing（能量治疗，类似于瑜伽之类）. Everyone is mesmerized（受到了吸引）by a girl who took a class on it. One guy calls it a 'legitimate, certifiable science', while making air quotes with his fingers. I tell them that they are all（while imitating his air quotes）'legitimate, certifiable idiots' because they believe in horseshit like energy healing. Two girls call me close-minded. I tell them that they are so open-minded that their brains leaked out"。open-minded 的吐槽委实很棒，而且画面感很强。我们经常看到老外在引述一个内容时，会双手做引号的手势，通过 Max 的叙述，还知道了这个动作的英语表达，"air quotes"。我们都爱 Max，即便他是一个坏蛋，但我们却视他为正义的化身，因为有些 snobs 的确就应该这么被怼回去，只不过在绝大多数情况下，我们碍于面子不好下手，或者理屈词穷不知如何下口。

回到这本书的故事，当晚 Max 用酒精测试仪和另外一个壮汉单挑喝酒，期间喝丢了裤子，最终断片儿。醒来之后，除了酒精测试仪以外，手机钱包裤头全都丢了。好不精彩。Max 叙事的能力非常强，并且用自嘲的手段首先将自己玩世不恭的浑蛋特征刻画出来，随后他做的任何事情都是在读者的认知范围以内，但却每次都在挑战着这个认知。

那么为什么这个自传体小说卖得如此之好？就如 Max 所言，他终其一生，就是要和 Establishment 做斗争。反精英主义与反智主义本身就是非严肃文学的大基调，只不过有人本属于精英阶层却要干革命，这让我们这些读者心生敬佩。

这本书网上有卖，你若感兴趣可以一读，这样一个原本充实的下午又会被浪费了。可生命不就是为了浪费在美好事物上的吗？

图书在版编目（CIP）数据

世界演讲冠军夏鹏的英语学习法 / 夏鹏著 . -- 北京：
中国青年出版社 , 2019.12
ISBN 978-7-5153-5768-3

I. ①世 ... II. ①夏 ... III. ①英语 – 学习方法 IV. ① H319.3

中国版本图书馆 CIP 数据核字（2019）第 188898 号

中国青年出版社 出版 发行

社址：北京东四 12 条 21 号
邮政编码：100708
网址：http://www.cyp.com.cn
责任编辑：刘霜 Liushuangcyp@163.com
编辑部电话：（010）57350508
电话：（010）57350370

北京中科印刷有限公司印刷
新华书店经销
开本 787×1092 1/32
印张 11.5
字数 400 千字
2020 年 2 月北京第 1 版
2020 年 2 月北京第 1 次印刷
定价：68.00 元

本图书如有任何印装质量问题，
请与出版部联系调换
联系电话：（010）57350337